U0165524

民意調查資料分析的 R 實戰手冊

劉正山 ◎著

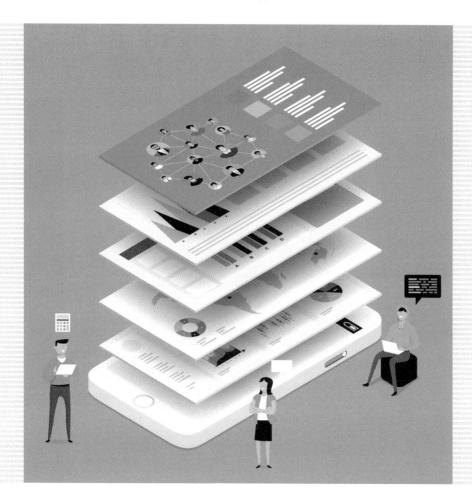

五南圖書出版公司 印行

研究方法
系列

推薦序一

　　從 1993 迄今，R 語言在經歷了 25 年餘的歷練下，不但在統計計算，繪圖與資料探勘等資料科學的功能與日俱增，在大數據解析的能力更是日新又新。由於 R 語言具有種種優點，近年來深受國際許多知名公司的採用，例如 Oracle 與 IBM 已將 R 語言融入其主要產品中，成為主要分析工具。近年微軟併購了 Revolution 之後，除了讓 R 的進階功能在 EXCEL 內增益，更野心勃勃地把 R 內嵌於它的 Visual Studio 整合軟體開發的解決方案。

　　國內政治社會科學的學者，對於 R 語言有深入研究並兼具教學熱誠的首推劉正山教授。他深入 R 的生態系不遺餘力，例如 R 內著名的 GUI R Commander 最初的介面中文化就是由他開始的，直到數年後他因工作繁重才轉由我接手維護。此外，正山也是國內「厚數據研究群」的領航員，提醒在量化分析迷失的研究人員，回頭看一看被量化工具駕馭而遺忘的意義。正山為了讓學習者能很快的提升數據分析的能力，在百忙之中，更不遺餘力地寫成這本好書，讓莘莘學子能快速趕上數據經濟的世界潮流，這份熱情不但令人佩服，也功德無量。

　　在普遍強調巨量資料與演算法的程式社群，此書應該是台灣以「調查資料」為議題所出版的第一本 R 專書。因此，本書問世兼具學術和實務意義。本書的特色在於引領讀者進入調查資料，調查資料的特色是透過個人選擇直接測量偏好與意向。因此，調查資料雖然並不是資料科學圈的熱門領域，但是卻具備了社群大數據爬不出來的豐富意義。

　　此書「活潑的章節」也充分反映作者的學術和生活態度。正山生動的使用廚師和材料的關係解釋資料與資料分析，令人一翻開就愛不釋手。可見此本書的完成，應是劉教授一面琢磨各家好手的門派招式，一面看著廚房愛妻的刀光劍影。

　　這本書雖然以民調爲主軸，但是調查的抽樣原理可普及於市場調查或心理測量，我堅信此書的問世，能造福更多想進入 R 語言的學習者。本書生動活潑與深入淺出的書寫風格，定能讓讀者的學習過程輕鬆愉快，成爲資料分析的高手！本人很榮幸能在此書出版前得閱手稿，也誠摯的向學術圈與實務界推薦這本好書。

何宗武

台灣師範大學管理學院教授

推薦序二

　　自從在 2000 年左右美國負笈期間，我就認識在堪薩斯大學攻讀博士的劉正山教授，雖然我年長劉教授幾歲，但是非常欽佩他在研究方法上的造詣。返國之後，有幸任教於政治大學，一方面研究選民行為，一方面因為接觸到貝氏統計，而訓練自己使用 R 語言，以馬可夫鍊拆解條件機率，並且從特定分布抽樣，以估計參數。劉教授返國任教於中山大學之後，一方面同樣研究選民行為，一方面鑽研代理人基模型，在國內外學界受到重視。我們兩人都有幸加入了由黃紀教授領導的「台灣選舉與民主化」計畫團隊，有許多交流討論的機會，也感受到社會科學界逐漸重視 R。在何宗武教授的鼓勵下，我撰寫了《基礎統計分析：R 程式在社會科學之應用》一書，如今看到劉教授的大作《民意調查資料分析的 R 實戰手冊》即將問世，回想過去的相互切磋，心中喜悅難以言喻。

　　這本新書的第一個特色在於以 R 分析國內的民意調查資料，包括選舉、社會議題、國家安全等等，讀者將會有非常多練習操作的機會，甚至能夠根據資料分析結果發表論文，這對於蒐集這些資料的團隊也將是莫大的鼓勵。第二個特色是本書強調研究設計多於資料分析技巧，例如第二章就是抽樣、推論、信賴區間等等，不論對於初學統計者或者是已經熟悉者，都會有「見樹又見林」的感覺，不會迷失在傳統的描述統計、推論統計等學習階段。

　　當然，這本書在傳授研究心法之後，也帶給經常使用 R 的讀者新的驚喜，包括劉教授潛心研究的多重對應分析（MCA），以及 sjPlot 這一個新穎的套件。加上許多為人熟悉的套件，貫穿從資料處理到描述資料以至資料分析與推論的過程，包括線性與非線性迴歸模型，讓讀者可以有效掌握從無到有的過程，彷彿劉教授從旁指導一般。有這樣堅強的內容，相信本書會成為許多大學以及研究所課程的指定用書。

　　總之，這本新書可以說兼顧研究方法與 R 語言的傳授，讀者可以在做中學的過程中紮實地培養研究的功力，也不會被看似難懂晦澀的 R 語言所困惑，因為所有語法都與資料分析結合。劉教授長年授課所累積的寫作功力，相信所有讀者應該都會收穫良多。想要用一本書陪伴走過整理資料、描述變數、推論統計等漫長過程，劉教授的這本書是首選。

蔡佳泓

國立政治大學選舉研究中心研究員暨中心主任

國立政治大學東亞所教授

自序

　　這本手冊是獻給有心踏出統計套裝軟體舒適圈、挑戰自己的社科人及民調人所寫的實戰手冊。它其實不該是以「書」作為最終出版形態問世。這本手冊應該是個可以不斷隨著 R 的節奏更新、為讀者提供最新做法的線上版 app。不少 R 的專書作者都已經使用「R bookdown」來這麼做了（這是 R 社群在 2017 年提供的知識分享形式，請見 bookdown.org）。我期待自己、同仁及同好有一天都能這麼做。在台灣學術社群及讀者接納這個 bookdown 風潮之前，紙本書仍然是最容易上手、最有學習效率的知識載體。所以我決定將這十年不斷更新的「政治學研究方法」及「經驗研究與資料分析」的教材轉為這本手冊。

　　我的大學背景是政治理論，毫無程式設計背景、甚至到博士班時連微積分都還沒讀過。大學時我把自己歸類為社會組，不願意打開習慣領域。2000 年赴美留學後，迎接了一連串的震憾教育。一開始接受訓練使用 Stata、後來使用 SAS 完成碩士論文、2002 年時因指導教授興趣轉向而接觸到 R，最後要用 R 完成所有的資料分析（這過程中還包括了棄 Windows 移轉到 Linux 的血淚）。這個過程中每次轉折，對流著哲學及人性關懷血液的自己來說，都是痛不欲生的磨難，有時甚至會想回台灣買一本中文 SPSS，學會那種點放之間就可以看到報表的學習方式。走過風雨之後，我好不容易接受了這種痛是來自學習與蛻變的事實。我總算瞭解了為什麼美國前段的大學院校會全面迎向 R，但也在心中浮起一個期待，希望其他學習者不要再經歷這種碰撞與消磨。畢竟不是所有人都曾經擁有美好的博士班時光，可以放下萬緣、完整的把時間浪費在學習看似與當下生命無關，又在就業市場看不到前景的事物（包含 R）。當時，真無法預見十年後，R 成了全球跨學門的統計工具、成了新興學門「資料科學」（data science）的基本語言之一、甚至可以成為就業市場中的加分項目。

而這過程中，R 被全世界不斷被接納、被應用、被簡化，一路讓學 R 這件事從難如登天到成爲可系統學習及傳授的技術，速度飛快。我在社會科學院教 R，每年改寫教材，感受深刻。只能說，後面來的學習者（就是你）比較幸福。

這手冊是爲沒有任何程式語言背景的學子寫的。但前提是你能夠從別的地方取得本書無法涵蓋的基本統計學及資料分析的知識，把這一本當作是某種操作說明書（guide）。我刻意把這本手冊寫短（小）寫淺（白），是希望能協助以下幾種人上手入門。第一種是覺得自己必須用 R 來做資料分析的人。透過這本書縮短學習摸索的時間，減低那種既急切卻又不得其門而入的徬徨。第二種是正在不同資料分析工具之間，打算作出評估與選擇的人。透過這本手冊，親自上手後，再來判斷 R 是不是眞的是最難學的工具。第三種是在學術界及業界處理民意調查資料的人。透過這本書找到 SPSS 之外的第二把刷子。

在今天，若你能簡單一句話告訴別人「我會用 R 做資料分析」，就相當於說出「我不怕難、我有能力面對程式語言、我有能力用英文自學、我有能力從資料中發掘眞相」。這些都是未來好的研究所、政府單位、公司行號需要的能力。擁有這種能力，便能擁有敏銳的知識觸角，當然就會是人才。R 是一種語言，端看你怎麼用它。就像你會說簡單的英文，卻不一定要用英文寫詩。在 R 的世界，沒有人眞的能全面學會了 R 及它的應用面，但在你的世界裡，你仍然可以掌握它，並且跟它一起進步。

這本書無法涵蓋各種 R 的應用面，只能引領你進民調資料的料理廚房。民調資料最大的特色是它是類別型資料，而且是直接碰觸到民眾偏好的資料。因此，我建議資料科學家不妨留意這個社會科學較爲擅長的資料領域，因爲這種小資料的含金量不見得會低於從社群網路耙下來的大數據。我也同樣期待社科人在使用這本手冊學會用 R 分析民調資料之後，勇於跟其他使用 R 的學門（如心理、教育、公衛等）接軌，開始碰觸資料科學家所經常接觸到的連續型變數資料，讓強調意義的專業與強調分析的專業交融在一起。

　　這本手冊從構想到誕生走過了十個年頭。感謝何宗武教授的鼓勵、康藝晃教授的腦力激盪、中山政研所同仁及每一屆勇於嘗試 R 的同學，幫助我搭建這座連接政治科學與資料科學的橋。感謝家人的耐心與陪伴，感謝王昱尹及邱俊廷同學在製圖及校對上如及時雨一般的協助。感謝五南劉靜芬副總編輯團隊在出版各個方面提供彈性和鼎力協助。最後，也謝謝你願意嘗試，希望這本手冊能對你有幫助。

劉正山

2018 年 5 月 11 日

高雄西子灣

目錄

補充盒子

Chapter 1

暖　身

1.1　關於 R 的二三事

1.1.1　關於 R

　　R 不是個軟體，更不是個套裝軟體，但它擁有的彈性及潛力超過套裝軟體。R 是一個「用於統計運算及繪圖的語言及環境」（R is an open source language and environment for statistical computing and graphics，節錄自官網 r-project.org）。R 的前身是 1976 年在美國貝爾實驗室由 John Cambers、Rick Becker 及 Allan Wilks 所發展出來的 S 語言。1980 年代兩位名字第一個字母為 R 的教授（紐西蘭奧克蘭大學 Ross Ihaka 與 Robert Gentleman）將 S 進一步開發，且經過全球支持開放原始碼的專家及統計學家的參與，日趨成熟。1993 年正式以 R 的名稱問世。1997 年，R 的核心開發團隊成立，專責維護及修改 R 的原始碼。近二十年來 R 襲捲世界各大學校園的速度及受產業界重視的速度（尤其是英語系國家）幾乎可用爆炸二字來形容，因為除了它的開放、免費特性之外，還有足夠大的學術及實務界社群、足夠多的套件開發者，持續將統計及其他專業領域的數量工具，轉為可分享的套件。美國政府及產業界（如 IBM、微軟、Google、Oracle 等）也已形成了 R 聯盟（r-consortium.org），與維護 R 開發的「R 基金會」（R Foundation）密切合作，資助開發者社群，並連結產業界[1]。今天的 R 已不是學術專屬的工具，而是世界頂尖一流產官學界所使用的工具及溝通平台[2]。

---

[1] 對於這個機構有興趣，不妨看看 2014 年 useR 大會中的介紹演講「How the R Consortium is Supporting the R」（https://channel9.msdn.com/Events/useR-international-R-User-conferences/useR-International-R-User-2017-Conference/How-the-R-Consortium-is-Supporting-the-R-Community）。

[2] RStudio 的創立者 JJ Alaire 在 2014 年的一場專訪中所談到的遠景，反映出了 R 社群的特色：R 不全然是個以電腦科學思維出發所打造的語言；它是個讓更多學科的人參與的語言。大家透過開放、分享、溝通、嘗試及互動來打造更好的科學。專訪影音：

1.1.2　R 與工作機會

隨著 R 的進入門檻持續降低、相關工具（如 RStudio）的成熟及學術界的推廣，愈來愈多大學畢業生（尤其是研究生），以及愈來愈多的企業將「會用 R 做資料分析」視爲求職與求才的重要訴求。也因爲 R 的跨領域特性，會用 R 進行資料分析的資料科學家（data scientists）得以進行跨學門的支援，成爲學術及業界搶手的人才[3]。就以台灣的資料科學年會在 2017 年走過第四屆、中國 R 語言會議邁過第十屆[4]、全球接棒持續辦理使用者會議以及小型的、地區性的工作坊來看[5]，學習 R 似乎連結了不同學門內部的發展，並且成爲各個學門連結產業的橋樑。

1.1.3　R 與民意調查研究

社會科學裡幾乎每個學門都有在處理數量資料的次領域。而其中最有跨社會科學各個領域潛力的，莫過於民意調查資料分析與研究。傳統上習慣使用統計套裝軟體如 SPSS 的民調領域，也因爲 R 在大學校園的生根普及，逐漸轉型。例如，作爲民調業界龍頭的美國民意研究學會（American Association for Public Opinion Research, AAPOR）自 2016 年開始推動的

---

https://www.youtube.com/watch?v=HKSlWA2dY9I。

[3]　幾個針對 R 使用者的徵才板：1. Jobs for R Users（https://www.r-users.com/）；2. Data Science Job Board（https://www.kaggle.com/jobs）；3. R programming jobs in Taiwan（https://www.linkedin.com/jobs/r-programming-jobs/）。

[4]　參考：1. 2017 中國 R 語言會議（第十屆）記要（https://cosx.org/2017/05/10th-china-r-beijing-summary/）；2. 2017 台灣資料科學愛好者年會（第四屆）；3. 2017 useR! 全球會議（https://www.user2017.brussels/news/2017/user-2017-talks-and-lightning-talks-online）。

[5]　參考 R User Groups（https://jumpingrivers.github.io/meetingsR/r-user-groups.html）及 R Ladies Groups（https://www.meetup.com/R-Ladies-Taipei/）。

網路工作坊（webinars）便多有結合調查及 R 的教學[6]。而學界執牛耳的美國密西根大學則是在 2017 年將資料科學正式整合進他們的民意調查方法系列課程中[7]。至於國內，中央研究院的「調查研究專題中心」近年則逐漸在 SPSS、SAS、STATA 等軟體之外，提供 R 資料處理課程[8]。相信不久之後將會爲國內學術社群提供 CSV 格式之外的 R 專屬格式檔案。

　　雖然關於 R 的工具書愈來愈豐富（查看一下 Amazon.com 或是線上課程 Coursea 很容易就被淹沒）[9]，但是針對民意調查這種以處理類別型資料爲專業領域的書，才剛起步。我希望這本書能協助你與這幾本書接軌：

1. FAizaki, H., Nakatani, T., & Sato, K. (2014). Stated Preference Methods Using R (1 edition). Boca Raton: Chapman and Hall/CRC.

2. Falissard, B. (2012). Analysis of Questionnaire Data with R. Boca Raton, FL: CRC Press.

3. Friendly, M., & Meyer, D. (2016). Discrete Data Analysis with R: Visualiza- tion and Modeling Techniques for Categorical and Count Data (Har/Psc edition). Boca Raton: Chapman and Hall/CRC.

4. Jonge, E. de, & Loo, M. van der. (2013). An Introduction to Data Cleaning with R. Retrieved from http://cran.r-project.org/doc/contrib/de_Jonge+van_der_Loo-Introduction_to_data_cleaning_with_R.pdf.

5. Muenchen, R. A. (2011). R for SAS and SPSS Users. Springer Science+Business Media, LLC.

6　參考：https://www.aapor.org/Education-Resources/Online-Education/Webinars.aspx。

7　參考：http://home.isr.umich.edu/insights/michigan-program-survey-methodology-introduces-data-science-curriculum/。

8　參考：https://youtu.be/xoLPs7isEis。

9　R courses on Coursera（https://www.coursera.org/courses?languages=en&query=R）。

6. Osborne, J. W. (Ed.). (2012). Best Practices in Data Cleaning. SAGE Publications, Inc. Retrieved from http://www.igi-global.com. ezproxy.lis.nsysu.edu.tw:8080/gateway/book/72357.

1.1.4　掌握最新的 R 民調資料分析資訊

要掌握 R 的最新資訊，不妨常逛逛或是用 RSS 直接訂閱以下兩個網站的最新消息（但不限於此）：

1. R Bloggers（https://www.r-bloggers.com/）

2. Data Science Central（http://www.datasciencecentral.com/）

若是要掌握民意調查如何結合資料科學，則務必要鎖定 AAPOR 不定期推出的業界報告及 R 工作坊，或是鎖定本書作者「經驗研究與民意資料分析」（http://psqdata.postach.io/）課程網誌。

1.2　章節安排與導讀

1.2.1　為什麼想學 R 的你會需要一本這樣的書

　　這是一本既像教科書、也像電腦書的手冊。這本教科書不教你基本知識（你可以找到更好的基本知識書），而是教你如何在實作中學到經驗資料分析的邏輯感。這本電腦書也不完全只是一步一步地介紹特定功能或主題，而是用實例來串連整本書，把你該會的串在一起。R 除了「很難學」、「只適合工程的人來用」、「只是處理統計」這些刻板印象之外，還有什麼本事？如果你是因為這本書的書名有 R 而拿起這本書，你或許需要這一本書來瞭解 R 在民調資料分析的潛力。如果你是因為民意調查資料分析而翻開這本書，那麼你需要這本書來告訴你，現在的世界已出現了一種跨領域的工具與平台，可以讓民意調查資料的分析更上層樓。

　　本書想教你「用 R 來做民意調查資料分析」，但它不會只適合民調資料而已。事實上，這本書所教你的方法，能適用於凡事使用到調查資料的心理、管理、教育、行銷、社會以及政治學領域。透過這本書你將能夠舉一反三，將本書的工具應用到你的領域裡，或是下載其他領域的調查資料，參與其他領域的研究，甚至可以透過別人的研究成果（以及套件）發現更多潛在的應用。

　　本書與其他 R 教材最大的不同，是盡量減少套件的數量來達到目標。讓你學會在幾個套件內就解決大多數的問題。有如此企圖心的套件，最早應該算是 Zelig 與 R Commander。不過，Zelig「一統天下」的邏輯是將語法統一，偏偏 R 的生態系中不同套件有各自不太一樣的語法，這其實並不算是太大、需要被改掉的缺點，只要我們會打開說明書就行。R Commander 是另一個令人敬佩的工具。它的企圖心是讓 R 看來像 SPSS，所以它將許多好用的工具整合在一個 GUI 界面之中。我建議讀者在完成這本書的實作之後，挑這兩個套件來試試。這本書比較特別的地方不是在應用這兩個知名套件上，而是選了另一個思維下產生的套件。

　　我在 2014 年訪問 UC Berkeley 期間，看到 sjPlot 套件初試啼聲時非常驚喜。因爲它的邏輯正是我期待已久的：把套件架接在社科學者常用的工具之上，然後盡量滿足社科學者對於「把輸出結果簡化及美化」的需求。畢竟，社科學者在乎的是將理論思考盡可能地呈現出來，並不想花時間在複雜的語法和校調表格這種瑣事上。工具不求統一，但能夠將結果產生出圖表的程序愈是簡化愈好。這個套件家族就是以這個目標當作改版的方向，迄今已經有多次改版，由一個套件（sjPlot）擴充成爲今天四個套件的家族（當然，依上述的邏輯，我希望這個家族不要再膨脹下去了）。因爲 sjPlot 套件家族與「讓資料分析結果容易出版」以及「tidyverse」等概念發展趨勢緊貼在一起，讓我有理由相信，若它持續完善，將會是未來幾年被社群推崇的 R 套件工具 [10]。本書以中文搭配實例介紹這個套件，希望這也會是你願意翻閱這本書、跟著一起上手操作的一個理由。

1.2.2　本書章節安排

　　這本手冊共分爲八章，並外加兩個附錄。本章的暖身、全書介紹之後，接下來以進廚房練功作爲比喻，從基礎到應用分爲七章。第二章「民意調查資料分析的基本功」介紹民意調查資料的基本觀念，包含經驗研究的方法論（2.1 節）、抽樣理論（2.2 節）以及假設檢定（2.3 節）。有了這些觀念之後，你才能以正確的態度看待民意調查資料，珍惜它得來不易以及作爲「小數據」的價值。當然你也會看到民意調查資料的限制，以持平、謹愼的態度看待民調資料的分析工作。你也會對於爲什麼要使用調查資料進行假設檢證，有初步的認識。本章雖然使用了 R 作爲輔助講解的工具，但剛入門的你不必被困在看不懂的語法中，具有一些語感即可。你可以在完成第三章的訓練後，再回頭操作一次第二章裡的 R 語法，強化

---

[10] tidyverse 指的是由數個功能強大的資料處理套件組成的家族，以 dplyr 及 ggplot2 領軍，正在形成一個資料科學家愛用的大型工具箱（參見：https://www.tidyverse.org/）。

語感。

　　第三章開始，你將正式使用電腦操作 R。此章為「廚具準備：R 的入門基本功」，將帶你從安裝工具之後該做什麼事，一步步帶你上機操作。你如果完全沒有經驗，請先從附錄一的安裝流程開始再回到第三章。設定完基本工作環境（3.1 節）之後，你將學習路徑、物件、套件等操作方式（3.2 節），並認識如何將你的工作成果快速發表為 html 格式的方法（3.3 節）。這一章結束之後，你將更清楚瞭解 RStudio 與 R 作為重要「廚具」的理由、它們兩者之間的互補關係，以及 RStudio 這家公司，將其產品發展為一個書寫及出版平台的雄心壯志。

　　第四章「買菜：資料的取用與整理」將帶你認識 R 所能處理的資料形態（4.1 節），以及調查資料的基本處理語法（4.2 節）。有了這些基礎之後，你將能夠將資料讀入 RStudio，轉檔存放，並且為資料檔製作變數次數分配的報表（4.3 節）。若能完成到這一章，你就算正式上手了，因為你已經能夠處理大多數的調查資料；能自行「買菜」，到世界各地尋找、下載適合你研究的資料了。

　　第五章「備料：變數的編碼與描述」將由整個資料檔的處理，聚焦到「變數」上。這是本書最具挑戰，也是最關鍵的部分。變數編碼一旦出錯，就一路錯下去了。雖然用 R，不怕回頭修正錯誤，而且重跑程式很快，但由編碼的過程學會細心看待每個你在乎的變數，是你在這一章最需要學會的事。你這道餐點料理得好不好，就看你將理論的世界連結到變數的選擇與編碼，有多少匠心與巧思。

　　這一章的任務，是處理調查資料獨有的工程，也就是將你所需要的問卷題重新編碼，創造變數，並且為這些變數進行描述。由於關於民眾的經驗調查資料，其變數的來源大多是問卷，而目前大多數資料是以 SPSS 的 SAV 格式釋出，所以本章先示範如何處理 SAV 格式資料的讀入、無效值的清理與變數的編碼（5.1 節）這方法適用於大多數的大型面對面訪及電話調查的資料。接下來再示範如何處理網路調查及開放資料（open data）常見的資料格式 CSV，如何讀入、清理與編碼。接下來為變數製作圖表

（5.3 節），能夠幫助你描述你在乎的變數。你會學到如何使用套件來為變數製圖。最後，將不同變數合併起來製作量尺（5.4 節）則是與做研究相關的技術能力。因為這是涉及變數的處理，所以放在這一章的結尾。你可以在走完第六、七章後，有需要時回頭看看這一節。這一節你在一般的民調資料分析上也許用不到，但若是按部就班來學，學會後你的 R 資料處理功力將再上一階。

　　第六章與第七章則進入了拿民調資料來做研究的範疇。這裡頭所介紹的工具適用於大多數使用民調資料領域的學門（如社會、政治、心理、傳播、法律、管理、行銷等），但本書刻意以這兩章代表「探索性研究」（exploratory data analysis）與「確認性研究」（confirmatpory data analysis）兩個不同目的，卻可以互補的方法論。前者不強調理論，但需要許多有創意的變數；後者強調理論，但變數的選用便是關鍵。第六章「蒸與煮：變數之間關聯性的探索」介紹檢證兩兩變數之間的關係的方法，用 R 來進行卡方檢定（6.1 節），以及用調查資料來進行多重對應分析（MCA），也就是尋找變數及選項類別之間的潛在關聯（6.2 節）。這兩節之間沒有先後順序的關係，只因為卡方檢定較為人所知所以排在前面。其實，大數據精神中的探索式的研究，是會以 MCA 方法先行，待找出潛在關聯之後，再用卡方檢定來確認眼所見是否為真。若你的研究是帶著理論的，那麼為自己的假設先做初步的自變數一依變數關係確認，就是必要的，這時候你可以先跳過 6.2 節，直接從 6.1 節接上第七章。

　　第七章「炒與炸：模型的建立與分析結果詮釋」介紹確認式研究，也就是懷抱實證主義精神的經驗研究者，所常使用的迴歸模型。本章依照入門一進階的順序，分別介紹如何用 R 內建及外掛套件進行線性迴歸（7.1 節）、二元勝算對數迴歸（7.2 節）、多元勝算對數迴歸（7.3 節），並在最後介紹將迴歸結果製成圖表的方法（7.4 節）。若你能走到這裡，你已經擁有了以一己之力上菜的功夫，恭喜你，你快要能自己飛起來了。要提醒你的是，這本書是個幫助你上手 R 的發動機，帶你開始碰觸廣闊的資料分析世界。所以你仍然需要許多的參考資料，來幫助你瞭解這兩章提供的學理概念。

第八章將你所學的串連起來，並強化你實戰的經驗。第八章分為三大段落。首先是面訪資料從頭到尾的實作（8.1 節），接下來的三節，詳細走過電訪資料的分析三大階段：資料處理（8.2 節）、資料分析（8.3節），以及資料解讀（8.4 節）。最後一節則是以一筆網路調查資料，再從頭到尾走一遍（8.5 節），串連起驗證與探索兩個途逕，你將在這一章用上前七章學到的重點，並且更熟悉使用 R 分析民調資料分析的流程。

附錄一是 R 與 RStudio 的下載及安裝流程，以及使用者介面簡介。如果你完全沒有碰過 R 或 RStudio，我建議你可以將它當作是開始看書前的遊戲，在安裝之後自由地玩玩、操作。或是自行上 Youtube 看看別人如何介紹這套工具。這樣子的探索會帶給你屬於自己的發現，讓你之後看起這本書來更有感覺（有人帶領跟自己摸索是非常不同的體驗）。附錄二是使用 sjPlot::view_df() 這個指令，為 TNSS2015 電訪資料檔所製作的次數分配報表（詳見 4.3 節）。這個次數分配表的製作流程非常值得關注，因為我們只需要幾行指令就可以輸出所有變數的次數及百分比。這樣的報表與民調業者用 SPSS 給出的資料報告相像，且輸出後就是個 html 檔，可以直接剪貼到 word 檔，或是進行印製。希望這個附錄會增加你對使用 sjPlot 套件家族的興趣。

1.2.3　學習路徑圖

這本書是寫給三種學習者使用的。第一種學習者是覺得自己必須用 R 來做資料分析的人，想先學會 R 再說。這樣的急切感也許無法讓你從頭看起。請你在附錄一之後，就切入第三章，接著一路衝刺到第五章。然後，你可以實際操作第八章的實例演練，挑任何一節來練習。完成之後再回頭補足第二、六、七章的內容。這樣做既縮短學習摸索的時間，也可以減低你那種既急切卻又不得其門而入的徬徨。

第二種學習者是正在不同資料分析工具之間，打算做出評估與選擇的人，不知道 R 怎麼用，想瞭解後再決定使用它還是放棄它。你可以在完成附錄一之後，直接看第八章，從中挑任何一組實例，從頭走過一遍。如果實作過後，覺得這樣的分析流程不麻煩，而且操作鍵盤輸入指令對你來說不是難以克服的障礙，那麼你再從頭看起。其實，若你真能上手走過一遍，你會同意：透過一行行按下 Ctrl/Command + Enter，那種連結全世界優秀套件以及在指間完成資料分析的回饋感，是十分特別的經驗。

第三種學習者是像我一樣，正在學術界或業界處理民意調查資料的學生、從業人員或是學者。很多朋友不得其門而入，而英文書或翻譯書往往難以立刻上手，或是把所學派上用場。已經有其他統計軟體使用經驗，或已有基本調查基本知識的讀者，不妨參考上述的兩種路徑圖，並從第三章開始，再挑選第七章及第八章來實作。若你是研究生以及民調業的研究員，從第二章開始一路到第六章，都是你將 R 應用到民調資料分析的必經之路。

第六章是特別寫給對於探索變數之間關係、概念如何形成有興趣的研究生看的。而第七章是留給準備好寫論文，手邊已有理論與模型的研究生及研究者看的。只要你走得過前面的五章，那麼你會覺得第六章及第七章反而變得容易。這就是學習 R 的高原曲線：一開始很陡，翻上坡之後就一路平坦。

1.2.4 使用本書時的注意事項

(1) 本書的章節之中穿插了一些「補充盒子」。這是為進階讀者設計的方塊，初學者可以直接跳過或是待熟練基本功之後再回頭來看。

(2) 本書常用套件 :: 指令 () 的寫法來指涉所要使用的工具。:: 之前表示的是套件名稱，而它之後的是該套件內的指令名稱。一個套件裡有多個指令工具，就像工具箱 A 一樣，有 a 到 f 這幾個工具，而工具箱 B 則有 j 到 p 這幾種工具。A::f() 表示要下載或載入 A 套件，再使用其中的 f 指令。換言之，要使用特定指令工具 f，就必先裝載套件 A，就像挑對工具箱一樣。如果錯誤訊息告訴你找不到某套件，或沒有下載，就先去下載（若等不及想看這是什麼意思就先看看附錄一）。

(3) 你在自學的時候，最需要的其實是個教練陪練。這本書已經盡量以教練的思維來編寫，也能確保這些程式語法可正確執行。但若你遇到錯誤訊息怎麼辦？除了可能是套件還沒裝，趕快裝上之外，你需要知道一些自救方法：1. 冷靜看過一遍錯誤訊息，你也許就能知道哪裡出錯（例如少了一個後括弧、物件名稱寫錯等）；2. 求助 Google 大神；3. 閱讀說明書。

(4) Google 上的自學資源多半是英文的，所以當你把錯誤訊息貼上按下搜尋時，要有心裡準備閱讀世界各地用英文提供的解答。

(5) 最重要的自學方法是閱讀每個套件或指令的說明書。當你想知道某個套件或指令的說明時，在 R Console 的指示符號後打上 ? 接上套件名稱或指令名稱，就可以在右下窗框的 Help 中看見說明書，甚至可以看到套件作者提供的參考書目或網站。例如：

```
> ?sjPlot
> ?rec
```

1.2.5　如何使用此書搭配自己的電腦進行實作

當你的電腦準備就緒（安裝好最新版的 R 與 RStudio），請翻到第三章（3.1 節），啓動一個專案並命名（例如「我的 R 實戰」），將本書所附的 R 語法檔複製到這個專案夾中。開啓這個語法檔，每一行都可以用 Ctrl/Command+Enter 的方式執行（你也可以選取部分或全部範圍後執行）。

你會看到一些範例指令前有 # 註記符號，那是在編寫書時，我覺得沒有必要執行並把結果印出來的指令。在練習時你可以試試看將指令前方的註記符號刪掉，再執行看看。

　　當你要結束練功或工作，關閉 RStudio 的時候，系統會問你要不要存檔，請總是回答 yes。只要你是用專案的方式進行練習，那麼每一次離開的存檔都會將所有的語法檔和使用中的物件都一次「打包」，存在 .Rdata 包裡頭，下次開啟 RStudio，或點開這個專案檔時，上次的工作都會回來，不必重新尋找或執行。

1.2.6　本書使用的資料檔

資料檔名稱	說明	來源	本書章節
ACQ_F.xpt	SAS xpt 格式的資料檔	National Health and Neutrition Examination Survey [11]	4.2
BBQ.csv	中秋烤肉網路調查 csv 格式原始資料檔	smilepoll.tw	8.5
BBQ.rda	中秋烤肉網路調查經編碼更新後的 rda 格式資料檔	smilepoll.tw	8.5
BBQ 問卷檔 .docx	中秋烤肉網路調查問卷檔	smilepoll.tw	8.5
BBQ 報表 .pdf	中秋烤肉網路調查報表	smilepoll.tw	8.5
Total.sav	2015 台灣指標電話調查 sav 格式原始資料檔	作者的科技部計畫	8.2、8.3
id15.sav	2015 台灣指標電話調查經編碼更新過後的 sav 格式資料檔	作者的科技部計畫	8.2、8.3
id15.pdf	2015 台灣指標電話調查報表	作者的科技部計畫	8.2、8.3

---

[11] https://wwwn.cdc.gov/nchs/nhanes/Search/DataPage.aspx?Component=Questionnaire

資料檔名稱	說明	來源	本書章節
id15r.rda	2015 台灣指標電話調查經編碼更新過後的 rda 格式資料檔	作者的科技部計畫	8.2、8.3
teds2006_kao.rda	2006 高雄市長選舉面訪由原始資料轉為 rda 格式的原始資料檔	台灣選舉與民主化調查（TEDS）2006	5.4、7.2
kao06r.rda,	2006 高雄市長選舉面訪資料轉檔更新後的 rda 格式資料檔	台灣選舉與民主化調查（TEDS）2006	5.4、7.2
TEDS2006_questionaire_Kaohsiung	2006 高雄市長選舉面訪問卷檔	台灣選舉與民主化調查（TEDS）2006	5.4、7.2
TEDS2006CB_indQ.sav	2006 高雄市長選舉面訪資料原始檔	台灣選舉與民主化調查（TEDS）2006	5.4、7.2
ks06a.rda, ks06b.rda	2006 高雄市長選舉電訪經編碼更新的 rda 格式資料檔	作者的科技部計畫	2.3
sasnew.csv	由 SAS 資料檔轉檔另存的 csv 格式資料檔		4.2
sasnew.sav	由 SAS 資料檔轉檔另存的 sav 格式資料檔		4.2
TNSS2015.sav	TNSS2015 政大電話調查原始檔	The Taiwan National Security Surveys	8.4
TNSS2015_questionn-aire.pdf	TNSS2015 政大電話調查問卷檔	The Taiwan National Security Surveys	8.4
TNSS2015_report.pdf	TNSS2015 政大電話調查報表	The Taiwan National Security Surveys	8.4
TNSS2015.rda	TNSS2015 政大電話調查原始檔轉 rda 檔	The Taiwan National Security Surveys	8.4
tscs2013q2.sav	TSCS2013 面訪調查原始檔	台灣社會變遷調查（TSCS）2013	8.1

資料檔名稱	說明	來源	本書章節
tscs2013.rda	由 TSCS2013 面訪調查原始檔轉存並經編碼更新過後的 rda 格式檔案	台灣社會變遷調查（TSCS）2013	8.1
tscs2013q2_recoded.rda	由 TSCS2013 面訪調查原始檔轉存的 rda 格式檔案	台灣社會變遷調查（TSCS）2013	8.1
tscs2013q2.rda	由 TSCS2013 面訪調查原始檔直接轉存的 rda 格式原始檔案	台灣社會變遷調查（TSCS）2013	8.1
tscs2013q2ques.pdf	TSCS2013 面訪調查問卷檔	台灣社會變遷調查（TSCS）2013	8.1
tscs2013r.rda	由 TSCS2013 面訪調查原始檔轉存並經編碼更新過後的 rda 格式檔案	台灣社會變遷調查（TSCS）2013	8.1
wgcoll.csv	Wintergreen College Data csv 格式原始檔	Lewis-Beck (1995)[12]	7.1、7.3
wgcoll.rda	Wintergreen College Data 經轉檔為 rda 格式的原始檔	Lewis-Beck (1995)[13]	7.1、7.3
xlssample	xls 格式範例檔		4.2

---

[12] Lewis-Beck, M. S. (1995). Data analysis: An introduction. Thousand Oaks, CA: SAGE Publications. p. 53-67.

[13] 同上註。

補充盒子 1.1　　自學資源：資料庫

以下是國內的大型資料庫舉例，你可以舉一反三找到更多。

資料庫名稱	連結
科技部學術調查研究資料庫（SRDA）	https://srda.sinica.edu.tw/
台灣法實證研究資料庫	http://tadels.law.ntu.edu.tw/
台灣傳播調查資料庫（TCS）	http://www.crctaiwan.nctu.edu.tw/
台灣社會變遷調查資料庫（TSCS）	http://www.ios.sinica.edu.tw/sc/cht/scDownload2.php#second
台灣選舉與民主化調查資料庫（TEDS）	http://teds.nccu.edu.tw
亞洲民主動態調查資料庫（Asian Barameter）	http://www.asianbarometer.org/

Chapter 2

▶▶▶

民意調查資料分析的基本功

2.1　基本術語與觀念

2.1.1　民意調查分析研究的基本術語

　　社會現象的「經驗研究」（empirical studies）泛指針對感官、經驗或日常認知可觸及的主題進行的研究，包含了個人與組織的態度、價值與行為。像是為什麼有些人含淚投票、有些人會手機成癮，或有些國家會輕啟戰端等等。經驗研究者（empiricalists）傾向使用可蒐集自這種日常生活的資料形態來尋找答案，而多數的研究者會使用大型的調查資料，或是國內外學術社群分享的調查資料庫，透過資料分析來找尋支持或推翻某個理論的證據，當然，也有可能從資料分析的過程中找出新的現象、理論。

　　這種經驗研究的根源之一是「實證主義」（positivism）知識論及方法論傳統，強調解釋現象之間可探測到的因果關係（causal relationship）。對於實用主義者（positivsts）來說，把「因」（cause）與「果」（effect）的可能關係說清楚的陳述或主張叫作「理論」（theory），而使理論具體化、可操作化（為變數與變數之間關係）的架構叫作「模型」（models）。模型中兩兩變數作為一組，每一組中兩兩變數之間的關係叫作「假設」（hypothesis）。不少經驗主義者強調應該拿可測量、可觀察的證據來驗證理論，所以他們是實證主義的知識論體系中非常重要支撐力量。

　　有趣的是，經驗研究者不完全等於實證主義者，因為實證主義者若在乎經驗研究證據，會使用調查資料進行分析，從中找證據。當今在進行民意調查資料蒐集及分析的社會科學多是兩者兼具。不過隨著大數據、資料科學的興盛，我們也需要注意到，有不少經驗主義者並不覺得需要像實證主義者一樣，將理論當作是神聖的求知目標。所以就由此出現了有研究目標的兩條支線：一是描述（descriptive）型與探索（exploratory）型，二是解釋（explanatory）型。相對應於這些目的，問出的問題風格大不相同。

2.1.2　以描述或探索作為目標的研究

　　描述型的研究強調理解已知但不夠清晰的事實，而探索型的研究強調對於尚未釐清的現象或概念的重新掌握。兩者都需要資料來輔助作特定群體或現象的勾勒。這兩類型的研究者多會問以下形態的問題：「台灣的『中間選民』是誰？他們是否真的沒有立場？」、「民眾口中所說的國家認同，到底是民族認同還是政黨認同？」、「對一般民眾來說，『國家認同』指的是什麼？『愛國』指的是什麼？」在學術研究論文中，我們會看到像這樣的句型：「……因此，本研究的目的是試圖描述（或探索）中間選民的特徵。」這時候設計或選用切合的民意調查題組、蒐集資料並分析這些題目背後的資料便是重要且必要的工作。

2.1.3　以解釋作為目標的研究

　　解釋型的研究是當前經驗研究的大宗。大多數的解釋型研究依著文獻或既有理論的發展脈絡而展開，因此研究者在蒐集資料時，已經很明白要被解釋的現象或對象為何，以及前人已經試著做出哪些解釋。從這些研究者所發出的問題中，很容易辨識出被解釋的對象（依變數）。這時候研究者就需要好的民意調查資料，既包含最關切的依變數，也包含研究者自己及文獻作者所認為，可以解釋這個依變數的題目：「為什麼有民眾可以一面支持藍營的議員卻支持綠營的縣市長？」、「為什麼成長在民主時代的台灣年輕一代反而對民主缺乏自信？」在學術研究論文中，我們會看到像這樣的句型：「……因此，本研究（的目的是）試圖解釋太陽花學運何以沒有成為全台社會運動。」

2.1.4　經驗研究者該有的態度

　　你也許可以看出，當前為數愈來愈多的資料科學家（data scientists）比較不像是根源於實證主義的經驗主義者，因為他們強調由資料中發掘眞相或事實，卻不一定要依理論而行。但也有不少社會科學家及部分資料科學家，仍會強調理論發展的重要，所以他們的研究仍然關注在如何使用資料來驗證或發展理論。因此，開始做經驗研究（也就是本書所著重的民意或行為研究）之前，你需要知道：

1. 研究目的與你的發問必須緊扣。
2. 一篇研究通常只需要一個研究目的（或依變數）。

2.1.5　資料分析流程（見圖 2.1.5-1）

　　經驗研究者有了以上的認知基礎，在面對資料的處理及分析時候便會格外謹慎，因為無論是描述、探索還是解釋，概念的測量、資料的清理與編碼與分析等等環節，都會攸關所描述的是否是事實、所探索的是否是真相，以及所解釋的是否可靠。總之，若問卷題目設計不當、資料編碼處理不當，都會導致分析結果只是誤導，沒有價值。「垃圾進、垃圾出」（garbabe in and garbage out）的警語，無論是對理論導向還是非理論導向的社會科學家及資料科學家都一體適用。

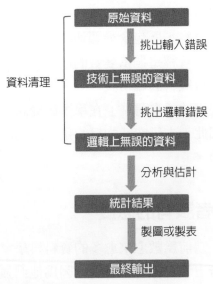

圖 2.1.5-1　統計資料分析工作流程
圖片來源：Jonge, E. de, & Loo, M. van der. (2013). An Introduction to Data Cleaning with R. p. 7.

2.2　抽樣與推論

　　要瞭解爲什麼民意調查的「小資料」在今天「大數據」時代仍有其不可輕視的價值，就要從抽樣理論看起（見圖 2.2-1）。因爲抽樣（sampling）本身的目的就是「以小窺大」，也就是用小的樣本來推判全體。透過嚴謹抽樣過程取得的資料，所看到的眞相，或對於母體（population）的理解，可能還會勝過大數據，因爲大數據本身若非普查（像是全民健保局擁有全國民眾的健康資料），那麼大數據或許能稱爲巨型的、複雜的方便樣本（convenient sample），很難說能正確精準推論到全體民眾。

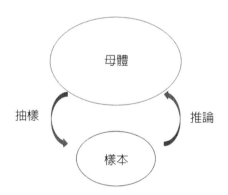

圖 2.2-1　樣本與母體的關係

2.2.1　抽樣的基本概念

一、中央極限定理

　　抽樣理論中，最需要知道的就是「中央極限定理」（Central Limit Theorem, CLT），因爲它是面訪調查及電話調查抽樣的理論基礎。如果我們想知道全台灣 20 歲以上民眾（母體）的平均身高。我們從全民的名冊（假如有這東西）隨機抽出 100 人（樣本），得到的這 100 人的平均身高是 144 公分。你可以知道，每另抽一組樣本（另 100 人）就會有另一個平均數。如果無窮次抽樣下去，理論上就會有無窮個身高平均數。這些身高平均數會有以下特點：

1. 這些所有「身高平均數」的平均數，就會是母體的身高平均數。
2. 這些所有身高平均數的變異數（variance），會是母體的身高的變異數除以樣本大小（在此例中是 100）。
3. 這些所有身高平均數的標準差（standard error of the mean），會是母體的標準差除以樣本大小的平方根。
4. 如果母體的身高是常態分布，那麼這些所有身高平均數也會是常態分布；如果母體的身高不是常態分布，但單一樣本的觀察值個數夠大（31 以上），這些所有身高平均數的分布也會近乎常態（如圖 2.2.1-1 所示）。

第 1 點是中央極限定理中最重要的特質，表示每一次的隨機抽樣得到的平均數，會依樣本平均數的常態分布落在離母體平均數不遠之處（至少可以說「雖不中亦不遠矣」，也就是隨機一個樣本會是極端值的可能性很低）[1]。就憑這個特質，我們有理由相信每次隨機抽樣來的樣本，具有推論母體的潛力。這也是為什麼隨機抽取出受訪者（電話調查公司必須使用電腦隨機撥號系統）這麼重要了。

---

[1] 請參考這個網站（http://onlinestatbook.com/stat_sim/sampling_dist/index.html），有助於把抽樣分配及中央極限定理的概念「玩清楚」。

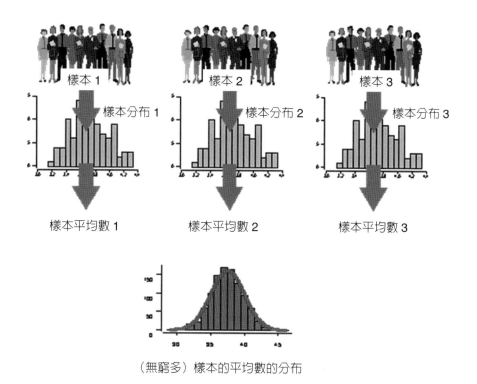

（無窮多）樣本的平均數的分布

圖 2.2.1-1　中央極限定理

圖片來源：http://www.socialresearchmethods.net/kb/Assets/images/sampst2.gif。

2.2.2　民調資料的推論限制

　　從以上的觀念出發，可以將「不準」（也就是樣本平均數無法猜中母體平均數）的原因歸納為抽樣誤差（sampling error）與非抽樣誤差（non-sampling error）兩類。

一、抽樣誤差

　　如上所述，理論上無窮個樣本平均數的分布為常態，那麼母體平均數這個只有上天知道的底牌，即使不是等於某個樣本平均數，也至少會落在這個樣本平均數所建構出的「信賴區間」範圍內（見 2.3 節說明）。也就是，這個樣本平均數所建構出的信賴區間很可能包含了這個底牌。

例如，2016 年英國脫歐民調，Yougov 網站曾預測會留在歐盟的比例是50.8%，但以 99% 的信賴區間來看，眞實的選民的支持脫歐比例會落在47.9% 與 53.8% 之間。因此結果會「翻盤」（最後開票選擇留歐的比例爲 48.1%），並不是 50.8% 這個數值「不準」，而是抽樣誤差沒有被有效降低所造成的。Yougov 網站事後檢討，當時所使用的 quota sampling並非機率抽樣，所以導致它在年齡與教育程度上加權得不夠（65 歲以上女性被低估、20 至 50 歲低教育程度的則被高估）[2]。

二、非抽樣誤差

以下是各種調查會出現的誤差，除了抽樣誤差外還有以下幾種，也會降低民調資料對眞相的含金量（見圖 2.2.2-1）。

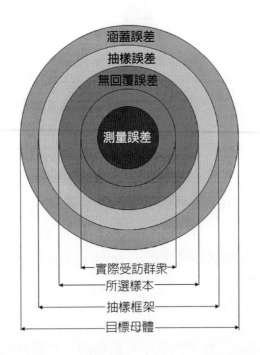

圖 2.2.2-1
圖片來源：http://1.bp.blogspot.com/_AKoRtiUzO94/ScVvX3viByI/AAAAAAAABg/SHXIgrdAxw4/s1600/survey+error.jpg

---

2　http://www.datasciencecentral.com/profiles/blogs/brexit-why-projections-were-wrong.

1. 設定誤差（specification error）：研究者想測的概念與實際的概念不一致。例如：研究者想研究國家認同，卻問統獨立場。也許這兩者有些相關，但這樣的測量（measurement）是否精準則可能影響後續的判讀及詮釋。

2. 涵蓋誤差（frame or coverage error）：訪問時，有些人眞的訪問不到。例如：純手機族、住宿、服役、夜班、坐牢。電話調查的涵蓋率已逐年下降，隨著手機普及、愈來愈少人申辦市話，傳統的「隨機打市話」的方式得到的資料，可能愈來愈難以勾勒眞相。

3. 無回覆／無反應誤差（nonresponse error）：即使訪問到了，也可能會有單元無反應（unit nonresponse）的現象，亦即有些人眞的不配合訪問（掛電話），或是項目無反應（item nonresponse）的情形，也就是在有些題目上眞的問不出答案，例如直接問「你心中最支持哪一黨？」換來的都是「不知道」、「中立」這類答案。

4. 測量誤差（measurement error）：使用不同訪問方法可能導致不同回答。面訪給的答案可能跟電訪、網路調查的答案不同。研究者仍不太確定哪一種模式在哪一類題目上能測得較誠實的答案。

5. 處理誤差（processing error）：資料到手後，研究者在登錄或處理資料過程中可能出錯，例如：要計算藍綠比例時忽略不答的民眾，直接動手刪除中間選民（因爲他們沒有給出政黨傾向之答案）。

三、叮嚀

　　上述的非抽樣誤差之間可以說環環相扣。若使用二手資料，你的任務是減少處理的誤差（例如變碼錯誤）；如果你能愼選資料檔來分析，大多數上述的誤差即使存在，也不是你的責任（資料提供者需負全責）。若你打算自己進行第一手調查資料蒐集，你就要小心自己以及你委託的民調執行單位是不是可能犯錯。

2.3　信賴區間與顯著性檢定

統計上進行假設檢定最常用這三種方法：信任區間法（confidence interval）、Z 值法（或 t 值法）、p 值法（p-value）。這些方法建基在上一節的中央極限定理上。

2.3.1　信賴區間的基本概念

我們先以一個例子來開始這幾個概念之間關係的解說。假設在 2018 年全台灣成年合格選民有 1,900 萬人，經普查發現支持「電價緩漲」的比例爲 56%。今天我們進行一次民意調查，全台灣隨機抽出 1,068 位合格選民電訪，問他們支持「電價緩漲」比例爲何（以下爲模擬計算）。

```
> pop <-rep(0:1, c(1900000-0.56*1900000,0.56*1900000)) #創造出一個虛擬母體
> mean(sample(pop,1068)) #從中抽樣
  [1] 0.564
```

如果你在 R 上反覆執行上兩行的指令，你會發現每次抽樣得到數值（支持比例）都會不一樣，但你也會發現它們之間的差異不會大到哪裡去。也就是說抽樣平均數呈現某種程度的分配（在本例中爲常態）。

現在我們抽樣 3,000 次（且不重複抽樣），並看看這些平均數的分配情形：

```
> result<-replicate(3000, mean(sample(pop,1068, replace=TRUE)))
> mean(result)
  [1] 0.56
> hist(result)
```

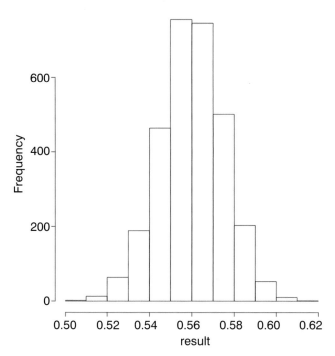

Histogram of result

補充盒子 2.1　　**另一種寫法**

　　若使用迴圈，我們也可以這樣做：

```
> res <-c()
> for(iin1:3000)
+   {
+     res[i] <-mean(sample(pop, 1068))
+   }
> mean(res)
```

　　觀察一下：在這 3,000 個樣本平均數中，90% 的樣本平均數會落在哪個區間？

```
> quantile(result,c(0.05,0.95))
    5%     95%
  0.536   0.586
```

　　這意思就是：當我們再來抽樣一次（第 3,001 次），它的樣本的平均數將會落在這個區間（約為 0.53 和 0.58）的機率會有 90%。換句話說，90% 的樣本的臨界值約為 0.54 和 0.59。這個在給定某個機率值的情形下得到的可能包含母體平均值的區間就叫作「信賴區間」。

2.3.2　Z 值法的基本概念

　　如果我們能將所有能用單位來估計測量的數值，經過一個「標準化」過程，放到一個有相同起點及刻度的尺上，那麼 Z 值（Z-score）便是這個新的量尺的刻度。當某個樣本的觀察值個數（N of observations）夠大的時候我們可以使用計算樣本標準誤（standard error）來當作母體的標準差（standard deviation）。這個使用樣本的平均數和標準誤來計算一個標準化的、以機率為描述語言的方式，我們稱作 Z 值法。

> Z 值 ＝ 單一樣本的比例（sample proportion）除以標準誤（starndard error）。
> 　　 ＝ 觀察值與樣本平均數的差，除以標準誤。
> 　　 ＝ 兩個樣本平均數的差，除以兩個樣本的標準誤的差。

　　今天我們得到一筆針對元首支持度的民調資料（N=1013），想知道由這個樣本推論出的母體，是否有過半支持元首。

```
虛無假設（H0）: P = .50;
替代假設（H1）: P != .50
> options(digits=3)
> n <-1013# 受訪者人數
> x <-466# 支持現任元首的人數
> p <-x/n                    # 支持現任元首的比例（假設情況是非支持即反對）
> SE  <-sqrt(p*(1-p)/n) # 這個樣本的標準誤
> Z  <-(p -.50)/SE
> Z
  [1] -2.55
```

　　得到 Z 值之後，我們可以依照「68-95-99」法則來判定顯著程度（見圖 2.3.2-1）。

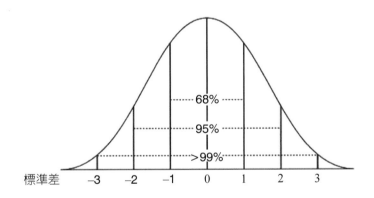

圖 2.3.2-1　標準差的區間與「68-95-99」法則

　　X 軸是 Z 值的刻度，每個間隔表示的是標準差。68% 表示的是常態曲線中段的那 68% 面積，也就是理論上無窮次抽樣之後，68% 的 Z 值會落在 1 與 −1 之間。同理，當由樣本所算得的 Z 值的絕對值大於 1.96 時，表示會落在 95% 的面積之外，意思是這個樣本相當不同於 95% 大多數理論 Z 值會落得的區域（$alpla = 0.05$）。依中央極限定理來看，任何隨機樣本會是異例的機率是很低的，所以若我們相信這個樣本的代表性及品質，那麼就要回頭拒絕虛無假設。同理，當樣本算得的 Z 值大於 2.58 時，我們將有 99% 的信心水準（alpla = 0.01）拒絕虛無假設（見表 2.3.2-1 及圖 2.3.2-2）。

表 2.3.2-1　Z 值與 P 值的對應與解讀

Z的絕對值	異於%的理論Z值	p值	解讀
Z > 1.96	95%	p < 0.05	在 95% 信心水準上拒絕虛無假設
Z > 2.58	99%	p < 0.01	在 99% 信心水準上拒絕虛無假設

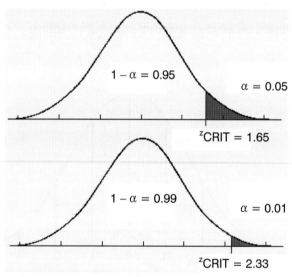

圖 2.3.2-2　單尾檢定下的 95% 與 99% 拒絕域

　　信賴區間的概念建基在 Z 值的觀念上，我們可以在已知樣本平均數時，算出 Z 值和信賴區間；而每一個樣本也都可以在設定好信賴水準之後，算出它的信賴區間。換言之，就是可以經由一個樣本的資料（其平均數及標準差），算出母體平均數在某信賴水準下可能落得的範圍（見圖 2.3.2-3）。

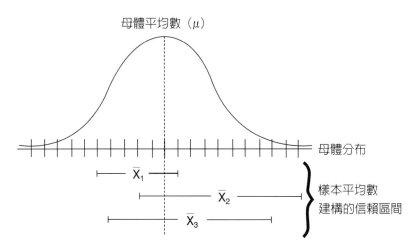

圖 2.3.2-3　樣本建構出的信賴區間可能包含母體平均數

2.3.3　在拒絕虛無假設時可能犯的邏輯錯誤

　　像是在判案一樣，你正在審判是否拒絕虛無假設。當設立了判準門檻就有可能犯錯。有兩種情形的錯誤：型一錯誤（Type I error）與型二錯誤（Type II error）。

1. 型一錯誤：殺錯人，或是無罪判死（因檢定結果錯誤地拒絕虛無假設）；若虛無假設事實上成立，但統計檢驗的結果不支持虛無假設。

2. 型二錯誤：放錯人，或是判殺人者無罪（因檢定結果錯誤地承認虛無假設）；若虛無假設事實上不成立，但統計檢驗的結果無法推翻虛無假設。

　　從這個角度來看，「顯著水準」（alpha 值）是我們在進行檢定時，願意容許型一錯誤發生的機率上限。而 p 值1可以說是以現有的抽樣所進行的推論，可能犯型一錯誤的機率。

```
> alpha=.05
> prop.test(x, n, conf.level=(1-alpha))


  1-sample proportions test with continuity correction


data:  x out of n, null probability 0.5
X-squared = 6, df = 1, p-value = 0.01
alternative hypothesis: true p is not equal to 0.5
95 percent confidence interval:
 0.429 0.491
sample estimates:
   p
0.46
```

2.3.4　以 t 值來尋找母體平均數的信賴區間

　　依中央極限定理，當樣本觀察值個數夠大的時候，使用這些樣本平均數所算得的平均數會較趨近母體的平均數（population mean）。所以，當樣本數夠大的時候，我們可以用樣本的標準誤（standard error）來取代計算標準化的統計量所需的標準差（standard deviation）。但是當樣本觀察值個數不夠多的時候我們需要一個替代方案來算出像是 Z 值般的統計量。這個使用這個較小樣本的平均數（sample mean）和標準誤（sample standard error）來計算的方式稱作 t 值（t-score）法。

一、t 值法的特性

　　計算 t 值的重要前提是樣本分配是個自由度為 $n|1$ 的 t 分配（t 分配類似 Z 值常態分配但在樣本數小的時候雙尾的部分較厚）。使用 t 值的好處是，只要樣本的分布類似常態分配，那麼即使樣本數小我們也可以找到

標準化的統計量，進而找到信賴區間。樣本數大的時候我們也可以用 t 值法，因為當樣本數夠大的時候，t 值分配的形狀就幾乎與標準 Z 值常態分配一樣。舉一個例子，直接從給定的樣本資料計算母體平均數的信賴區間。

二、實作：大家都沒在追劇？

　　有兩個學生在爭吵：學院中學生很用功，都不太追劇。學生 A 認為大家幾乎都沒在看。假設我們從全學院的學生名冊中，隨機抽樣 10 位學生，記錄每個人每天看影片（包括手機）的小時數。假設全院同學看劇的時間呈常態分布，請問全院同學在 95% 信心水準下，是否可以拒絕「大家都沒在看劇」的這個假設？

```
- H0: 全院同學都不看劇（u=0）- H1:u!=0
> x <-c(1, 1, 0, 0, 0, 0.5, 0, 0, 0.5, 1)
> t.test(x, conf.level=0.95)

  One Sample t-test

 data:  x
 t = 3, df = 9, p-value = 0.02
 alternative hypothesis: true mean is not equal to 0
 95 percent confidence interval:
  0.0713 0.7287
 sample estimates:
 mean of x
      0.4
```

　　結果是 t 值為 3；信賴區間不包含 0，拒絕了虛無假設。

　　另一個學生說，這個虛無假設得太嚴苛了。每個人多少會看劇，若平均每人看半小時，其實也不算多。全院普查後發現平均時數為 0.7 小時。請問這個樣本平均時數 0.4 小時算不算偏低？

```
> t.test(x, mu=0.7)

  One Sample t-test

data:  x
t = -2, df = 9, p-value = 0.07
alternative hypothesis: true mean is not equal to 0.7
95 percent confidence interval:
 0.0713 0.7287
sample estimates:
mean of x
      0.4
```

　　結果發現，這個樣本若去對照 0 的確是不嚴重。這個樣本的平均時數 0.4 小時，在 95% 信賴水準上無法拒絕虛無假設（mu=0.7）。換句話說，這個樣本抽到的同學代表性並不差。

2.3.5　單一樣本檢定

　　某國貧窮人口比例在 2010 為 11.3%，假設母體參數的標準差已知，到 2011 年（11.7%）是否顯著的增加？
- 虛無假設：H0：p=0.113
- 替代假設：H1：p>0.113

```
> options(digits=4)
> p0  <-.113          #2010 年樣本中的貧窮人口比例
> p1 <-.117           #2011 年樣本中的貧窮人口比例
> p2 <-.121           #2012 年樣本中的貧窮人口比例
> n1  <-50000         #2011 年樣本的大小
> n2  <-60000         #2012 年樣本的大小
> SD  <-sqrt(p0*(1-p0)/n1)
> zscore<-(p1-p0)/SD
> zscore              #Z-score 大於 1.645 表示十分顯著
  [1] 2.825
```

一、計算 p 值

```
> pnorm(.117, mean=p0, sd=SD, lower.tail=FALSE)    #右尾檢定
  [1] 0.002363
> pnorm(zscore, lower.tail=FALSE)   #結果一樣
  [1] 0.002363
```

　　這個 p 值表示：在虛無假設下，依常態分配抽出 0.117 或大於 0.117 的樣本的機率非常小。也就是說，依虛無假設我們很難抽到 0.117 或大於 0.117 的樣本；偏偏呈現在眼前的是個我們已經抽出來的樣本參數，所以說虛無假設有問題，這個經驗證據足以拒絕虛無假設。換個角度說，p 值小於 0.05 表示：依照虛無假設所架構出的常態抽樣分配，我們要抽到一個貧窮人口比例等於 0.117 的樣本，其機率小於 0.05。既然機率如此之小，我們便比較傾向去拒絕虛無假設、暫且承認替代假設。

　　在 R 中，我們可以用 prop.test() 直接進行母體比例的顯著性檢定。注意看看信賴區間是不是包含 0？

```
> prop.test(x=p1*n1, n=n1, p=p0, alt="greater")

 1-sample proportions test with continuity correction

data:  p1 * n1 out of n1, null probability p0
X-squared = 7.9, df = 1, p-value = 0.002
alternative hypothesis: true p is greater than 0.113
95 percent confidence interval:
 0.1146 1.0000
sample estimates:
    p
0.117
```

答案是沒有。因為區間最左邊 0.1146 仍大於 0。

2.3.6　兩個樣本獨立性檢定

如果兩個樣本來自同一個母體，表示兩個樣本之間差距的信賴區間包括0；如果兩個樣本有統計學上顯著的差異，則這個信賴區間將不會包括0。

一、接上例，2012 年貧窮人口比例與 2011 年是否在統計上有顯著的差異？

- H0: p1=p2
- H1: p1!=p2

```
> phat=c(.121, .117)
> n=c(50000, 60000)
> n*phat
  [1] 6050 7020
> prop.test(n*phat, n, alt=" two.sided" )
```

```
2-sample test for equality of proportions with continuity
correction

data:  n * phat out of n
X-squared = 4.1, df = 1, p-value = 0.04
alternative hypothesis: two.sided
95 percent confidence interval:
 0.0001364 0.0078636
sample estimates:
prop 1 prop 2
 0.121  0.117
```

二、兩次民調資料的品質檢測

　　某大學民調中心在 2006 年底和 2007 年初分別進行了兩次電訪，第一個樣本數為 764，第二個樣本數為 650。請問就年齡的分布來看兩個樣本是不是有顯著的差別？

- H0: sample1=sample2
- H1: sample1!=sample2

```
> load("../ks06a.rda")
> load("../ks06b.rda")
> ageA<-ks06a$V25[(ks06a$V25>18)&(ks06a$V25<95)]    #建立新變數與清理無效值
> ageB<-ks06b$V19[(ks06b$V19>18)&(ks06b$V19<95)]
> length(ageA)
 [1] 704
> length(ageB)
 [1] 617
> boxplot(ageA,ageB,col="grey")    #可以看出兩筆樣本資料離散的程度十分相近
```

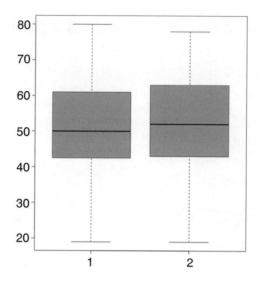

```
> # 用公式
> zeta <-(mean(ageA) -mean(ageB)) /(sqrt(var(ageB)/764+var(ageB)/650))
> zeta
  [1] -1.161
> # 用指令
> t.test(ageA,ageB, alt=" two.sided" , var.equal=TRUE)


   Two Sample t-test


  data:  ageA and ageB
  t = -1.1, df = 1300, p-value = 0.3
  alternative hypothesis: true difference in means is not equal to 0
  95 percent confidence interval:
   -2.2156  0.5871
  sample estimates:
  mean of x mean of y
     51.25     52.06
> #如果兩筆資料的離散程度不一樣，則用
> #t.test(x, y, alt="two.sided", var.equal=FALSE)
```

　　如果兩個樣本的分配不是接近常態則 t-test 不適用，但如果兩個樣本分布的情形相近（如分布的曲線相近）則替代方案是用 Wilcoxon signed-ran test 來檢視樣本差異度或尋找信賴區間。

```
> plot(density(ageA))
> lines(density(ageB),lty=2)
```

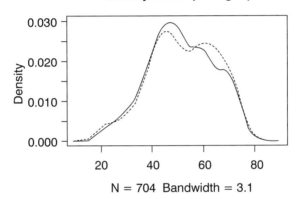

density.default(x = ageA)

N = 704 Bandwidth = 3.1

```
> wilcox.test(ageA,ageB,conf.level=0.95, conf.int=TRUE)

 Wilcoxon rank sum test with continuity correction

data:  ageA and ageB
W = 210000, p-value = 0.2
alternative hypothesis: true location shift is not equal to 0
95 percent confidence interval:
 -2.000e+00  2.642e-05
sample estimates:
difference in location
            -1
```

　　以本例來說，信賴區間包含 0，表示兩筆資料在年齡分配上沒有顯著的差別，意味著兩次調查的樣本年齡結構一致。

　　以上使用 R 來輔助說明這些觀念。本節的重點是「觀念」，而非 R 語法本身。但有了這些對 R 語法的初步「語感」，你在下一章開始就會對 R 的操作更有心得。

Chapter 3

蒐具準備：R 的入門基本功

3.1　使用 R 之前的工作環境設置

3.1.1　完成 R 與 RStudio 的安裝之後

　　若你還沒有使用過 R 與 RStudio，請先翻至附錄，完成 R 的下載與安裝，再完成 RStudio 的下載與安裝。R Console 像是引擎，而 RStudio 像是車體。兩者結合後才能好好發揮作用。本節的目標是：工作環境的設定、在 R 語法檔上使用註記符號。

第一步：複製本書的資料檔到自己的工作資料夾中

　　現在請你在自己電腦的文件夾中，爲這本書的練習開一個資料夾（例如「My First R Project」），並將本書所附的資料（http://bit.ly/2IdBWEE）完整地複製到這個資料夾中。這個專案資料夾的最上層將有所有的資料檔，以及語法檔資料夾。

第二步：請在這個資料夾中開啓新的專案

　　接下來，請從目錄選單中點選「File」→「New Project」。在接下來彈出的視窗中點選「New Directory」→「New Project」。接下來，爲這個專案取個名字，例如「My First R Project」，再選擇這個專案的子資料夾路徑。請選擇你一開始開的資料夾「My First R Project」，最後點選「Create Project」。這樣就開啓了一個新的專案。在「My First R Project」這個資料夾中，你會看到一個副檔名爲 .Rproj 的檔案。日後只要點選它，就會開啓整個專案。若你有多個專案，那麼 RStudio 右下方的 Files 窗格會隨著你切換專案，顯示不同專案所對應的資料夾。

補充盒子 3.1　關於「相對路徑」的基本觀念

　　如果相關資料檔都與專案檔案 .Rproj 放在同一個資料夾內，那麼在讀取資料檔的時候便不需要寫出檔案的路徑。一般來說讀取資料檔時要使用絕對路徑，例如 D:\MyDocument\MyFirstRProject\mydata.rda，但比較方便的做法是使用相對路徑。

```
load("mydata.rda")
```

　　load() 是讀取 R 資料檔的指令。括弧中放的是要交給這個指令計算或運作的參數或引數。用雙引號 " " 表示這個檔案路徑是個字串。依上述步驟，如果資料檔放在專案資料夾的上一層，那麼讀取資料檔就要寫為：

```
load("../mydata.rda")
```

　　/（forward slash）是資料夾分層的符號。在 Windows 中用的是 \（back slash），而因為 R 最早是從 Unix 或 Linux 作業系統誕生，所以路徑的符號是與 Linux 系統一致的。其實，這並不會太古怪。仔細看看，你慣用的 URL 網址都是使用 /。更重要的是相對路徑符號 ..，表示上一層。舉一反三，如果資料是放在上兩層，就會寫成

```
load("../../mydata.rda")
```

　　如果你覺得資料檔應該放在專案資料夾中，另外開設的、屬於下一層的 data 資料夾，那麼你會這樣取用資料檔：

```
load("data/mydata.rda")
```

　　當你點選你的專案（.Rproj）時，預設的工作路徑就是這個專案資料夾。若需要設定專案之外的預設工作區域，到「Tools」→「 Global

Options」。你會看到「Default Working Directory」上有個 ~ 符號，就是相對路徑的意思，指向你在安裝時所預設的「家目錄」（home directory）。當你改變資料夾時，顯示方式會成為~/你自選的家目錄/。

　　若想知道自己現在工作時所在的位置的「絕對路徑」，也就是從電腦的最底層根目錄一路到現在所在資料夾的路徑，例如 /Users/frankcsliu/Dropbox/Work/，到 R Console 輸入並執行：

```
getwd()
```

　　意思是「get working directory」，就可以看到自己目前所在的位置。輸入並執行：

```
setwd("你想要存放工作檔案的絕對路徑")
```

　　則可以重新設定工作資料夾的路徑。最簡單的重設工作路徑（將現在所在的資料夾或專案資料夾設為預設路徑）的方式是，到右下角「檔案總管」視窗，點選「More」→「Set As Working Directory」。

　　由於專案、資料夾、路徑等容易隨著時間、多台電腦等原因而被遺忘或混淆，建議你使用雲端資料夾（如 Google Drive、One Drive、Dropbox、Box 等），將專案建立在雲端上可以達到備份及與多台電腦同步的好處。

第三步：開設第一個 R 語法檔

　　R 是個物件導向的（object-oriented）統計程式語言。既然是程式語言，我們最好能以語法檔案的方式，來管理我們的工作。這樣做一來可以保存我們分析的軌跡；二來可以供自己和他人重製研究的發現；三則可以流傳及分享。本節鎖定在前兩個目的，下一節則專注在第三個目的。請先到右下角的「檔案總管」中找到語法檔資料夾，點選任一個語法檔看看。
接下來你將創造一個自己的語法檔。

　　R 的程式語法檔簡稱「R 檔」。點選「File」→「New File」後，再
點選「R Script」。請試著在空白的語法檔上打上 1+1，再按下語法檔右
上角的「Run」，便會看到在 R Console 中出現輸出的結果。

　　R 只看得懂 R 檔上的指令，所以你必須在 R 檔中把不要交給 R 讀取
的「非指令」文字加註。這樣一來在執行整個 R 的語法檔的時候，R 會
自動跳過、不執行被註記的文字。在敘述或指令前手動加上一個或一個以
上的 # 符號便可以把該行轉成註解（comment out）。

　　接下來，試試看爲這個語法檔最前面加上「檔頭」，也就是記錄這個
任務的基本資訊。你可以不必一個一個加上 # 字。可用滑鼠將這幾行文字
全選起來，按下 Ctrl/Command + Shift + C（或是到選單點選「Code」→
「Command/Uncommand Lines」），就可以創造出像是以下這樣的檔頭
或標題文字，以便日後開啓這個檔案的時候回憶或是方便他人閱讀理解。
另存檔名時要取易記好懂的名字，像是 20180201_myfirstRscript.R。

```
> #====================
> # 任務：我的第一次練習
> # 作者：劉正山
> # 日期：2018.1.13
> #====================

> A <-1+1        # 一個物件 A，被指派了 1+1 運算後的結果
> A              # 印出 A 這物件裡的內容
  [1] 2
> B <-100/3
> B
  [1] 33.33333
> C <-sum(A+B)
```

　　在這個語法檔中，我們輸入並執行這兩行。你會看到右上方視窗內出現了 A、B、C 三這個物件。接下來我們將檔案存檔。存檔時，可以另外選擇「File」→「Save with encoding」可以將檔案另存為不同編碼（如台灣的 Big5 繁體中文碼）。由於 RStudio 的編碼環境是以萬國通用碼為預設值。建議保留這個設定，不必特意改變。你也可以到「Tools」→「Global Options」→「Code」→「Saving」來確定這個預設的編碼是否的確是 UTF-8。同樣的道理，若你下次打開別人的語法檔是亂碼時，不必緊張。到「File」→「Reopend with encoding」就可以選擇該檔案正確的編碼。最後再將它另存為 UTF-8 編碼即可（見圖 3.1.1-1）。總之，中文編碼在英文環境的作業平台中，多少會遇到系統預設編碼與檔案編碼不

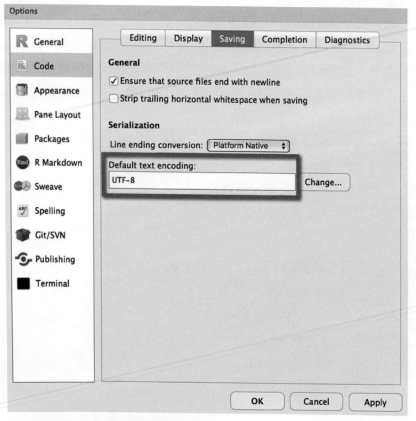

圖 3.1.1-1　在 RStudio 中設定預設語系

一致造成的亂碼問題。有的有解，有的難解。本書將會陸續處理到這類狀況。

1. 認識 R Console 畫面上顯示的指令符號

　　現在請試著在 R Console 打上 sum(A+B，執行（是的，我們先刻意犯錯）。請刻意忽略下括弧，看看會發生什麼事。你的 R Console 視窗中，目前為止會讓你看見幾種提示符號：

提示符號	代表的意思
>	表示 R 正在等候輸入語法
#	表示之後的文字視為註解文字，R 將忽略不予處理
+	表示語法輸入尚未完成

　　現在，請補上)，再執行一次，完成剛才的指令。請留意，R 在處理語法檔時有些規則：(1) 它對大小寫是敏感的，所以命名物件時大小寫要一致，否則第二次出現時 R 會認不出來；(2) 物件名稱中不可以有空白；(3) 第一個字元不可以是數字或符號；(4) 字串的輸入要用雙引號（""）或單引號（"）。

第四步：套件的安裝、更新、掛載與移除

　　R 的套件（packages）一如你熟悉的瀏覽器外掛（add-on or plugins），是讓 R 的生態系充滿生命力的最重要環節。無論你從期刊、專書、手冊上看到什麼套件，只要你有興趣就可以免費下載安裝到自己的系統中。

1. 用 install.packages() 來安裝套件

　　以下我們來安裝幾個本書會用到的套件。請接續以下語法輸入或剪貼到你的語法檔中。安裝套件的指令是 install.packages()，而串聯（contatenate）不同字串的指令是 c()。套件名稱是字串，因此每個套件名稱要加上 ""。

```
> install.packages(c("car","gmodels","gdata",
                    "sjPlot", "sjmisc", "sjlabelled", "sjstats"))
```

　　另一個方法是直接點選右下方窗格中的「Packages」標籤，選擇「Install」，並輸入套件名稱。如下圖四個步驟所示（見圖 3.1.1-2）。

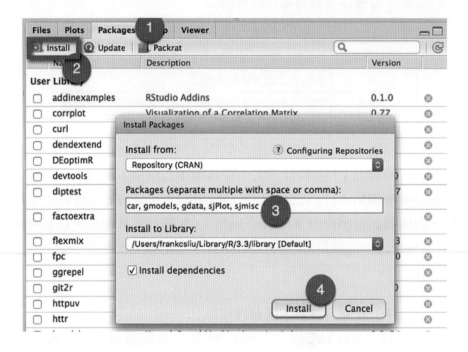

圖 3.1.1-2　RStudio 的套件安裝

　　以下這個狀況比較少見。有一些作者的套件尚未上傳到中央主機 CRAN 之前，會以個人套件的方式提供下載，這時候就要用「手動」的方式安裝。點選右下方窗格中的 Packages 標籤，選擇 Install，並切換下拉選單到 Package Archive File(.tgz; .tar.gz)，再選擇作者提供的套件（見

圖 3.1.1-3）[1]。

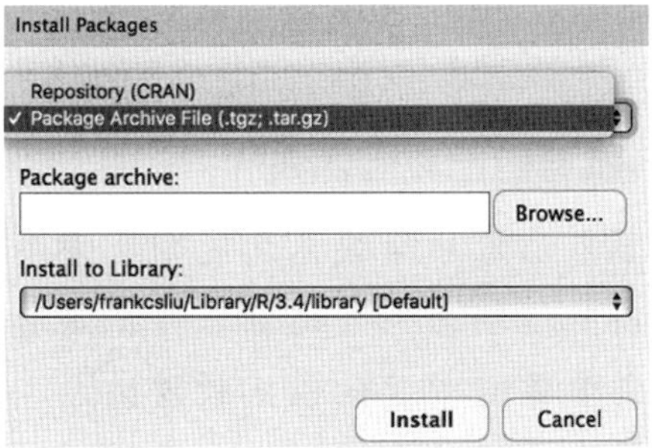

圖 3.1.1-3　手動安裝套件

2. 用 update.packages() 來更新套件

　　R 的更新頻率約是一個月進行一次小升級，RStudio 的更新頻率約為三個月一次小升級，九個月一次大升級。因此若你過一段時間後有需要再使用 R 及 RStudio，就必須先完成這兩個軟體的更新。好了之後再來進行套件更新。套件更新的指令是 update.packages()，不加上參數就視同全部更新。你可以加上 ask=F 參數，讓 R 不要一一詢問每個套件是否要更新。

```
> update.packages(ask=FALSE)
```

　　最簡單的方法是直接點選右下方窗格中的「Packages」標籤，選擇「Update」，點選「Select All」，再點選執行「Install Updates」（如圖 3.1.1-2 的四個步驟，只是將第二步改為點選「Update」）。如果發生 Windows 作業系統中若無法更新的情形，則需要使用管理員最高權限來使用 RStudio 和 R。在圖示上按右鍵「以管理員身分執行」。這個過程中

1　以 Hmisc 套件為例，你可以試試在套件官網（https://cran.r-project.org/web/packages/Hmisc/index.html）下載 zip 或 tgz 格式的安裝檔（binaries），自行手動安裝看看。

如果遇到錯誤訊息，請靜心看一下，大多時候並不是大問題，而是需要你再加裝其他相關套件。

補充盒子 3.2　試著自己克服困難

我們來測試一下自己看到錯誤訊息能夠處變不驚的能力有多大。試試看安裝「cluster」這個套件。這個套件需要透過編譯的程式才能完成安裝，因為它需要電腦中其他程式軟體協力。當你被詢問「要不要透過需要編譯的原始碼進行安裝」（"Do you want to install from sources the package which needs compilation?"）時，按下「Y」看看。接下來你會看到一段看似嚇人的錯誤訊息。這時你需要的是吸一口氣，看一下 error 在那裡，並試著排除。通常這些錯誤訊息來自於安裝時欠缺相關套件，或是欠缺相關軟體。請找到 error 的訊息，你會發現它缺了 gfortran 這個東西。請再試試，看是可以在套件區中找到它，還是用 Google 可以找到它。裝上它之後，這個 cluster 套件就可以安裝上去了。

〔解答：請用 Google 尋找軟體，如果是蘋果電腦就用 gfortran、mac 這兩個關鍵字來找〕。

---

3. 用 library() 掛載套件

下載安裝之後的套件若不呼叫或掛載是不會作用的。若只需要使用某套件中的指令一次，可以直接用套件 :: 指令的方法呼叫，像是：

```
sjmisc::frq( 略 )
```

若需要在任務中反覆使用某套件中的指令，就在語法檔最上端以 library() 加掛套件。在以下的章節中，這兩種方法都會反覆出現。

```
library(sjmisc)
frq( 略 )
```

4. 用 remove.packages() 移除套件

要移除特定套件，無法使用 RStudio 的 Packages 視窗框，需要用指令的方式進行。

```
> remove.package("package0") #移除一個套件
> remove.package(c("package1","package2", "pacakge3")) #移除多個套件
```

補充盒子 3.3　　用套件的方式來更新 R

Windows 系統中可以使用 installr 套件來更新 R，安裝後在 RConsole 中執行。這個套件目前未推出 Mac 版本。

```
> install.packages("installr") #安裝 installr 套件
> installr::updateR()
```

Mac 系統中要使用套件的方式來更新 R，可以使用 updateR 套件[2]。

```
> #由於套件作者尚未將套件上傳到 CRAN，因此要從他的 Github 作者分享區下載套件
> install.packages("devtools")
> library(devtools)
> install_github('andreacirilloac/updateR')
> library(updateR)
> updateR(admin_password =' 你 mac 使用者登入的密碼置此 ')
```

---

[2] 參考套件作者網站：https://andreacirilloblog.wordpress.com/2015/10/22/updater-package-update-r-version-with-a-function-on-mac-osx/。

補充盒子 3.4　把常用套件記錄到 RStudio 之中可以免除每次都要掛載 library() 的麻煩

你可以選擇把常用的套件寫進系統中，讓你每次開啓 R 或 RStudio 的時候就自動掛載。方法是找到工作目錄中的 .Rprofile 檔案，把指令寫上去。.Rprofile 它其實就是個純文字的 R 的語法檔，只是附檔名稍不同而已。因此我們可以把常用的指令，或是啓動時要 R 做的事寫進去。

```
> file.edit("~/.Rprofile") #在工作的根目錄（預設的資料夾）中設置 .Rprofile，
或是；
> file.edit(".Rprofile") #在目前的專案目錄中設置
```

以下是可以寫入 .Rprofile 檔案中的範例，裡頭的套件都是本書練習時會用到的。讀者可以完全照抄貼上，也可以修改歡迎詞及修改這些預設載入的套件。

```
> message("Hi, 我們開始吧！") #讓 R 啓動時説些問候語
> options(defaultPackages=c(getOption("defaultPackages"),
> #                          "car", "dplyr", "gmodels",
> #                          "sjPlot", "sjmisc", "sjlabelled",
                             "sjstats"))
> options(prompt ="R>", digits=3)
```

你可以加上一些設定，像是 options(prompt = "R> ", digits= 3)。意思是將每行開頭預設的提示符號 ">" 換爲 "R>"，以及預設的小數點位數固定爲小數點後 3 位。

3.2　R 的基本語法

請接續上一節使用的語法檔，繼續學習以下基本指令。你將愈來愈熟悉 R 物件導向語言的概念。

3.2.1　R 的入門指令

一、指派

指派（assign）的意思是將數值資料、文字資料甚至是整筆民調資料檔案放進一個物件當中。上一節裡的 A、B、C 三個物件便是透過指派而裝載了數值。你可以用 <- 或 = 來做指派的符號（兩種都有不少人使用，但為了檔案的可讀性，請勿混用）。本書統一使用 <-。在 RStudio 中，按 Alt + -（一手按 Alt 鍵，一手按減號鍵）便可以快速打出這個符號。

二、運算子
- 「算數」運算子包含：+（加）、-（減）、*（乘）、/（除）、%/%（商數）、%%（餘數）、^（次方數）。
- 「括號」運算子，例如：

```
> 3+5*6-7
  [1] 26
> (3+5) *(6-7)
  [1] -8
```

- 關係運算子：>（大於）、<（小於）、>=（大於等於）、<=（小於等於）、==（等於）、!=（不等於）
- 邏輯運算子：&&（與）、||（或）
- 其他運算函式

```
> exp()                    # 自然指數
> log()                    # 自然對數
> abs()                    # 取絕對值
> sqrt(100)                # 開根號
> round()                  # 四捨五入
> ceiling()                # 無條件進位
> floor()                  # 取比此數小的整數
> trunc()                  # 取整數值
> sort()                   # 排序
```

　　試試看：使用 3.1 節建立的 R 檔，建立 A、B、C 三個物件，或自創多個物件來做一些數學運算。

三、向量

　　所謂的 vector 字面上是「向量」的意思，在此是指同樣屬性的資料的集合（如都是數字或都是文字），它是最基本的資料物件。在 R 中，常看到用 c() 指令（"concatenate" or "Combine Values into a Vector or List"），用它來將一組數字、字串結合為向量。因子（factor）則是向量的一種形態，常見於類別型變數（如北部、中部、南部）。

```
> x <-c(20:25) # 冒號表示連續，即從 20,21,...,25
> x
  [1] 20 21 22 23 24 25
> x[4] # 第四個數值
  [1] 23
> y <-x*40
> y
  [1]  800  840  880  920  960 1000
> x[1]+y[5]
  [1] 980
```

四、常用物件管理指令

　　請試著在你的練習語法檔中，熟悉操作以下幾個指令來列出目前有的物件，以及刪除特定或全部物件。不小心刪除物件時不必擔心，重新執行指令即可。你可以在右上方視窗中找到一個有掃把圖案的按鈕。它的功能是清空所有物件，作用如同 rm(list=ls())。

```
> ls()                      #查詢目前存放的物件名稱
> objects()
> rm(A)                     #清除物件 A
> rm(list=ls())             #清除所有在暫存區的物件
```

五、其他可能用得到的指令

```
> version                   #查詢自己電腦的系統資訊，注意這指令不必加「()」
> date()                    #顯示目前時間
help(cor)                   #顯示 cor 這個指令的說明書，也可以寫作：
?cor
fix(cor)                    #顯示 cor 指令的原始碼
```

　　特別值得注意的是 ? 的使用。它還可以叫出已讀入的套件中指令的說明書。例如，若已載入了 sjmisc 套件，想瞭解 rec() 這個指令怎麼用，便可在 R Console 中輸入 ?rec。說明書會出現在 RStudio 右下角視窗的「Help」窗格中。另一個重要的呼叫說明書的指令是 ??。它可以尋找出某特定關鍵字適用的套件。例如在 R Console 中輸入 ??logistic 就會出現所有與這個關鍵字有關的套件及簡單說明。

3.3　使用 RStudio 書寫發表及溝通

3.3.1　資料分析也可以成為一種人文書寫

上一節中，你已經學會 R 語法檔的使用。若你需要把分析過程及結果分享給別人（例如將課堂練習交給老師），現在你可以將語法檔連同輸出的結果，直接「織」成一份文件傳送或上傳。想想看：如果你完成一個研究，卻發現了需要修改分析程式碼的地方，你是要通篇重寫呢，還是希望看到修改的當下就能將結果一併輸出？最重要的，是這整個過程若能被記載下來，供自己和他人重製，讓別人在你的努力上繼續前進。這種既沒有黑箱，又能快速傳遞研究過程與結果的經驗研究，對心胸開放、誠實追求真相的研究者來說是很棒的體驗。

有兩個做法：一個是將你的語法檔透過 RStudio 轉為 html 格式的文件。另一個進階方式是以 Rmd 格式（.Rmd）進行寫作。第一個方法非常簡單，而第二個方法能讓 RStudio 更像是一個書寫平台。其實，若你對於 R 或資料處理比較有興趣，可以放心地跳過這一節直接進入第四章，或是整本書練完後再回來。但若你希望將 RStudio 視為一種書寫平台，想用它直接與同行分享、分析你用 R 做的分析及結果，那麼在這一節停留久一些所練的功夫，將會帶給你相對應的成就感。

一、為什麼社科人尤其需要學會 R Markdown？

Markdown 是個立基於標籤語言（如 html）概念的更簡易語法，能夠將純文字透過非常簡易的標籤轉換為 html，直接透過瀏覽器來分享與閱讀。RStudio 在謝益輝博士多年的努力下，已經整合了 R 語法及 Markdown，稱作 R Markdown，副檔名為 .Rmd。在你按下 knit（織）按鈕時，它就能完成兩步驟的自動轉檔程序：先透過 knitr 套件將存為 Rmd 格式的語法檔及輸出結果「織」成 Markdown 語言中的 md 格式檔案，再透過 pandocd 套件將 md 檔案轉換為大家習慣使用的閱讀格式，例如 html

網頁檔、word 檔或是 pdf 檔，讓分析結果的分享與再製（reproduction）變得更簡單及直覺。一個按鈕就完成了書寫及分析結果的排版。使用 R Markdown 語法進行 R 的資料分析寫作最大的好處，就是可以自在地為分析語法檔加上註記，讓分析的過程更接近社科及人文的寫作習慣，這是發明LeX體系的電腦科學家Donald Knuth其「作文式程式設計」（literate programming，或譯作文學編程）理想的一種實踐。

3.3.2　第一種分享方法：將 R 語法檔直接編譯為 html 檔

這方法相當容易，只要將 R 語法檔存檔後，按下上方的筆記本按鈕，就可以將語法連同結果一起以 html 格式另存新檔（見圖 3.2-1）。

圖 3.3.2-1　將 R 語法檔編譯為 html 的按鈕

3.3.3　第二種分享方法：使用 R Markdown 製作文件

第一步：新建 R Markdown 語法檔

點選「New File」→「R Markdown」→「Document」→「HTML」（見圖 3.3.3-1）。

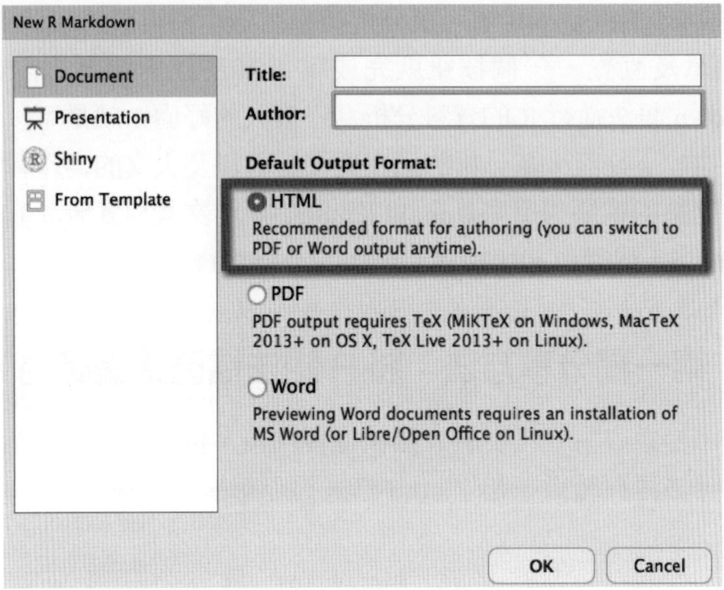

圖 3.3.3-1　新建 R Markdown 文件

　　輸入文件的標題和作者後，新的 R Markdown 檔案就完成了。這個檔案上的文字是內建的樣板，供學習模仿之用。你可以在熟悉之後，每次開啟就刪除這些模板文字。

第二步：使用 R Markdown 語法

　　你可以在這個「畫布」上試打以下這些文字，再按文件上方的 Knit 按鈕，看看結果。你也可以在這個按鈕旁的下拉式選單，將文件轉成 Word。嘗試完以後，你可以隨時在 RStudio 中叫出備忘錄：在 RStudio 裡頭直接在目錄點選「Help」→「Markdown Quick Reference」。這個備忘錄會出現在 R 的說明書區（右下窗框的「Help」欄）出現[3]。

---

[3]　若想印出 pdf 版的備忘錄，可以到「Help」→「Cheatsheets」點選「R Markdown Cheatsheets」。也可以在 RStudio 官網（https://www.rstudio.com/cheatsheets）找到 R Markdown Cheat Sheet。更多細節還可查閱 R Markdown 官網（https://www.rstudio.com/cheatsheets）。

補充盒子 3.5　　**編譯為中文 pdf 檔**

　　將 R Markdown 編譯爲中文 pdf 檔需要有中文排版系統（LaTeX）的正確安裝及設定。但手續稍微繁瑣，因此在此建議使用 html 或是 word 作爲輸出格式，都已足夠達到快速出版與分享的目標。若有興趣嘗試，2016 年起，在 RStudio 中輕鬆編譯中文 LaTeX 已經是可行的了。首先請參考官網的介紹（https://www.latex-project.org/get/），將 LaTeX 環境架設好。安裝好 LaTeX 環境後，再到 RStudio 安裝 rticles 這個套件。之後到「New R Markdown」→「From Templete」→「CTeXDocmunents」。便可以套用模板，得到精美排版的中文 pdf 文件。

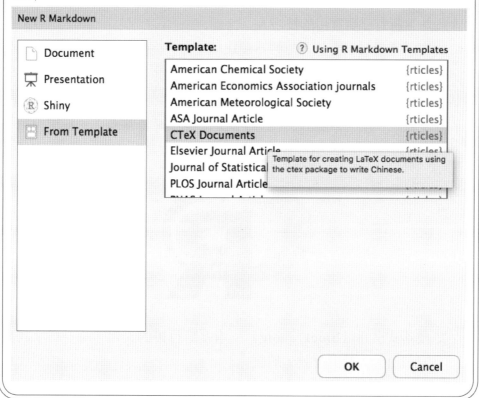

R Markdown基礎語法
• 字詞前後加上一個星號，* 斜體字 * 會變成*斜體字*。
• 字詞前後加上兩個星號，** 粗體字 ** 會變成**粗體字**。
• 字詞前後加上三個星號，*** 斜粗體字 *** 會變成***斜粗體字***。
• 字詞前後加上 ^ 符號，^ 上標字 ^ 會變成上標字。
• 字詞前後加上 ~ 符號，~ 下標字 ~ 會變成下標字。
• 字詞前後加上兩個 ~~ 符號，~~ 刪除字 ~~ 會變成刪除字。
• 在標題後方加上 | 之後的文字就會變成副標題。
• 字詞前後加上 ` 符號，就可以在行文時將特定字詞的轉為語法的標示。
• 斷行要先打上兩個空白再按換行鍵（Enter）。
• 每行開頭以 - 再加上一個空白鍵就會形成提示符號「點」（publlets）。
• 每行開頭以數字加句點（如 1.）再加上一個空白鍵就會形成順序符號。

此外，還有三個實用的技巧：

1. 字詞透過這個方法可以轉為超連結：

[點我連結]（連結網址如 http://google.com），會變成實際可用的點我連結。最前方若加上驚嘆號，就可以載入網路上的圖片。例如，使用 ![R 的圖示]（http://www.r-project.org/Rlogo.png），會在輸出結果中看到：

2. 段落式引用（block quote）：適當斷行後的文字，每一行字詞前方加上「大於」符號，那麼

> 白日依山盡，黃河入海流
> 欲窮千里目，更上一層樓

就會變成

白日依山盡，黃河入海流
欲窮千里目，更上一層樓

　　注意第一行行尾要加上「空格、空格、Enter」的斷行指令，才會顯示為兩行。

3. 三種段落標題：
字詞前方加上一個井號，# 一號標題會變成
一號標題

字詞前方加上兩個井號後，## 二號標題會變成
二號標題

字詞前方加上三個井號後，### 三號標題會變成
三號標題

補充盒子 3.6　　為你的 R Markdown 文件檔案更換主題

　　如果你覺得 RStudio 的 html 輸文格式不夠「文青」，那麼可以用切換模板的方式更換版型。

方法一：從 RStudio 中套用新模板來開啓新檔案

　　如果你是要從建立新檔案開始，在開啓新檔選擇 R Markdown 之後，選擇「From Template」，如下圖所示。

```
New R Markdown

  [ ] Document          Template:              ⑦ Using R Markdown Templates
  [⌨] Presentation      Bulma Template              {markdowntemplates}
                        Skeleton Template           {markdowntemplates}
  (R) Shiny             Hugo Blog Post              {markdowntemplates}
                        Kube Template               {markdowntemplates}
  [▦] From Template     Minimal Template            {markdowntemplates}
                        GitHub Document (Markdown)         {rmarkdown}
                        Package Vignette (HTML)            {rmarkdown}


                        This template contains multiple files. Create a new
                        directory for these files:
                        Name:
                        Untitled

                        Location:
                        ~/Desktop                                    Browse...


                                                   OK            Cancel
```

方法二：在既有的文件標題中調整語法

在 R Markdown 文件中的標頭部分，你可以看到「output:html_document」，這一段設定碼決定了文件輸出的格式。我們可以透過調整 output 的參數，改變文件檔案輸出的格式。例如，若要轉成 word 檔，就將 html_document 換爲 word_document；若要轉爲簡報格式，就換爲 ioslides_presentation。要換爲 bulma 格式，就將 html_document 換爲 markdowntemplates::bulma，以此類推 4。

---

4 可以到作者的網站（https://github.com/hrbrmstr/markdowntemplates）看到這些外觀風格的預覽。

模板名稱	R Markdown檔頭寫法
bulma	output: markdowntemplates::bulma
skeleton	output: markdowntemplates::skeleton
kube	output: markdowntemplates::kube
minimal	output: markdowntemplates::minimal

3.3.4　第三種分享方法：用 R Markdown 語法製作簡報

　　用 R Markdown 做出來的簡報檔，與我們已習慣的 Microsoft Powerpoint 製作出的 ppt 格式簡報檔相當不同。它是 html 檔案，是用瀏覽器看的簡報檔。

第一步：直接開啓空白簡報檔

　　使用左上角的新增檔案按鈕→「R Markdown」→「Presentation」→「HTML」（ioslides）（見圖 3.3.4-1）。

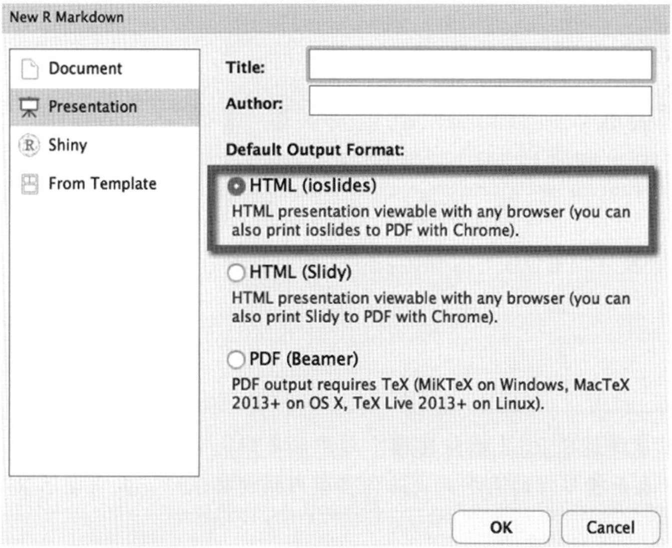

圖 3.3.4-1　建立新的簡報檔

　　若是要修改已有的 R Markdown 的檔案，由 html 文件切換為簡報格式，只要把檔頭的 output: html_document 改為 output: ioslides_presentation；反之則可以將簡報檔轉回一般網頁格式。最後按下「Knit」（把語法織成 html 格式的簡報檔）。

第二步：逐條顯示重點

　　一般文件中使用 - ，可以產生打點提示的效果。在簡報檔中，改使用 >- 可以讓我們在簡報模式時，每按一下空白鍵（或按一下滑鼠）出現一行重點，而非整頁內容一次出現。

3.3.5　透過將 R 語法嵌進文件或簡報中

　　現在，關鍵的一步，是在 R Markdown 文件或簡報檔中加上 R 語法，將你框外的書寫、與框內的語法，以及執行的結果，全部織在一起[5]。

　　按下右上角的「Insert」→「R」。你會看到灰色區域的語法框，是由上面與下面所框起。上緣的結構如下：

```
{r 語法框標題 , echo=F, eval=F, message=T}
```

　　{} 裡頭要放入這個語法框的重要參數。r 後空一格到第一個逗點前可以寫入這個程式框的標題以方便辨讀這個語法框的作用和重點。換言之，r 空白的後方，你可以加上標題，也可以留白。接下來的一些參數會有各自的作用。T 表示 TRUE，即開啟的意思。F 表示 FALSE，即關閉的意思。如表 3.3.5-1：

---

[5] 請記得：註記符號在 Rmd 檔與 R 檔中的用法不同。若你是在資料框外編輯文件或簡報檔，那 # 表示標題（的大小）；若你在框內編輯語法檔，那 # 表示 R 語法中的註記符號。

表 3.3.5-1　R Markdown 語法框中的基本參數與預設值

語法框的參數	意義	預設值
echo=T	在輸出結果中呈現這個程式框中的 R 程式碼	T
eval=F	不要處理 R 程式碼（不產生結果）	T
warning=F	不要輸出警告訊息	T
message=F	不要輸出錯誤訊息	T
include=F	將所有輸出的結果都關閉	T

　　請依你想要在分享時呈現多少資訊，作出更動。例如你的目的是單純簡報結果，你可以選擇 echo=F 關閉原始語法檔；如果你只要留下語法檔，不要輸出結果，就使用 eval=F。例如寫作教學檔案時，參數都設為 T，同時出現程式碼及結果；只是要進行結果簡報時，echo=F。

補充盒子 3.7　將圖片嵌入文件中

　　若是網路上的圖片，直接崁入 R Markdown 文件中，目前是無法改變大小的。但若是已經有存在檔案夾中的圖片，可以用 chunk 方式織入 html 或 word 檔中，改變大小和位置。語法框的上線和參數長得像這樣：

```
{r ,fig.cap='', out.width='75%', fig.align='center', echo=FALSE}
```

語法框中的語法長得像這樣：

```
knitr::include_graphics("images/ 圖 _RMarkdown.tiff")
```

Chapter 4

買菜：資料的取用與整理

4.1　認識資料形態

　　目前可以用電腦處理的資料的形態，可略分為五類：向量、矩陣、陣列、串列和資料框。我們可以用圖 4.1-1 看出彼此的差別。我們也可以使用 class() 來查看物件本身的屬性，看物件的屬性是連續數字（numeric）、矩陣、串列，或是資料框。

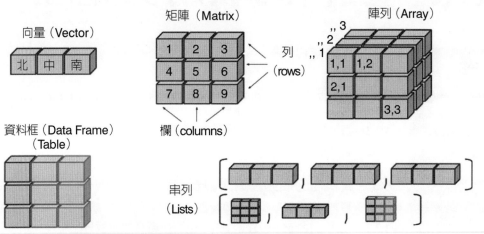

圖 4.1-1　R 能夠處理的不同資料格式
圖片來源：http://venus.ifca.unican.es/Rintro/dataStruct.html。

一、向量（Vector）

　　這是最基本的資料物件，就是一組排列的數字。R 的語法中常看到 c()（concatenate），就是用來將一組數字或字串結合為向量資料。向量這個形態的資料中有一種常見的形態叫做「因子」（factor，也就是非數字、非連續型的變數類型，像是性別、戶籍所在地、區域（如圖中的北、中、南）這類的類別資料（categorical variables）。在之後的變數編碼章節（如 5.1、5.2 節）所看到的編碼語法，都需要在參數中清楚指明這個變數是數字（連續型變數）還是因子（非連續型變數）。

　　另一個重要觀念是，vector 既然叫作「向量」，就是我們可以用定位的方式，取得具有方向性的資料。我們用 [] 來存取特定位置的變數值，這在變數編碼上也派得上用場（參見 5.1、5.2 節）。以下我們創造一個資料物件 A，裡頭有 10 個數字。注意列出物件中所有資料時，第一個數字之前的 [1] 表示的是這一列的開頭座標。A[2] 表示這個資料中的第二位的數字（是 3）。若資料數字串很長時（如物件 B），那麼每一列的開頭座標便是該列第一個數字在這個向量資料中的位置。

```
> A <- c(1, 3, 5, 7, 9, 2, 4, 6, 8, 10)
> A  #列出這個物件裡的數字
  [1]  1  3  5  7  9  2  4  6  8 10
> length(A)  #長度為
  10[1] 10
> typeof(A)  #連續數值
  double [1] "double"
> A[2]  #第二個位置的數字是
  3[1] 3
> A[c(1,3,8)]  #第 1、3、8 個位置的數值為 1、5、6
  [1] 1 5 6
> A[A<6]  #列出物件中小於 6 的是哪些數值
  [1] 1 3 5 2 4
> B <- sample(100, 50)  #隨機從 100 中取 50 個數字
> class(B) #integer
  [1] "integer"
> B  #請仔細看到每行的開頭座標
  [1] 92 98 22 36 63  6 68 70 44 29 80  3 55 72 33 71 93 21 91 11 10 76 59
 [24] 47 77 89 62 37 39 45 43 74 64 18 42 25 48 75 28 95 90 51  7  4  1 58
 [47] 19 24 97 94
```

　　到這裡，你對向量比較有感覺了。我們來進一步看看如何使用重複

（rep()）與序列（seq()）指令產生向量資料。

```
> rep(0, 3)  #數字 0 重複 3 次
  [1] 0 0 0
> rep("abc", 4)  #字串 abc 重複 4 次
  [1] "abc" "abc" "abc" "abc"
> 3:7  #產生 3 到 7 連續數字
  [1] 3 4 5 6 7
> seq(1, 5, 2)  #創造一個從 1 到 5 以 2 漸增的向量
  [1] 1 3 5
> seq(10, 1, -1)  #創造一個 10 到 1 的向量
  [1] 10 9 8 7 6 5 4 3 2 1
```

二、矩陣（Matrix）

矩陣是二維的數字資料，是納入列（row）與欄（column）概念之後的基本資料格式。R 表示特定列與欄交集細格（cell）的方式是 [列 , 欄]。例如：[1,2] 表示第一列第二欄。

```
> #將向量資料轉為矩陣
> C <-matrix(c(7,1,7,3,4,5,2,0,8), nrow=3)
> C
      [,1] [,2] [,3]
  [1,]    7    3    2
  [2,]    1    4    0
  [3,]    7    5    8
> D <-matrix(1:6, nrow=2, ncol=3)  #數字由 1 到 6，2 列 3 欄
> D
      [,1] [,2] [,3]
  [1,]    1    3    5
```

```
  [2,]    2    4    6
> D[2,3]  #第 2 列第 3 欄的數值是 6
  [1] 6
> #為矩陣上標籤
> E <-matrix(1:6, nrow=2, byrow=F,
+            dimnames=list(Row=c("a","b"), Col=c("c","d","e")))
> E
    Col
  Row c d e
    a 1 3 5
    b 2 4 6
> class(E) #matrix
  [1] "matrix"
```

三、陣列（Array）

陣列是允許大於二維的矩陣。如圖，一「層」一「層」的矩陣可以排列為數字陣列。

```
> F <-array(1:24, c(3,4,2))   #3 列、4 欄、2 層
> F
 , , 1

     [,1] [,2] [,3] [,4]
  [1,]    1    4    7   10
  [2,]    2    5    8   11
  [3,]    3    6    9   12


 , , 2
```

```
        [,1] [,2] [,3] [,4]
  [1,]   13   16   19   22
  [2,]   14   17   20   23
  [3,]   15   18   21   24
> F[3, 4, 2] #第 3 列、第 4 欄、第 2 層的數值是 24
  [1] 24
> class(F) #array
  [1] "array"
```

四、資料框（Data frame）

　　資料框顧名思義，就是資料（數字及文字）被格式化整理到欄列分明的框裡，且每一列等寬，每一欄等高。沒有數值的空白將會被填入 NA，稱作無效值（Not Available）。無效值在不同軟體中有不同的表示方式，例如 Excel 會直接以空白來表示無效值、在 SPSS 以 . 來表示無效值。資料框是在民意調查或社會科學最常見的資料形態。例如 IBM SPSS 的 sav 格式或是微軟 Excel 的 xlsx 格式等，就是這種資料形態。在資料框中，每一欄表示分析時的變數（variable），例如性別；每一列表示一個觀察值（observation），例如受訪者 1、受訪者 2……等。

```
> G <- data.frame(V1=seq(0,8,2), V2=LETTERS[1:5])  # 創造出一個資料框物件
  G，5 列 2 欄。
> class(G) #data.frame
  [1] "data.frame"
> G[4,2]  # 第 4 列第 2 行的值為
  D[1] D
  Levels: A B C D E
> G[1] # 第 1 欄
```

```
   V1
 1 0
 2 2
 3 4
 4 6
 5 8> G[3:4, "V2"]   #第二欄 "V2" 的第 3 和第 4 列為 C 與 D，也可以寫為：
 [1] C D
 Levels: A B C D E
> G$V2[3:4][1] C D
 Levels: A B C D E
> colnames(G) <- c("Var1", "Var2")   # 重新命名多個欄位名稱
> names(G)
 [1] "Var1" "Var2"
> colnames(G)[2] <- "Variable2"   # 重新命名第二欄的名稱
> names(G)
 [1] "Var1"       "Variable2"
```

> **補充盒子 4.1　編輯資料框**
>
> 　　若無正常理由，我們不輕易去更動原始資料數值。但當有必要的時候，例如此例的物件 G 你可以使用 `fix(G)` 或是 `edit(G)` 來編輯特定細格的數值。

五、串列（List）

　　串列是五種資料形態中「胃納」最大的資料形態。串列與資料框一樣，也可以承載文字與數字資料（但是資料框只有二維）；串列與陣列一樣，也是由列、欄、層所組成的資料形態（但陣列只能承載數字資料）。所以，串列能承載上述四種資料類型。**我們使用 $** 來取用串列及資料框內的資料。

```
> H <-list( 表一 =seq(2,10,2),
            表二 =matrix(1:9, nrow=3),
            表三 =array(1:8, c(2,2,2)),
            表四 =data.frame(V1=seq(0,3,1),
                            V2=letters[1:4]))
> class(H) #list
  [1] "list"
> H$ 表一
  [1]  2  4  6  8 10
> H$ 表二
       [,1] [,2] [,3]
  [1,]    1    4    7
  [2,]    2    5    8
  [3,]    3    6    9
> H$ 表三
  , , 1

       [,1] [,2]
  [1,]    1    3
  [2,]    2    4


  , , 2

       [,1] [,2]
  [1,]    5    7
  [2,]    6    8
> H$ 表四
    V1 V2
  1  0  a
  2  1  b
```

```
  3  2  c
  4  3  d
> H$ 表四 [3,2]   #H 物件中的表四第 3 列第 2 行的值為 c
  [1] c
  Levels: a b c d
> table(H$ 表四 [2]) #顯示 H 物件中表四的第 2 欄資料


  a b c d
  1 1 1 1
```

六、變數的取用與形態的轉換

　　我們將上述取用串列內資料的方式物件 $ 內容，應用到取得資料框中的欄位資料，就會是資料框 $ 欄位名稱。以下的章節中我們將反覆用上這個觀念。

```
> wgc<-read.csv("http://www2.nsysu.edu.tw/politics/liu/teaching/
  dataAnalysis/data/wgcoll.csv")
> # 等同：
> #wgc<- read.csv("../wgcoll.csv")
> names(wgc)
  [1] "id" "aa" "pe" "sm" "ae" "r"  "g"  "c"
> class(wgc)
  [1] "data.frame"
> class(wgc$g)  #這個變數 g（性別）是整數：0 女生：1 男生
  [1] "integer"
> table(wgc$g)


   0  1
  28 22
```

```
> wgc$g<-as.character(wgc$g)  # 轉為文字
> wgc$g
   [1] "0" "0" "0" "1" "1" "0" "0" "1" "0" "1" "0" "0" "1" "1" "1" "0" "0"
  [18] "0" "0" "1" "1" "0" "1" "0" "1" "1" "1" "0" "0" "0" "0" "1" "1" "0"
  [35] "0" "1" "0" "1" "0" "1" "0" "0" "1" "1" "0" "0" "0" "0" "1" "1"
> wgc$g<-as.integer(wgc$g)    # 轉回整數
> wgc$g
   [1] 0 0 0 1 1 0 0 1 0 1 0 0 1 1 1 0 0 0 0 1 1 0 1 0 1 1 1 0 0 0 0 1 1 0 0
  [36] 1 0 1 0 1 0 0 1 1 0 0 0 0 1 1
> wgc$g<-as.vector(wgc$g)     # 轉為向量
> wgc$g
   [1] 0 0 0 1 1 0 0 1 0 1 0 0 1 1 1 0 0 0 0 1 1 0 1 0 1 1 1 0 0 0 0 1 1 0 0
  [36] 1 0 1 0 1 0 0 1 1 0 0 0 0 1 1
> wgc$g <-as.factor(wgc$g)    # 轉為因子（factor），也可使用 sjmisc:: to_
  factor()
> table(wgc$g)

   0  1
  28 22
```

4.2　R 的基本資料處理語法

你從社會及民意資料調查機構取得民意調查資料之後，最重要的一步就是將它放進 RStudio 並將它另存新檔、保存起來，供接下來的資料編碼及分析使用。請避免直接在原始檔上進行編碼及分析，以免誤刪或改動原始資料與數值。以下第一部分先介紹 R 的專屬 rda 格式的處理方式；第二部分介紹其他格式的讀入及存檔方式；第三部分則是初步檢視資料檔的方法。

4.2.1　使用 rda 格式存取檔案

rda 或是 .Rdata 是 R 專屬的資料格式，能透過 load() 內建指令直接讀取，或是直接在 RStudio 中以 1.「File」→「Open File」或是 2. RStudio 右上角「Environment」標籤頁點選開啓資料夾符號來讀入資料。因爲這個格式存取方便，所以建議你一拿到各種格式的資料就先使用本節介紹的做法，將它讀入 RStudio 並轉存爲 rda 格式，這樣便可以用 RStudio 直接讀入、使用資料物件。

一、讀取 R 資料檔

使用指令讀取 R 資料檔的語法爲：load("d:/檔案存放路徑 / 檔案名稱 .rda")。注意引號的使用，它標示了資料來源的路徑。如果這筆資料存放的位置，跟語法檔所在位置相同（同一個資料夾），那麼可以免去路徑不必細寫。

關於路徑的使用有幾點值得注意。首先，我們可以在 R console 終端機使用 getwd() 指令——這是「回報現在的工作路徑的絕對路徑」（get working directory）的意思。不必加入任何參數。絕對路徑的意思是連同磁碟機在內的完整路徑。第二，我們可以使用 setwd() 來設定新的工作路徑（見圖 4.2.1-1）。這相當於使用「Tools」→「Global Options」來設定預設的工作路徑。請閱補充盒子 3.1。

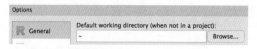

圖 4.2.1-1　RStudio 的預設工作路徑設定

　　第三，我們可以使用相對路徑的概念來存取檔案。~/ 表示專案預設的根目錄。../ 表示上一層目錄。../../ 表示上兩層目錄，以此類推。

```
> getwd()
> load("../tscs2013.rda") #Environment 的 data 區會出現這筆資料檔的資料物件名
  稱 tscs2013
```

二、存成 R 專用的 rda 檔

　　使用指令儲存 R 資料檔的語法為：save(" 資料檔物件名稱 , file="d:/ 檔案存放路徑 / 檔案名稱 .rda")。注意參數提示語 file= 一定要寫上。

```
> save(tscs2013, file="../tscs2013.rda", compress=TRUE)
```

4.2.2　其他重要資料格式的讀取和儲存方式

　　以下介紹幾種以資料框形態儲存的資料格式，包括了 SPSS、SAS、Stata 以及 Excel 等統計套裝軟體的資料格式，以及純文字檔 csv 的處理方式。你可透過 RStudio 的外部資料讀取界面，試試看：到 RStudio 右上角「Environment」→「Import Dataset」（見圖 4.2.2-1）。

圖 4.2.2-1　在 RStudio 中讀入不同格式的資料

一、讀取逗點分隔文字格式的 csv 檔案

　　目前最常使用的方法是以 foreign::read.csv() 讀取 csv 格式檔案。
foreign 這個是 R 專門用來處理不同格式檔案的讀入的長青套件。它不但
可以讀取單機上的 csv 資料，也可以直接讀入網路上的 csv 資料。較新的
做法是 readr::read_csv()，見 5.2 及 8.5 節。

```
> library(foreign)
> # 讀取單機上的資料
> wgc<-read.csv("../wgcoll.csv")              # 方法 1
> wgc<-readr::read_csv("../wgcoll.csv")       # 方法 2
> # 讀取網路上的資料
> wgc<-read.csv("http://www2.nsysu.edu.tw/politics/liu/teaching/
  dataAnalysis/data/wgcoll.csv")
```

二、讀取 IBM SPSS 的 sav 檔案

　　IBM SPSS 是目前最常見被使用的統計及資料分析軟體，sav 是當
前台灣社會科學、傳播學及民意調查領域最常見到的資料格式。本書

推薦兩種讀入 sav 資料檔的方法：一是 sjlabelled::read_spss()，二是
foreign::read.spss()。

方法一：使用 sjlabelled::read_spss() 讀取 sav 檔案

```
> library(sjlabelled)
> tscs2013 <-read_spss("../tscs2013q2.sav")
```

方法二：使用 foreign::read.spss() 讀取 sav 檔案
　　這個指令有兩個重要參數：(1) reencode="big5" 表示設定資料變數語
系為 Big5；若不寫則預設值為 UTF-8；(2) use.value.labels=F 表示不使用
選項標籤，資料細格裡的數值就是數值。以性別這個變數當例子。若是設
為 T，則所有數值 1 與 0 會被「男」與「女」所取代[1]。

```
> library(foreign)
> tscs2013 <-read.spss("../tscs2013q2.sav",
+ reencode="big5",
+ use.value.labels=F,
+ to.data.frame = T)
```

三、讀取 Stata 的 dta 格式檔案

```
> library(foreign)
> statadat <-read.dta("http://www.stata-press.com/data/r10/fish.dta")
> head(statadat)
```

---

[1] https://stat.ethz.ch/pipermail/r-help/2007-February/124876.html; 2.http://www.strengejacke.
de/sjPlot/datainit/.

四、讀取 Excel 檔案（.xls 或 .xlsx）

建議直接使用 RStudio 內建的「Import Dataset」功能來讀取。另有兩個替代方案。

方法一：使用 readxl::read_excel() 來讀取

```
> # install.packages("readxl")  #安裝套件
> library(readxl)
> dat<- read_excel("xlssample.xls")
```

方法二：使用 xlsx::read.xlsx() 來讀取

不過這個套件需要電腦中已安裝好 Java[2]。

```
> # install.packages(c("xlsx", "rJava")  #安裝套件
> library(xlsx)
> dat <- read.xlsx("xlssample.xls", 1)  #讀入第一個分頁的資料
> # ?read.xlsx
>
> #查詢更多替代方法：
> # ??xls
```

五、讀取 SAS 的 transport 檔案

目前 RStudio 當未支援這個格式的直接匯入，只能使用 foreign 這個套件來讀取[3]。

2　若在 Mac 使用 library(xlsx) 遇到 Java 執行的問題，建議參考這裡的做法。https://ashokragavendran.wordpress.com/2016/09/21/fixing-rjava-error-on-mac-osx-el-capitan/

3　xpt 資料來源：https://wwwn.cdc.gov/nchs/nhanes/Search/DataPage.aspx?Component=Questionnaire&CycleBeginYear=2009。

```
> library(foreign)
> sasdata <-read.xport("../ACQ_F.XPT")
> ?read.xport
```

六、讀取 SAS 的 sas7bdat 格式檔案

```
> #install.packages("sas7bdat")
> library(sas7bdat)
> sasnew<-read.sas7bdat("https://stats.idre.ucla.edu/wp-content/
  uploads/2016/02/mlogit.sas7bdat")
> tail(sasnew)
```

七、匯出為其他格式的檔案

　　讀入資料檔案之後，我們除了將它存為 rda 格式之外，也可以將它存為其他格式，供不同統計軟體使用（如果有這個必要的話）。我們以本書所附的 sasnew 資料檔物件為例子來操作。

1. 存成 csv 格式

```
> write.csv(sasnew, file="../sasnew.csv")
```

2. 存成 sav 格式

```
> library(sjlabelled)
> write_spss(sasnew, "../sasnew.sav")
```

4.2.3 資料檔的檢視

在 RStudio 中，可以在右上角的「Global Environment」直接點開讀入資料檔的物件，看到資料檔。也可以在 RConsole 使用 View() 的方式打開內建的資料檢視器（注意 V 是大寫）。使用 names() 或 str() 可以看到全部的欄位名稱[4]。

```
> View(tscs2013)
> names(tscs2013)  #列出所有變數名稱
> str(tscs2013)    #顯示整個資料檔的結構
```

補充盒子 4.2　**讀入資料檔時可能會遇到的語系或亂碼問題的解決方案**

由於純文字的 csv 格式會因為語系（encoding）不同（例如製檔時為 Big5 編碼而匯入時的電腦是 UTF-8 編碼）而產生亂碼的現象。有四個做法可以處理這個問題。第一種是在 RStudio 環境中透過設定的方式處理，其他三種是使用其他工具進行資料的轉譯和轉存。以下使用一筆網路調查的開放問卷資料為例。

方法一：調整 RStudio 語系環境

如果看到這樣的錯誤訊息，表示語法檔案的語系與自己電腦的不一致。這時可以透過在終端機（R Console）改變 R 的預設語系：

---

[4] 2018 年以前的 RStudio 版本無法直接看超過 100 欄的資料，這個限制將隨著 RStudio 的版本更新得到解決。

```
Warning message:
In strsplit(code, "\n", fixed = TRUE) :
  input string 1 is invalid in this locale
> #Windows 使用者：
> Sys.getlocale(category ="LC_ALL")   #查看自己電腦系統所支援的語系，若無
  中文支援，則使用
> Sys.setlocale('LC_ALL','C')
> #Mac 使用者：
> Sys.setlocale(category ="LC_ALL", locale ="zh_TW.UTF-8")
```

　　一勞永逸的做法是在 Home 目錄下新增一個 .Rprofile 檔，將上一行放進去。這樣一來每次開啓 RStudio 時便會自動執行。

遇到簡體中文資料檔時的設定方式

　　由於在台灣我們的 Windows 電腦用的是正體中文編碼，所以當資料中的文字必須在簡體中文環境中才能正常顯示，就需要切換 Windows 下 RStudio 的語系到簡體中文。在 R terminal 下方，或 R 語法檔使用這一行：

```
Sys.setlocale(category="LC_ALL", locale = "Chinese(Simplified)")
```

　　就可以正常顯示資料檔裡的簡體中文字了[5]。

---

[5] 1.How to read csv data with unknown encoding in R: https://stackoverflow.com/
　　questions/16681812/how-to-read-csv-data-with-unknown-encoding-in-r;
　2.Escaping from character encoding hell in R on Windows: http://people.fas.harvard.
　　edu/~izahn/posts/reading-data-with-non-native-encoding-in-r/;
　3.RStudio not picking the encoding I'm telling it to use when reading a file: https://
　　stackoverflow.com/questions/23324872/rstudio-not-picking-the-encoding-im-telling-it-to-
　　use-when-reading-a-file.

方法二：使用 `readr::read_csv()`，以加上參數的方式指明所要讀入資料的語系

這個方法在 5.2 節還會用到。

```
> library(readr)
> bbq<-read_csv("../BBQ.csv",
+                 locale =locale(encoding ="UTF8"))
> #注意：fileEncoding 與 encoding 與兩個參數不同；fileEncoding 指的是整個檔案
  的編碼，coding 是檔案文字的編碼。
```

你也可以直接在 RStudio 右上方「Import Dataset」下拉選單中直接點選「From Text（readr）」，再一步一步完成設定。若是檔案已被正確編碼，則 RStudio 會自動辨識。若是出現亂碼，則到「Import Option」中，透過「locale」下拉選單選擇正確的編碼（例如 UTF-8 或是 Big5）。使用這個方法所帶出來的語法會是這樣：

```
> library(readr)
> bbq <-read_csv("../BBQ.csv", locale =locale(encoding ="big5"))
```

方法三：將原始檔案重新另存為通用萬國碼（UTF-8）格式

目前國內仍有不少檔案提供者是以 Big5 或是其他國家的語系製作檔案，而非通用的萬國碼。所以最「根本」的改變編碼做法是將檔案重新存為 UTF-8。有三個工具可以選用。

1. 透過 Google 試算表來轉換資料檔本身的語系

   (1) 開啓 Google 試算表（線上版），檔案→匯入，將檔案上傳。

   (2) 上傳之後的檔案就可呈現正確的編碼，此時便可以進行欄位名稱的調整。

(3) 選擇「下載格式」→「逗號分隔值檔案（.csv）」，就可以把檔案存爲標準 UTF-8 格式。在此例中，檔案另存爲 voteintension. utf8.csv。

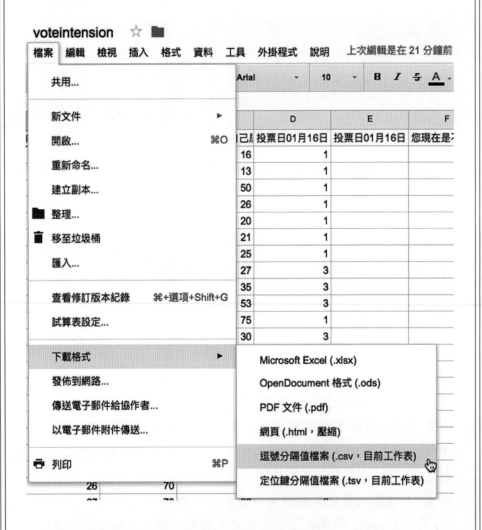

正確編碼爲 UTF-8 的檔案就可以正常地由 RStudio 讀取（注意因爲檔案第一列是欄位名稱，因此選單中的 Heading 要點選 yes）。或是

用上述的 read.csv() 讀入，就不必再加上參數指定檔案的語系。

2. 使用自由軟體 OpenOffice 或 LibreOffice 來轉換資料檔本身的語系

   (1) 使用 LibreOffice 開啓 csv，先挑正確的編碼

   (2) 將此檔存爲另一個 csv 檔或 ods 檔

   (3) 按下一步之後便可以選擇想要的的編碼，請選擇 UTF-8。

3. 使用 Sublime Text 讀入並另存爲 UTF-8 格式

    若你已是 Sublime Text 的使用者，安裝 ConvertToUTF8（編輯或儲存 GBK 或 Big5 編碼的文件，或是互轉編碼爲 UTF-8）套件。Linux 與 Mac OS X 使用者還需要加裝 Codecs33 套件（這是 ConvertToUTF8 需要的函式庫），就可以在開啓任何編碼的資料檔後，改存爲 UTF-8。若你平時並不慣用這個工具，請使用上述的工具即可。若你想要在 SublimeText 下使用中文環境，可另加裝 ChineseLocalization 套件。

4.3　資料檔的描述製圖與製表

　　認識你的資料，是做資料分析的第一步。瞭解資料的次數分配（並爲資料加上權值）、洞察那些變數偏高的無效值比例，並爲整筆資料製作次數分配表格是進行民調資料分析前很重要的準備工作。使用本節介紹的工具，你可以快速爲民意調查資料產生報表。

　　上一節介紹了「初步」檢視資料檔長相的方式。這一節我們正式介紹 sjPlot 套件家族[6]。這個套件家族的名字是「社會科學統計資料視覺化」（Data Visualization for Statistics in Social Science），由 sjPlot、sjlabelled、sjmisc、sjstats 等套件所組成。這個套件組大致能夠處理民意調查資料以及分析的工作。它最大的特點是能保存資料中的變數及選項文字標籤，使 R 的製表及製圖更有效率，可以說 sjPlot 是個爲民調資料分析專家量身打造的工具箱。你可以分別安裝這四個套件，也可以剪貼以下這一行指令到 R Console，透過作者的 github 公開帳號，一次安裝 sjPlot 套件家族。要這麼做的話請先安裝 devtools 這個套件，並將這一行貼到 R Console 後按下「執行」（Enter），套件組便會自行安裝完畢。

```
> install.packages("devtools")
> devtools::install_github("strengejacke/strengejacke")
```

　　本書以這個套件爲主軸，我們將用它貫串從第四章到第七章的許多重要分析及視覺化的任務。當然，像 ggplot2 這樣的高手級製圖套件（見 5.3 節），建議你在完成本書的入門工作之後，邁入下一階段時接續學習。

---

[6]　以下是每個套件專屬的介紹官網，有十分詳實的範例：1. sjlabelled: https://cran.r-project.org/web/packages/sjlabelled/vignettes/intro_sjlabelled.html；2. sjPlot: https://strengejacke.wordpress.com/sjplot-r-package/；3. sjmisc: http://www.strengejacke.de/sjPlot/sjmisc/；4. sjstats: https://github.com/strengejacke/sjstats。

sjPlot家族 套件名稱	套件主要功能	最具代表性的指令	主要參考 章節
sjlabelled	讀取與處理有標籤格式的資料檔及變數	read_spss()、get_label()、set_label()、as_label()	4.2、4.3
sjPlot	快速製表與製圖	view_df()、sjt.frq()、sjp.frq()、plot_model()	4.3、5.3、7.4
sjmisc	更有效率的變數描述與編碼	descr()、rec()、to_factor()、set_na()	4.3、5.1~5.3
sjstats	快速提供模型統計量的計算 7	r2()、p_value()、model_frame()	7.2

4.3.1　資料檔的讀入、描述與製表

　　R 內建的 str() 指令，可以快速的將資料檔中各變數的性質和前幾欄的資料呈現出來。若要描述連續型變數的資料檔，可以使用 Hmisc::describe()。

```
> load("../TNSS2015.rda")
  str(TNSS2015, list.len=5) #爲節省版面只顯示其中的五筆
  'data.frame':   1071 obs. of  155 variables:
  $ ID        : atomic  110012 110036 110051 110059 110061 ...
   ..- attr(*, "label")= Named chr " 樣本編號 "
   .. ..- attr(*, "names")= chr "ID"
  $ NAME      : Factor w/ 6 levels " 唯一合格男 "," 唯一合格女 ",..: 2 2 4
  4 2 2 2 4 5 2 ...
```

---

7 這個套件是 sjPlot 家族中最新的套件，提供適用於變異數分析（ANOVA）及混合效應模型（Mixed Effects Models）的統計量，但這些主題不在本書範圍內。

```
$ TEL_A      : atomic  4 3 3 6 7 8 6 5 2 42 ...
 ..- attr(*, "label")= Named chr " 電話區碼 "
 .. ..- attr(*, "names")= chr "TEL_A"
$ TEL        : atomic   8836001 4697003 9253005 7891006 6196006 ...
 ..- attr(*, "label")= Named chr " 電話號碼 "
 .. ..- attr(*, "names")= chr "TEL"
$ TEL_NAME   : Factor w/ 16 levels "01      ","02      ",..: 2 2 2 2 2 2
 2 2 2 2 ...
 [list output truncated]
 - attr(*, "variable.labels")= Named chr   " 樣本編號 " " 受訪者姓名 " " 電
話區碼 " " 電話號碼 " ...
 ..- attr(*, "names")= chr   "ID" "NAME" "TEL_A" "TEL" ...
 - attr(*, "codepage")= int 950
```

4.3.2　使用 sjPlot::view_df() 來製作資料的次數分配報表

　　這是整理民意調查資料過程中，很重要的環節。這個工具可以將含有變數標籤的資料檔，快速的製成報表。以下使用 sjPlot::view_df() 來製作出原始檔案各題的次數分配報表，並以檔名「TNSS2015tab.html」存到專案目錄夾中。這個輸出結果檔置於本書附件二。若以瀏覽器開啟輸出結果時遇到亂碼，請調整瀏覽器的檢視為 Unicode。Chrome 瀏覽器的使用者請自行加裝相關插件（如 Set Character Encoding）。

```
library(sjPlot)
view_df(TNSS2015,
+        file="TNSS2015tab.html",  # 結果直接另存新檔
+        show.na = T, # 顯示未重新編碼前的無效值個數
```

```
+        show.frq = T, # 顯示次數
+        show.prc = T, # 顯示百分比
+        )
```

補充盒子 4.3　　製作加權之後的資料報表

　　若資料有附上加權的權值（通常是經過年齡、性別、教育程度、地區與母體資料之間反覆加權計算後得到的數值），可以套用上述方法，加上幾個參數之後，製作出更詳細的報表，可以呈現加權前後的差異。以下是套用此方法並加上參數之後的語法檔。在 R Console 使用 ?view_df 指令可以看到這個指令及其參數的說明書。

```
library(sjPlot)
view_df(TNSS2015,
+        file="TNSS2015tab2.html", # 結果直接另存新檔
+        show.na = T, # 顯示無效值（拒答）個數
+        show.frq = T, # 顯示次數
+        show.prc = T, # 顯示百分比
+        weight.by = TNSS2015$w, # 使用加值數
+        show.wtd.frq = T, # 顯示加權後的次數
+        show.wtd.prc = T # 顯示加權後的百分比
+        )
```

4.3.3　檢視資料檔中無效值的比例

　　無效值比例超過三成的變數，會影響分析的結果。無效值高意味著題目要不是過於敏感，讓受訪者不願意或不情願作答，就是題目本身設計不良，導致大量受訪者表示不知道或拒答。我們可以使用 sjmisc::descr() 這

個指令來查看每一個變數在清除無效值之後的遺漏值（NA）的個數和比率。「Missings (%)」欄位列出該變數遺漏值的比例。這個 descr() 指令其實更適合用於連續型變數的檢閱，因為它可以進一步給出每個變數的平均數、標準差、中位數，及常態分布的檢定資訊（skew & kurtosis）。

```
> library(sjmisc)
  load("../tscs2013.rda")
  descr(tscs2013, v62, v70, v93)   # 以純文字顯示特定變數的資訊
  descr(tscs2013, out="browser")   # 以瀏覽器開啓所有變數的資訊（html 檔）
```

　　我們以本書的另一個範例檔案：tscs2013.rda 為例，「請問您認為您和您父親對於統一和獨立的看法一不一樣？」（v62）這題的遺漏比例（「NA.prc」欄所顯示的數值）為 23.46%；「如果以後兩岸可以統一，請問您認為我們國家的名稱應該叫什麼呢？」（v70）遺漏比例為 66.7%；「去年一月的總統選舉，請問您有沒有去投票？投給誰？」（v93）遺漏比例為 37.04%（含沒有投票權及未投票者）。

　　另一個檢視資料中無效值的圖形化工具是 Amelia::missmap()，它可以繪出那些變數的無效值比例明顯偏高。由於範例資料檔題數較多，請自行在 RStudio 上執行看看。

```
> library(Amelia)
> missmap(tscs2013)
```

Chapter 5

備料：變數的編碼與描述

5.1　SAV 格式調查資料的讀入、清理與編碼

有了前四章的基礎功之後，你可以這一節將它們貫通起來，並增加新的關鍵能力：爲變數編碼並清理無效值。目前市面上的調查資料最常以 SPSS 的專屬格式釋出，所以我們在這一節先以 sav 格式來示範變數的編碼（csv 格式資料的編碼操作詳見 5.2 節）。在開始之前，請確定你已切換到你的工作專案、爲變數的整理開啓了一個空白 R 語法檔（例如 variables.R）並加上檔頭（詳見 3.1 節）。

5.1.1　編輯語法檔三步驟

1. 把問卷題本電子檔上的問卷題，剪貼到這個 R 語法檔上，並將它轉爲註記。
2. 進行編碼。
3. 檢視編碼結果並把重要的次數分配結果剪貼到這個語法檔上當作註記。

5.1.2　資料簡述

在此使用的資料是台灣社會變遷基本調查計畫 2013 年第六期第四次（國家認同組）的面訪資料（觀察值個數爲 1,952）。調查執行期間爲 2013 年 9 月 22 日至 2013 年 12 月 10 日。計畫主持人爲傅仰止、章英華、杜素豪與廖培珊。計畫執行單位爲中央研究院社會學研究所，經費補助單位爲行政院國家科學委員會社會科學研究中心。

5.1.3　資料編碼整備流程

* 第一階段：讀入原始資料。
* 第二階段：清理整個資料檔的無效值（非必要步驟）。

- 第三階段：為變數編碼。
- 第四階段：將編碼後的資料另存新檔。

第一階段：讀入原始資料並轉為 rda 檔

　　若資料檔的文字編碼是 UTF-8 萬國碼，那麼你可以使用 sjlabelled::read_spss() 快速完成這個讀入資料的工作。sjlabelled 這個套件的最大的特長是，能完整地讀入 SPSS 資料中的標籤文字。read_spss() 這個指令可以在讀入 sav 格式資料的時候同時讀取它的變數及選項標籤。使用帶有標籤文字的變數，所製出的圖表比沒有標籤的圖表更具可讀性。

```
> library(sjlabelled)
> tscs2013 <-read_spss("../tscs2013q2.sav")
```

　　若是需要處理編碼問題，像是資料本身不是使用 UTF-8 編碼而是 Big5 編碼，那麼在讀入資料時變數的標籤很可能變成亂碼。這時候建議改用 foreign::read.spss()，可以透過加上編碼的參數來克服標籤亂碼的問題：

```
> library(foreign)
> tscs2013 <-read.spss("../tscs2013q2.sav",
+                      reencode="big5",   #指明此資料的編碼為 big5
+                      to.data.frame=T,   #此資料讀入後必須是個資料框
+                      )
```

　　你也可以試試看，直接使用 RStudio 的「Import Dataset」匯入按鈕，選擇「From SPSS」。檔案瀏覽視窗彈出後，選擇放在資料夾中的 tscs2013q2.sav 這個檔案（也就是由中研院所釋出的原始檔）便可以完成檔案匯入的動作。匯入時預設使用檔名當作資料物件的名稱（在這個例子

圖 5.1.3-1　清空物件暫存區的按鈕

中是「tscs2013q2」）。若想自行命名物件，請在匯入視窗中先行輸入物件名稱。

　　成功讀入 sav 原始檔後，請立即將這個原始資料轉存為 R 專屬的 rda 格式，為 sav 的原始檔備份。compress = T 是壓縮的參數，可以將原始檔以 gzip 格式壓縮。我們接下來將「物件暫存區」清空，也就是消除位於 Environment 中的所有物件（你也可以到 RStudio 右上角按下「掃把」圖示的按鈕）。清空之後，就可以準備重新以這個 rda 檔案開始編碼作業（見圖 5.1.3-1）。

```
> save(tscs2013, file ="../tscs2013q2.rda", compress = T) #將原始資料轉檔另存
> rm(list=ls()) #清空暫存區
```

　　這行指令可以拆解出以下的意思：ls() 為列出所有暫存區物件的指令（list）。這一行把 ls() 所回傳的所有物件，透過 list= 這個參數，放入 rm() 這個清除（remove）指令中。整句的意思就是清空物件暫存區。

1.初次查看資料檔內容

　　初次查看資料檔內容，是要瞭解檔案每一變數（每一題）大致的結

構，以及觀察值個數是否與原始資料（或公告的資訊一致）。完成編碼後，我們會再重新詳細地看一次這個資料檔的內容。

```
> ## 重新讀入 R 資料檔，若讀不到檔案，表示第一步驟的存檔沒有做對
> load("../tscs2013q2.rda")
>
> ## 看看有多少觀察值（多少列）
> nrow(tscs2013) #1,952
>
> ## 看看有哪些變數，以及這些變數的名稱
> names(tscs2013)
>
> ## 看看資料的結構
> str(tscs2013)  # 可以看到許多的無效值都是從 93 開始編起（93, 95, 96, 97...）
```

第二階段：使用 sjmisc::set_na() 批次清理無效值

大多數專業的民意調查資料會使用相當一致的編碼，對於「不知道」與「拒答」會編為 90 以上的數字，例如這筆資料中，92 為「不知道」、99 為「拒答」。請翻開問卷編碼表（本例中為 tscs2013q2ques.pdf），看看跨不同題的無效值編碼是否一致。若是一致，則可以使用批次（一次全部處理）的方式來清理無效值。若不一致，則這個清理無效值的動作也可以到第三步，為每一題重新編碼的時候來做。

```
> library(sjmisc)
> tscs2013 <-set_na(tscs2013, na=c(93:99, "NA"))
```

上述語法的意思是：1. 以 set_na() 這個指令將 tscs2013q2 這個資料物件，選項數值為 93 到 99，以及有 NA 字串的資料細格（cells），都編

爲無效值。請你點開位在右上角無效值在 R 中會呈現灰色的 NA 符號；在 SPSS 中爲 .；在 Excel 中則爲空白）。2. 將處理好無效值的檔案存爲另一個物件，叫作 tscs2013r（在這裡 r 表示 recoded 的意思，你也可以自行命名）[1]。

> **補充盒子 5.1　　在批次處理無效值時排除特定變數**
>
> 　　有時候整筆資料檔中，會出現「有效數值超過 92 而不該被當作無效值清理掉」的狀況。例如當有位民眾出生年是民國 93 年，變數 v2y 的值就是 93，在這情況下若使用了步驟二的方法，其年齡資料就會被清空。所以，若有此預期，我們必須跳過這個變數不加以清理，直接進行「除了 v2y 這個變數以外」的無效值清理。這時候可以使用以下工具：
>
> 1. 使用 dplyr 套件中的 select() 排除和選擇特定變數 v2y。
> 2. 使用 sjmisc 套件中的 set_na() 清除 v2y 之外其他變數的無效值。
> 3. 使用 dplyr 套件中的 bind_cols() 將原始的 v2y 合併回清理過無效值的資料檔中。
>
> ```
> > ## 看看受訪者的年紀分布
> > table(tscs2013q2$v2y)
> >
> > library(dplyr)
> > library(sjmisc)
> > # 若有出生在民國 93 年之後的民眾，就不先清理這個變數
> > tscs2013 <- bind_cols(set_na(select(tscs2013, -v2y), na=c(98:99,
>   "NA")),
> +                       select(tscs2013, v2y))
> ```

1　參考：https://github.com/sjPlot/devel/issues/75#issuecomment-155143919。

第三階段：變數編碼

　　為了讓你產生實作的臨場感，以下的編碼內容是依編輯語法檔的三步驟進行。

1. 先從問卷題本的電子檔上，選出要使用的變數，將文字剪貼到 R 語法檔上，並將它轉為註記。貼上全部問卷題與選項之後，就將這些文字全選並加註（Ctrl/Command + Shift + C）。再點選進入每一題的下方，針對每一題進行編碼。

2. 為每一題進行編碼。

3. 用 table() 或 sjPlot::sjt.frq() 做一題檢查一題，把重要的次數分配結果剪貼到這個語法檔上當作註記。

　　以下這三種方法，都是 R 編輯變數的好方法，你可以都學會後挑選一個最喜歡、最對味的方式使用。最好是都能學會，並視情況交替使用，因為這三種方法各有所長。以下我們依編碼方式，挑出幾道題目當作例子。如何使用這些挑出的變數進行迴歸分析，可翻至 8.1 節。

方法一：使用串列（list）的概念編碼

　　這個方法的語法清楚明瞭，且可合併不同題目進行編碼，但選項多的時候較為冗長。參閱實作題號：v2、v57、v96。

方法二：使用 ifelse() 指令編碼

　　這個方法很有效率，但選項多或需要合併不同題目進行編碼時，較為冗長繁瑣。參閱實作題號：v2、v75、v92。

方法三：使用 sjmisc 套件編碼

　　這個方法最好學且強大，但不適用合併題目進行編碼。參閱實作題號：v1、v15、v31、v36、v54、v57、v71、v72、v83、v84、v95。在 sjmisc 套件出現之前，最好用的編碼工具是 car::recode()。後者到今天仍然好用，只是在進階編碼上沒有 sjmisc::rec() 來得強大和直覺。例如，在 rec() 指令中使用 rec="rev" 這個參數便能將該變數原本 1-2-3-4 的選項倒轉為 4-3-2-1。參閱實作題號：v37、v44、v56、v60、v65、v89、v91。

建議在終端機使用 ?rec 來看更多的說明與範例。又如 sjmisc::recode_to()
可以將由小到大排列的數值透過設定最小值而重新編碼（例如將 110 編爲
09）。參閱實作題號：v21。

```
> library(sjPlot)
> #1. 性別：
> #(01) 男      (02) 女
> table(tscs2013$v1)
> tscs2013$sex <-rec(tscs2013$v1, rec="1=1[ 男 ]; 2=0[ 女 ]", as.num = F)
  #在編碼後方加上 [] 可直接給上選項數值的標籤
> sjt.frq(tscs2013$sex, weight.by = tscs2013$wr) #加上權數後直接製作出帶
  標籤的次數分配表

> #2. 出生的民國年是 v2y，age=(102-tscs2013$v2y)
> tscs2013$age <-102-tscs2013$v2y
> hist(table(tscs2013$age))
> sjp.frq(tscs2013$age, type="hist")
> tscs2013$generation <-NA
> tscs2013$generation[tscs2013$age>=(2015-1931)] <-1
> tscs2013$generation[tscs2013$age<=(2015-1932) &tscs2013$age>=(2015-1953)] <-2
> tscs2013$generation[tscs2013$age<=(2015-1954) &tscs2013$age>=(2015-1968)] <-3
> tscs2013$generation[tscs2013$age<=(2015-1969) &tscs2013$age>=(2015-1978)] <-4
> tscs2013$generation[tscs2013$age<=(2015-1979) &tscs2013$age>=(2015-1988)] <-5
> tscs2013$generation[tscs2013$age<=(2015-1989)] <-6
> table(tscs2013$generation)
> #  1    3    4    5    6
> # 27  562  375  359  280
```

```
> # 爲每個世代做虛擬變數
> tscs2013$gen.1<-ifelse(tscs2013$generation==1,1,0)
> tscs2013$gen.2<-ifelse(tscs2013$generation==2,1,0)
> tscs2013$gen.3<-ifelse(tscs2013$generation==3,1,0)
> tscs2013$gen.4<-ifelse(tscs2013$generation==4,1,0)
> tscs2013$gen.5<-ifelse(tscs2013$generation==5,1,0)
> tscs2013$gen.6<-ifelse(tscs2013$generation==6,1,0)


> #13. 請問您覺得自己是哪裡人？
> #(01) 台灣閩南人  (02) 台灣客家人  (03) 台灣原住民
> #(04) 大陸各省市人 (05) 台灣的外省人 (06) 金門、馬祖人
> #(07) 東南亞（國家）的人 (08) 其他，請說明：_____


> #15. 如果有人問您的祖國是哪裡，請問您會怎麼回答？（訪員請唸選項）
> #(01) 台灣 (02) 中華民國 (03) 中國 (04) 中華人民共和國
> #(05) 其他，請說明：_____
> tscs2013$v15r <-rec(tscs2013$v15, rec="1=1[ 祖國爲台灣 ]; else=0[ 祖國非
  台灣 ]", as.num = F)
> table(tscs2013$v15r)
> #   0    1
> # 438  1498
> sjt.frq(tscs2013$v15r)


> #21. 請問您的教育程度是：
> #(01) 無／不識字（跳答 23）(02) 自修／識字／私塾（跳答 23）(03) 小學
> #(04) 國（初）中 (05) 初職 (06) 高中普通科
> #(07) 高中職業科 (08) 高職 (09) 士官學校
> #(10) 五專 (11) 二專 (12) 三專
> #(13) 軍警校專修班 (14) 軍警校專科班 (15) 空中行專／商專
> #(16) 空中大學 (17) 軍警官校或大學 (18) 技術學院、科大
> #(19) 大學 (20) 碩士 (21) 博士
```

```
> #(22) 其他，請說明：＿＿＿＿＿＿＿＿
> table(tscs2013$v21)
> #  1    2    3    4    5    6    7    8    9   10   11   12   13   14   15   16   17
    18   19   20   21   22
> # 82   22  259  230    1   80   71  367    3   68  114   12    2    9   12    7    4
   178  304  117    8    2
> tscs2013$v21r <-recode_to(tscs2013$v21)
> table(tscs2013$v21r)
> #  0    1    2    3    4    5    6    7    8    9   10   11   12   13   14   15   16
    17   18   19   20   21
> # 82   22  259  230    1   80   71  367    3   68  114   12    2    9   12    7    4
   178  304  117    8    2

> #31.(ISSP  Q2)  如果要成爲我們眞正的同胞，有人認爲下列條件重要，也有人認爲不
    重要。請問您覺得它們重不重要 --  (01) 非常重要  (02) 有點重要  (03) 不怎麼重要
    (04) 一點也不重要  (05) 無法決定
> #(a) 在我國出生
> #(b) 有我國的國籍
> #(c) 一生中大部分時間都居住在我國
> #(d) 會說國語（中文）
> #(e) 有沒有拜拜
> #(f) 尊重我國的政治體制和法律
> #(g) 在感情上認同我們的國家
> #(h) 祖先都是本國人
> with(tscs2013, table(v31a))
> with(tscs2013, sjt.frq(v31a))
> tscs2013$v31ar <-rec(tscs2013$v31a, rec="1=4; 2=3; 3=2; 4=1; 5:max=NA",
    as.num = F)
> tscs2013$v31br <-rec(tscs2013$v31b, rec="1=4; 2=3; 3=2; 4=1; 5:max=NA",
    as.num = F)
```

```
> tscs2013$v31cr <-rec(tscs2013$v31c, rec="1=4; 2=3; 3=2; 4=1; 5:max=NA",
  as.num = F)
> tscs2013$v31dr <-rec(tscs2013$v31d, rec="1=4; 2=3; 3=2; 4=1; 5:max=NA",
  as.num = F)
> tscs2013$v31er <-rec(tscs2013$v31e, rec="1=4; 2=3; 3=2; 4=1; 5:max=NA",
  as.num = F)
> tscs2013$v31fr <-rec(tscs2013$v31f, rec="1=4; 2=3; 3=2; 4=1; 5:max=NA",
  as.num = F)
> tscs2013$v31gr <-rec(tscs2013$v31g, rec="1=4; 2=3; 3=2; 4=1; 5:max=NA",
  as.num = F)
> tscs2013$v31hr <-rec(tscs2013$v31h, rec="1=4; 2=3; 3=2; 4=1; 5:max=NA",
  as.num = F)


> #36. 有人說我國的國民教育，須要強調（台語：加強）中華文化的教育，請問您同不同意？
> #(01) 非常同意 (02) 同意 (03) 不同意 (04) 非常不同意
> table(tscs2013$v36)
> tscs2013$v36r <-rec(tscs2013$v36, rec="1=4; 2=3; 3=2; 4=1", as.num = F)
> #也可以寫為：tscs2013$v36r <- rec(tscs2013$v36, rec="rev", as.num = F)，
  以下比照。


> #37. 有人說我國的國民教育，須要強調（台語：加強）台灣本土文化的教育，請問您同
  不同意？
> #(01) 非常同意 (02) 同意 (03) 不同意 (04) 非常不同意
> tscs2013$v37r <-rec(tscs2013$v37, rec="rev", as.num = F)


> #44. 有人認為，台灣的外來移民愈多，愈不利於國內社會的團結。請問您同不同意這樣
  的說法？
> #(01) 非常同意 (02) 同意 (03) 不同意 (04) 非常不同意
> tscs2013$v44r <-rec(tscs2013$v44, rec="rev", as.num = F)


> #45. 對於移民來台灣的人，請問下面哪個想法是最符合您的看法？(ISSP Q11)
```

```
> #(01) 移民應該保留他們原來的文化，不要採用我國的文化
> #(02) 移民應該保留他們原來的文化，同時採用我國的文化
> #(03) 移民應該放棄他們原來的文化，轉而接受我國的文化


> #54. 請問您覺得下列這些歷史事件是不是很重要，要讓下一代永遠記得？
> #(01) 非常重要 (02) 重要 (03) 不重要 (04) 非常不重要 (05) 沒聽說過
> #(a) 二二八事件
> #(b) 美麗島事件、黨外民主運動
> #(c) 推翻滿清，建立中華民國
> #(d) 八年對日抗戰勝利
> table(tscs2013$v54d)
> tscs2013$v54ar <-rec(tscs2013$v54a, rec="1=4; 2=3; 3=2; 4=1; 5:max=NA",
  as.num = F)
> tscs2013$v54br <-rec(tscs2013$v54b, rec="1=4; 2=3; 3=2; 4=1; 5:max=NA",
  as.num = F)
> tscs2013$v54cr <-rec(tscs2013$v54c, rec="1=4; 2=3; 3=2; 4=1; 5:max=NA",
  as.num = F)
> tscs2013$v54dr <-rec(tscs2013$v54d, rec="1=4; 2=3; 3=2; 4=1; 5:max=NA",
  as.num = F)


> #56. 有人說，台灣人在歷史上都被外來的人欺負。請問您同意不同意這種說法？
> #(01) 非常同意 (02) 同意 (03) 不同意 (04) 非常不同意
> tscs2013$v56r <-rec(tscs2013$v56, rec="rev", as.num = F)


> #57. 目前社會上有人會說自己是台灣人，有人會說自己是中國人，也有人會說兩者都是。
  請問您認為自己是台灣人、中國人還是兩者都是？
> #(01) 台灣人 (02) 中國人 (03) 兩者都是 (04) 兩者都不是
> table(tscs2013$kv57_0)
> tscs2013$v57[tscs2013$kv57_0==" 台灣的中國人 "] <-2
> tscs2013$twnese <-rec(tscs2013$v57, rec="1=1; else=0", as.num = F)
> tscs2013$cnese <-rec(tscs2013$v57, rec="2=1; else=0", as.num = F)
```

```
> tscs2013$bothtwcn <-rec(tscs2013$v57, rec="3=1; else=0", as.num = F)
```

> #58. 請您用 0 至 10 分來表示您自認為是台灣人的程度，10 分表示「完全是台灣
人」，0 分表示「完全不是台灣人」。請問您會選幾分？
```
> sjp.frq(tscs2013$v58, type="hist")
```

> #59. 請您用 0 至 10 分來表示您自認為是中國人的程度，10 分表示「完全是中國人」，
0 分表示「完全不是中國人」。請問您會選幾分？
```
> sjp.frq(tscs2013$v59, type="hist")
```

> #60. 請問您認為這種台灣人或是中國人的認同問題重不重要？
> #(01) 非常重要 (02) 重要 (03) 不重要 (04) 非常不重要
```
> tscs2013$v60r <-rec(tscs2013$v60, rec="rev", as.num = F)
```

> #61. 對於未來台灣與中國大陸的關係，有人主張台灣獨立，也有人主張與大陸統一。請
問您比較贊成哪一種主張？
> #(01) 儘快宣布獨立 (02) 維持現狀，以後走向獨立 (03) 永遠維持現狀
> #(04) 維持現狀，以後走向統一 (05) 儘快與中國大陸統一

> #64. 請問您認為您和您的配偶（或同居伴侶）對於統一和獨立的看法一不一樣？
> #(01) 完全一樣 (02) 差不多一樣 (03) 不太一樣 (04) 完全不一樣

> #65. 關於統獨問題，現在社會上有各種不同的想法。請問您覺得這種情形對社會的影響
嚴不嚴重？
> #(01) 非常嚴重 (02) 嚴重 (03) 不嚴重 (04) 非常不嚴重
```
> tscs2013$v65r <-rec(tscs2013$v65, rec="rev", as.num = F)
> sjp.frq(tscs2013$v65r)
```

> #66. 如果台灣宣布獨立，請問您認為兩岸會不會發生戰爭？
> #(01) 一定會 (02) 可能會 (03) 可能不會 (04) 一定不會

```
> tscs2013$v66r <-rec(tscs2013$v66, rec="rev", as.num = F)
> sjp.frq(tscs2013$v66r)


> #67. 有人認為，如果台灣獨立不會引起戰爭，就應該宣布獨立。請問您同不同意？
> #(01) 非常同意 (02) 同意 (03) 不同意（跳答 69）(04) 非常不同意（跳答 69）
> tscs2013$v67r <-rec(tscs2013$v67, rec="rev", as.num = F)
> sjt.frq(tscs2013$v67r)


> #71. 請問您認為中華民族包不包括：
> #(01) 包括 (02) 不包括 (03) 看情形
> #(a) 台灣的原住民
> #(b) 中國大陸的西藏人
> #(c) 台灣的東南亞外籍配偶
> #(d) 現在居住在國外的僑民（不一定有我國國籍）
> #(e) 台灣兩千三百萬人
> #(f) 中國大陸人民
> #(g) 港澳的居民
> tscs2013$v71ar <-rec(tscs2013$v71a, rec="1=1; else=0", as.num = F)
> tscs2013$v71br <-rec(tscs2013$v71b, rec="1=1; else=0", as.num = F)
> tscs2013$v71cr <-rec(tscs2013$v71c, rec="1=1; else=0", as.num = F)
> tscs2013$v71dr <-rec(tscs2013$v71d, rec="1=1; else=0", as.num = F)
> tscs2013$v71er <-rec(tscs2013$v71e, rec="1=1; else=0", as.num = F)
> tscs2013$v71fr <-rec(tscs2013$v71f, rec="1=1; else=0", as.num = F)
> tscs2013$v71gr <-rec(tscs2013$v71g, rec="1=1; else=0", as.num = F)


> #72. 有人說，為了台灣的經濟發展，必要時可以和中國大陸統一，請問您同不同意這種
    說法？
> #(01) 非常同意 (02) 同意 (03) 既不同意也不反對 (04) 不同意 (05) 非常不同意 (06)
    無法決定
> table(tscs2013$v72)
```

```
> tscs2013$v72r <-rec(tscs2013$v72, rec="1=5; 2=4; 3=3; 4=2; 5=1; 6=3",
  as.num = F)
> table(tscs2013$v72r)


> #75. 請問您認為，我們國家的土地範圍應該包括哪些地方？
> #(01) 台灣  (02) 台灣、澎湖  (03) 台灣、澎湖、金門、馬祖
> #(04) 台灣、澎湖、金門、馬祖、港澳  (05) 台灣、澎湖、金門、馬祖、港澳、中國大陸
> # 認為國家領土包含大陸編為 1，其他編為 0
> table(tscs2013$v75)
> #  1    2    3    4    5
> # 35   42 1659   35  133
> tscs2013$v75r <-ifelse(tscs2013$v75==5, 1, 0)
> table(tscs2013$v75r)
> #   0    1
> # 1771  133


> #76. 請問您覺得我們的國家現在應該叫什麼名字比較合乎您的看法？
> #(01) 中華民國  (02) 中華民國在台灣  (03) 台灣
> #(04) 台灣共和國  (05) 中國台灣  (06) 中華人民共和國
> #(07) 其他，請說明：＿＿＿＿＿＿＿＿


> #83. 以下我們想請教您兩岸的經濟交流問題。
> #(a) 請問您或您的家人，有沒有人在大陸做生意或工作？ (01) 有 (02) 沒有
> #(b) 請問您或您的家人服務的公司，有沒有在大陸設廠（公司、開店）？ (01) 有 (02)
  沒有
> #(c) 請問大陸的市場對您或您的家人所服務的公司，有沒有很重要？(01) 有 (02) 沒有
> tscs2013$v83ar <-rec(tscs2013$v83a, rec="1=1; 2=0", as.num = F)
> tscs2013$v83br <-rec(tscs2013$v83b, rec="1=1; 2=0", as.num = F)
> tscs2013$v83cr <-rec(tscs2013$v83c, rec="1=1; 2=0", as.num = F)
```

```
> #84a. 請問您去過中國大陸（不含港澳）嗎？一共去了幾次？
> #(01)1-3 次 (02)4-6 次 (03)7-9 次
> #(04)10-19 次 (05)20 次或以上 (06) 從來沒有去過（跳答 85）
> tscs2013$v84ar <-rec(tscs2013$v84a, rec="6=0", as.num = F)


> #89. 關於台灣社會文化的現象，請問您同不同意以下各種說法或想法？
> #(01) 非常同意 (02) 同意　(03) 既不同意也不反對 (04) 不同意 (05) 非常不同意
> #(a) 中華民族本來就包含很多族群，不應該分離
> #(b) 面對外來勢力時，台灣人應該有「自己當家作主」的自覺與決心
> #(c) 現在的台灣文化已經不能再說是中國文化的一部分
> #(d) 台灣是個小而美的國度，未來也都會繼續維持下去
> #(e) 台灣人的祖先就是黃帝，我們要繼承這樣的血統與歷史
> #(f) 在台灣長久居住或成長的人們應該一起發展出自己的新民族
> #(g) 台灣人很優秀，各行各業都有人才在世界上有很成功的表現
> #(h) 作為華夏子孫，我們在國際上應該盡力將中華文化發揚光大
> #(i) 不管台灣發生任何問題，我都一定會挺它到底，絕對不會想要移民到國外
> tscs2013$v89ar <-rec(tscs2013$v89a, rec="rev", as.num = F)
> tscs2013$v89br <-rec(tscs2013$v89b, rec="rev", as.num = F)
> tscs2013$v89cr <-rec(tscs2013$v89c, rec="rev", as.num = F)
> tscs2013$v89dr <-rec(tscs2013$v89d, rec="rev", as.num = F)
> tscs2013$v89er <-rec(tscs2013$v89e, rec="rev", as.num = F)
> tscs2013$v89fr <-rec(tscs2013$v89f, rec="rev", as.num = F)
> tscs2013$v89gr <-rec(tscs2013$v89g, rec="rev", as.num = F)
> tscs2013$v89hr <-rec(tscs2013$v89h, rec="rev", as.num = F)
> tscs2013$v89ir <-rec(tscs2013$v89i, rec="rev", as.num = F)


> #91. 為了和中國大陸進行經濟來往，請問您同不同意台灣接受「世界上只有一個中國，
  台灣是中國的一部分」的原則？
> #(01) 非常同意 (02) 同意 (03) 不同意 (04) 非常不同意
> tscs2013$v91r <-rec(tscs2013$v91, rec="rev", as.num = F)
```

```
> #92. 去年一月的總統選舉，請問您有沒有去投票？投給誰？
> #(01) 有，馬英九 (02) 有，蔡英文 (03) 有，宋楚瑜 (04) 有，投廢票
> #(05) 有，但不願意回答或忘記投給誰 (06) 有，但拒領總統選舉票
> #(07) 沒有去投票（跳答 95）(08) 當時年滿 20 歲但沒有總統投票權
> #(09) 當時未滿 20 歲（跳答 95）
> # 有出門投票：1~5 編為 1，其他的為 0
> tscs2013$v92r <-ifelse((tscs2013$v92>=1)&&(tscs2013$v92<=5), 1, 0)


> #95. 國內的政黨都有它們的支持者，請問您是哪一個政黨的支持者？
> #（回答 01～07 者跳答 97）
> #(01) 國民黨 (02) 民進黨 (03) 親民黨 (04) 台聯
> #(05) 新黨 (06) 建國黨 (07) 其他政黨，請說明：＿＿＿＿＿＿
> #(08) 泛藍（續答 96）(09) 泛綠（續答 96）(10) 有支持政黨，不願意回答（續答 96）
> #(11) 都沒有／都支持（續答 96）
> tscs2013$v95r <-rec(tscs2013$v95, rec="11=NA; else=copy", as.num = F)
> tscs2013$blue <-rec(tscs2013$v95r, rec="1,3,5,8=1; else=0", as.num = F)
> tscs2013$green <-rec(tscs2013$v95r, rec="2,4,6,9=1; else=0", as.num = F)


> #96. 一般而言，請問您會比較偏向哪一個政黨？
> #(01) 國民黨 (02) 民進黨 (03) 親民黨 (04) 台聯
> #(05) 新黨 (06) 建國黨 (07) 其他政黨＿＿＿＿
> #(08) 泛藍 (09) 泛綠 (10) 有偏向政黨，不願意回答
> #(11) 都沒有／都支持
> tscs2013$v96r <-rec(tscs2013$v96, rec="10,11=NA; else=copy", as.num = F)
> tscs2013$blue[tscs2013$v96r==c(1,3,5,8)] <-1
> tscs2013$green[tscs2013$v96r==c(2,4,6,9)] <-1
> table(tscs2013$blue) #490
> table(tscs2013$green) #445
```

第四階段：將包含標籤資訊的資料檔另存為 rda 檔

　　這個動作將會把所有新增的變數連同原本欄位一起存回 tscs2013 這個資料檔物件。以新的檔名另存，將供後續分析使用。

```
> save(tscs2013, file ="../tscs2013.rda")
```

補充盒子 5.2　　資料檔的鎖定

　　鎖定資料檔之後，取用變數時就不必每次都要輸入資料物件名稱，可以省下一些打字的力氣。

方法一：attach()

```
> wgc  <-read.csv("http://www2.nsysu.edu.tw/politics/liu/teaching/
  dataAnalysis/data/wgcoll.csv")

> wgc$aa
> table(wgc$aa)
> mean(wgc$aa)

> attach(wgc)
> mean(aa)
> table(c)
```

　　由於 R 允許研究者同時處理多個資料檔物件，所以當你正在同時處理多個資料檔，且需要在資料檔之間切換時，要記得解除鎖定。才不會造成變數的取用錯誤。

```
> detach(wgc)
> table(aa)  #這下子就行不通了，必須要恢復使用 wgc$aa
```

方法二：with()

```
> with(wgc, table(g,c))  #與 table(wgc$g, wgc$c) 結果相同
```

5.2　CSV 格式調查資料的讀入、清理與編碼

　　公開的網路調查資料以及政府及民間的開放資料（open data），有不少是以 csv 格式釋出。csv 格式（comma-separated values）的檔案也稱作逗點分隔值檔案，是具有多列資料並以逗號分隔每個值的簡單文字檔，可以在試算表軟體（如 Microsoft Excel、Libre Office Calc、Mac Numbers）開啓。這一節我們使用由微笑小熊調查小棧（smilepoll.tw）提供的開放資料 BBQ.csv（在資料區可看到 BBQ 問卷檔及報表），學習如何整合本書之前的重點，爲變數重新命名、新增標籤、刪除不必要的欄位、變數描述，及編碼與存檔。

　　csv 檔案的處理模式，與 sav 格式的處理，在細節上有些不同，最重要的有兩點。首先 csv 檔案是純文字的資料而不是帶標籤的資料格式，因此它很可能沒有標準化的變數名稱（v1, v2, …… ），甚至可能變數名稱就是問卷題或長字串。若要整理資料檔到可以順暢地分析，我們必須在資料清理及編碼的過程多費心一些。其次，在台灣繁體中文傳統上以 Big5 編碼，但隨著愈來愈多單位逐漸升級到以 UTF-8 萬國碼當作繁體中文的編碼，我們更需要面對資料檔與自己的電腦語系不統一造成的亂碼問題。

5.2.1　讀入資料檔

　　這筆資料 BBQ.csv 格式是 csv（以 UTF-8 格式編碼），資料的欄位就是每個問卷題的題目。在 RStudio 中讀入 csv 資料檔的做法有三種。

方法一：以 read.csv() 讀入資料

　　這是最常見的做法，不需載入任何套件。注意特別標記參數 header=T 表示原始資料的第一列是變數名稱。

```
> bbq<-read.csv("../BBQ.csv", header = T)
```

方法二：以 `readr::read_csv()` 讀入資料（★建議）

這個方法可以標記資料檔的語系或編碼，是較新的做法。

```
> library(readr)
> bbq<-read_csv("../BBQ.csv",
+                locale =locale(encoding ="UTF8"))
```

方法三：直接在 RStudio 中匯入

第三種方法是在 RStudio 右上方「Import Dataset」下拉選單中直接點選「From Text（readr）」（就是使用上述第二種方法的 readr 套件），再一步一步完成設定。若是檔案在讀入之前就已被正確編碼（例如 UTF-8 或是 Big5），RStudio 會自動辦識。若是出現亂碼，則到「Import Option」中，透過「locale」下拉選單選擇正確的編碼。

讀入資料後，檢查資料結構。看看是否有亂碼或資料出現不正常的數值等。

```
> str(bbq)
```

5.2.2　為變數重新命名及加上標籤

如果變數名稱太長，像是「今年的中秋節您有與家人團聚嗎？延後到國慶連假也算。」那麼在書寫分析語法時會很冗長。我們可以選用以下四種方法來為這些變數重新命名，以便之後的分析。

方法一：在讀入 csv 檔時將所有欄位一次命名完畢

- 優點：在資料檔不大的時候很方便。
- 缺點：這方法無法自選欄位命名。所以當資料檔欄位多，且分析時不會使用到所有變數的時候，這方法較累人。

```
> bbq<-read.csv("BBQ.csv", header = T,
+               col.names =c(" 第一欄位名稱 ", " 第二欄位名稱 ", " 第三欄位名
                          稱 ", ...))
```

方法二：用 sjmisc::var_rename() 來重新命名自選的變數

- 優點：可以針對要重新命名的欄位，一次命名完成。
- 缺點：若需要同時命名整筆資料檔的欄位，則這方法仍然費力。

```
> library(sjmisc)
> bbq<-read.csv("BBQ.csv", header = T)
> names(bbq)
> var_rename(bbq,
+            " 今年的中秋節您有與家人團聚嗎 .. 延後到國慶連假也算 ." = "V2",
+            " 對您來說 . 烤肉費用的支出是不是一種負擔 ." = "V3"
+            )
```

方法三：透過 sjmisc::rec() 編碼

這方法可以一邊為變數重新編碼並同時以創建新變數的方式完成變數的命名。

- 優點：過程中直接處理變數名稱，且能同時處理欄位標籤及選項數值標籤。
- 缺點：即使該變數不需要重新編碼，rec= 的參數區仍需要設定。我們來試著將資料檔的第二欄位重新命名為 V2，並且在重新將回答「沒有」的編碼為 0 時，給上變數及選項的標籤。注意在下方語法中為新的變數標籤加上了較正確的標點符

號。此處數值標籤的排列順序，必須與數值由低到高排列
順序對應。

```
> library(sjmisc)
> bbq$V2 <-rec(bbq$" 今年的中秋節您有與家人團聚嗎 .. 延後到國慶連假也算 .",
+              rec="2=0; 1=1",
+              var.label ="今年的中秋節您有與家人團聚嗎？延後到國慶連假也算。",
+              val.labels =c(" 沒有 "," 有 "),
+              as.num = F)
> table(bbq$V2)
```

sjmisc::rec() 可以在編碼時同時為選項數值以 [] 加上標籤。這方法更
為直觀。上面這一段也可以寫為：

```
> library(sjmisc)
> bbq$V2 <-rec(bbq$" 今年的中秋節您有與家人團聚嗎 .. 延後到國慶連假也算 .",
+              rec="1=1 [ 有 ]; 2=0 [ 沒有 ]",
+              var.label ="今年的中秋節您有與家人團聚嗎？延後到國慶連假也算。",
+              as.num = F)
> table(bbq$V2)
```

若覺得直接取變數欄位比較直觀，我們可以使用串列的概念來取出變
數。例如，我們取第二欄來重新命名時，用 bbq[2] 就可以了，不必剪貼
一長串文字。只是用這個方法要注意的是，取出的資料格式是 list，必須
再用 unlist() 來將 list 物件恢復為向量。

```
> names(bbq)
> names(bbq[2])
> bbq$V2 <-rec(bbq[2],
```

```
+                rec="1=1 [ 有 ]; 2=0 [ 沒有 ]",
+                var.label ="今年的中秋節您有與家人團聚嗎？(延後到國慶連假也算) ",
+                as.num = F)
> gmodels::CrossTable(bbq$V2) #無法顯示結果


> #正確的做法：
> bbq$V2 <-rec(unlist(bbq[2]),    #注意 unlist() 的使用
+                rec="1=1 [ 有 ]; 2=0 [ 沒有 ]",
+                var.label ="今年的中秋節您有與家人團聚嗎？(延後到國慶連假也算) ",
+                as.num = F)
> gmodels::CrossTable(bbq$V2) #可以正確顯示結果
```

方法四：多重方式合而為一（★推薦）

透過 colnames() 取出變數名稱，再用 sjlabelled::set_label() 把這些變數名稱存回欄位已清空為 V1、V2、V3、……的資料檔中。這個方法整合上面兩種方法，將變數的重新命名及標籤設定，一口氣完成。

```
> #先取出欄位名稱
> bbq<-readr::read_csv("../BBQ.CSV")
> varlabels<-colnames(bbq)
```

再以取出的所有欄位名稱，植入同一資料檔中當作變數標籤。注意 header=F 參數的使用。這樣一來將不讀入欄位名稱，變數將依預設成為 V1、V2、V3、……，原來的變數名稱會成為資料的第一列。

```
> bbq<-read.csv("../BBQ.csv", header = F)
```

	V1	V2	V3
1	Response_ID	今年的中秋節您有與家人團聚嗎？（延後到國慶連假也算）	今年中秋節（含國慶連假）團圓時您有烤肉嗎？
2	5	1	1
3	6	1	1
4	7	1	1
5	8	2	2

　　移除這第一列的資料，再給上欄位標籤。請記得，串列的表示方式爲資料檔 [第幾列，第幾欄]。若要移除特定的觀察值（列），則在逗點前的數字放上減號－；逗點後若空白則表示「留下全部欄位」。

```
> library(sjlabelled)
> bbq<-bbq[-1,]      #移除第一列
> set_label(bbq) <-varlabels
```

	V1	V2	V3
1	Response_ID	今年的中秋節您有與家人團聚嗎...延後到國慶連假也算.	今年中秋節.含國慶連假.團圓時您有烤肉嗎.
2	5	1	1
3	6	1	1
4	7	1	1
5	8	2	2

　　若想改變特定變數的變數標籤，或增加變數的選項數值標籤（如此例中 V2 的「有」、「沒有」），除了使用上述的方法三之外，還可以使用 sjlabellled::setlabels()。此處數值標籤的排列順序，同樣的，必須與數值由低到高排列順序對應。

```
> library(sjlabelled)
> set_labels(bbq$V2, labels=c(" 有 ", " 沒有 "))  #原始資料中，1=有；2=沒有
```

5.2.3　移除不必要的欄位

方法一：使用 NULL 刪除欄位

　　適用於只要刪除一兩個欄位時。

```
> names(bbq)
> bbq[15] <-NULL# 移除第 15 欄
```

方法二：使用 sjmisc::remove_var() 刪除欄位

　　適用於需要刪除多個欄位時。若刪錯變數沒有關係，再次讀入原始檔重新順過上面的語法即可。

```
> library(sjmisc)
> names(bbq)
> bbq<-remove_var(bbq, 4:14, 39)    # 舉例：移除 4 到 14 欄以及第 39 欄
```

5.2.4　單一變數的檢視

　　可以使用 R 內建的 table(), gmodels::CrossTable(), 或是 sjPlot::sjt.frq() 來呈現基本次數分配的表格。連續型變數則可以使用 psycho::describe() 或 sjmisc::descr()（見 4.3 節）。

```
> table(bbq$V2, exclude=NULL) # 次數分配表把無效值報出來

> library(gmodels)
> CrossTable(bbq$V2)
```

```
> library(sjPlot)
> sjt.frq(bbq$V2)   #若表格標題中文變成了亂碼，試試加上這個參數：
                    encoding="big5"
> sjp.frq(bbq$V2)
```

5.2.5　儲存檔案

最後，將帶有標籤的資料用 save() 存檔爲 rda 格式。

```
> save(bbq, file="BBQ.rda")
```

5.3　變數的描述製表與製圖

　　在上一節的編碼練習中，你應該注意到，要描述變數可以用的工具不是只有 table() 而已。這一節接著教你如何使用 sjPlot 套件工具來為變數製表與製圖。以下出現的指令名稱中，sjt 的 t 表示製「表」（table）；sjp 的 p 表示製「圖」（plot）[2]。

5.3.1　用製表的方式描述變數

　　為單一變數製表可以使用以下幾個方法：

工具	備註
table()	R 內建的指令，搭配 exclude＝NULL 參數顯示無效值個數
gmodels::CrossTable()	可以一併給出變數的次數分配及百分比
sjmisc::frq()	可以為變數加上權數後再計算次數
sjPlot::sjt.frq()	可為帶有標籤的變數製作專業外觀的表格
psych::describe()、sjmisc::descr()	適合用於連續型變數描述

　　以下我們以 tscs2013.rda 這筆民調資料中的「v65 統獨問題對社會的影響嚴不嚴重？」來實作。這筆資料含有標籤資訊，因此 sjPlot 中的幾個可以取用這些文字標籤的工具可以派上用場：sjlabelled::as_label()[3]、sjmisc::frq()，以及 sjPlot::sjt.frq()。

2　參考：1. http://www.strengejacke.de/sjPlot/sjtbasics/；2. http://www.strengejacke.de/sjPlot/sjt.frq/。

3　參考：https://cran.r-project.org/web/packages/sjlabelled/vignettes/labelleddata.html。

```
> load("../tscs2013.rda")

> #table()
> table(tscs2013$v65, exclude=NULL) #exclude=NULL 顯示無效值


   1    2    3    4 <NA>
 426  927  454   14  131
> #gmodels::CrossTabsle()
> library(gmodels)
> CrossTable(tscs2013$v65)



   Cell Contents
|-------------------------|
|                       N |
|           N / Table Total |
|-------------------------|



Total Observations in Table:  1821



         |         1 |         2 |         3 |         4 |
         |-----------|-----------|-----------|-----------|
         |       426 |       927 |       454 |        14 |
         |     0.234 |     0.509 |     0.249 |     0.008 |
         |-----------|-----------|-----------|-----------|
```

```
> #sjmisc::frq()
> library(sjmisc)
> frq(tscs2013$v65, weight.by = tscs2013$wr)
```

65 關於統獨問題，現在社會上有各種不同的想法。請問您覺得這種情形對社會的影響嚴不嚴重？<dbl+lbl>
Total N = 1952 valid N = 1834 mean = 2.03 sd = 0.72

val	label	frq	raw.prc	valid.prc	cum.prc
1	非常嚴重	428	21.93	23.34	23.3
2	嚴重	937	48.00	51.09	74.4
3	不嚴重	456	23.36	24.86	99.3
4	非常不嚴重	13	0.67	0.71	100.0
NA	NA	118	6.05	NA	NA

```
#sjPlot::sjt.frq()
> library(sjPlot)

> #清除無效值、重新編碼、排序及上標籤
> tscs2013$v65r <-rec(tscs2013$v65,
+                     rec="94:99=NA; else=copy",
+                     as.num = F)
> tscs2013$v65r <-rec(tscs2013$v65r, rec="rev",
+                 var.label="how serious the issue is",
+                 val.labels =c("not at all (1)",
+                 "not very serious (2)",
+                 "serious (3)",
+                 "very serious (4)"))
> sjt.frq(tscs2013$v65r, weight.by = tscs2013$wr)
```

how serious the issue is (weighted)

value	N	raw %	valid %	cumulative %
not at all (1)	13	0.67	0.71	0.71
not very serious (2)	456	23.36	24.86	25.57
serious (3)	937	48.00	51.09	76.66
very serious (4)	428	21.93	23.34	100.00
missings	118	6.05		

total N=1952 · valid N=1834 · x=2.97 · σ=0.71

```
> #psych::describe()
> library(psych)
> describe(tscs2013$age)
       vars    n mean    sd median  trimmed   mad min max range  skew
  kurtosis
  X1      1 1952 46.2 16.9     45     45.5  19.3  19  95    76  0.29
  -0.73
       se
  X1 0.38
# sjmisc::decr()
library(sjmisc)
descr(tscs2013$age)
## Basic descriptive statistics

variable     type
      X1  numeric
                                                                  label
2 請問您是什麼時候出生的 ( 以身分證上的為主 )? 民國 ___ 年 ( 民國前以負數表示，填答
範圍 -8 至 -1,1 至 83)
    n NA.prc mean    sd   se md trimmed min max range skew kurtosis
1952      0  46.2 16.9 0.38 45    45.5  19  95    76 0.29    -0.73
```

5.3.2　使用 sjPlot 為單一變數製圖

　　有效地使用圖片，能快速地讓讀者對研究者關注的變數產生興趣。我們可以使用 sjp.frq() 來為單一變數製圖。製圖時可以和 sjt.frq() 一樣為變數加上權數。其他許多的參數則能設定標題、顯示多少細節等。需要注意的是，使用 sjPlot 所製的圖目前為止在中文顯示上還不夠理想。在 Windows 系統中可以正常顯示中文字，但在 Mac 系統則會出現方塊狀的亂碼。這並不完全是 sjPlot 套件的問題，也有可能是 R 或作業系統的問題，例如 Mac 的預設字型 serif 無法正常顯示中文。期待未來隨著套件的更新，以及開發者的持續努力這個問題能得到解決。因此以下的實作例子，把中文標籤轉為英文，以便在輸出時正常顯示 [4]。

```
> library(sjPlot)
> sjmisc::frq(tscs2013$v65r)

  # how serious the issue is <numeric>
  # Total N = 1952 valid N = 1821   mean = 2.97 sd = 0.72

  val                 label frq raw.prc valid.prc cum.prc
    1        not at all (1)  14    0.72      0.77    0.77
    2 not very serious (2) 454   23.26     24.93   25.70
    3           serious (3) 927   47.49     50.91   76.61
    4      very serious (4) 426   21.82     23.39  100.00
   NA                   NA 131    6.71        NA      NA
> sjp.frq(tscs2013$v65r,
+        weight.by = tscs2013$wr, wrap.title=30)
```

----

4 關於 sjp.frq() 的更多說明，參考：http://www.strengejacke.de/sjPlot/sjp.frq/。

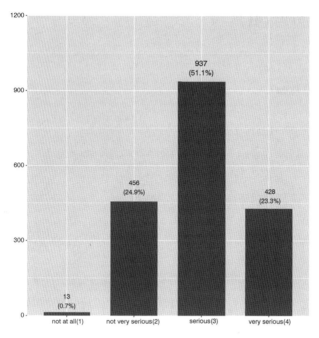

5.3.3 使用 sjPlot 來視覺化兩個變數之間的關係

引人入勝的研究，往往能使用圖片來呈現兩兩變數之間可能的關係。我們可以使用 sjp.grpfrq() 及 sjp.xtab() 來製圖 [5]。

---

5 參考：1. http://www.strengejacke.de/sjPlot/sjp.grpfrq/；2. http://www.strengejacke.de/sjPlot/sjp.xtab/。

方法一：sjp.grpfrq()

```
> library(sjlabelled)
> frq(tscs2013$sex)

  # 1 性別 <categorical>
  # Total N = 1952 valid N = 1952 mean = 0.50 sd = 0.50

   val label frq raw.prc valid.prc cum.prc
     0    女 972    49.8      49.8     49.8
     1    男 980    50.2      50.2    100.0
    NA    NA   0     0.0        NA       NA
> tscs2013$sex <-set_label(tscs2013$sex, label="sex")  # 重設變數標籤
> tscs2013$sex <-set_labels(tscs2013$sex, labels=c("female", "male")) # 重
  設選項標籤
> sjp.grpfrq(tscs2013$v65r, tscs2013$sex)  # 橫向比較
```

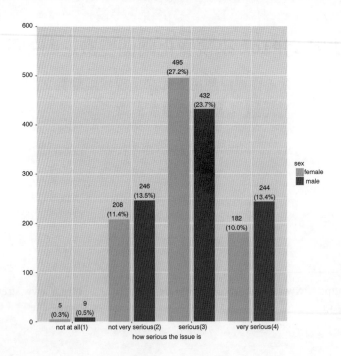

```
> sjp.grpfrq(tscs2013$v65r, tscs2013$sex, bar.pos ="stack")  #堆疊
```

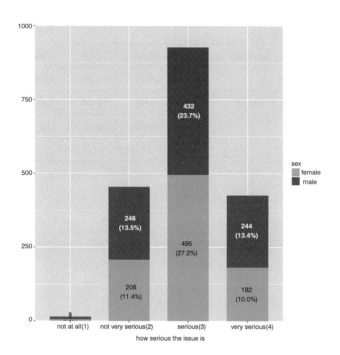

方法二：`sjp.xtab()`

sjp.xtab() 是另一個將兩個變數視覺化的工具，它與 sjp.grpfrq() 大同小異。主要不同處在於 sjp.grpfrq() 在 y 軸上呈現個數（count values），而 sjp.xtab() 在 y 軸上呈現百分比（percentage）。注意在製圖時兩位變數放置的位置會影響製圖的結果。

```
> library(sjplot)
> sjt.xtab(tscs2013$v65r, tscs2013$sex) #製表
```

how serious the issue is	sex		Total
	female	male	
not at all (1)	5	9	14
not very serious (2)	208	246	454
serious (3)	495	432	927
very serious (4)	182	244	426
Total	890	931	1821
χ^2=16.714 · df=3 · Cramer's V=0.096 · p=0.001			

```
> sjp.xtab(tscs2013$v65r, tscs2013$sex) # 製圖
```

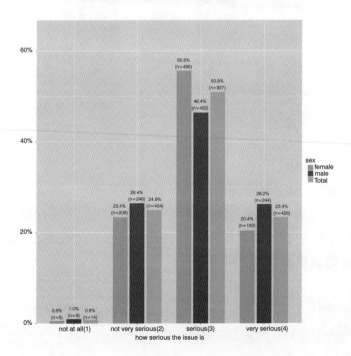

補充盒子 5.3 　　用 ggplot2 畫長條圖

　　ggplot2 是 R 製圖中的專業級工具箱。本書使用的 sjPlot 是建基在 ggplot2 上並將其語法簡化的工具，因此這裡只作簡單的介紹。

　　ggplot() 這個指令的語法分為兩部份：資料（data）與美學設定（aesthetic mappings，參數為 aes）如圖上資料的顏色、大小、形狀、位置等。再加上幾何學物件（geometric objects），也就是專門處理點、線、形狀的製圖指令（geom_）：

製圖指令（geom_）	說明
geom_bar()	柱狀圖
geom_point()	點狀散布圖
geom_boxplot()	盒狀圖
geom_histogram()	長條圖
geom_density()	連續折線圖

```
library(ggplot2)
load("../wgcoll.rda")
ggplot(data=wgc, aes(x=factor(c),
                     fill=factor(g))) +
    geom_bar(width=.6, position=position_dodge())
```

　　參數說明：

1. 先用 ggplot() 打開一個畫布，再用「＋」連接不同的作畫功能。

2. *geom_bar()*：在畫布上以 geom_bar() 加上長條圖。

3. *aes()*：變數的美工設定參數。

4. *x=factor(c)*：將變數 c 視為類別變數。

5. *fill=*：比較類別控制變數。

6. *position=position_dodge()*：長條併排。

5.4 合併變數製作量尺

5.4.1 製作量尺或指數

　　在整理變數的時候，常會遇到需要將多個變數透過加總整合爲一個變數的情形，如政治知識、政治效能感等。變數合併可以讓順序型（ordinal）或類別型（categorical）變數轉變成較好分析的連續型變數（numearicalvariable）。這樣做還可以減少因爲變數同質性高、放進同一個模型中產生的共線性的問題（colinearity）（詳見第七章）。以下以台灣選舉與民主化調查 2006 年高雄市長選後調查資料（TEDS2006）爲例子，製作「媒體新聞注意量」（mediaAtt）的指標，將資料中對電視、廣播、網路、報紙上的選舉新聞注意程度的四道題目「橫向」加總，成爲一個新的變數（指標）。每個受訪者是一列，對這四題的回答是橫向跨四個欄位。所以橫向加總的意思是以列的方式跨四個欄位加總，成爲新的指標變數的數值。注意，這個例子只是爲了實作而設計，量尺本身不具有任何理論基礎或意義。

第一步：資料讀入與編碼

　　以下使用 sjmisc::rec() 進行四個變數（受訪者對電視、廣播、網路、報紙的注意程度）的編碼及無效值清理。由於這些變數的選項數值是要當作數字（而非類別變數）以供之後運算加總，因此不需要改變原本就預設爲 T 的 as.num 的參數值。在以下例子中就不特別寫出 as.num=T。

```
> load("../teds2006_kao.rda")
> library(sjmisc)

> #A01 去年選舉期間，有些人花很多時間去注意各種媒體的選舉新聞，有些人沒有時間
  注意，請問您那時平均每天花多少時間注意電視上的選舉新聞？
```

```
> #01   30 分鐘以下
> #02   31-60 分鐘
> #03   一小時到一小時半
> #04   一小時半到二小時
> #05   超過二小時
> #06   偶爾注意
> #07   完全不注意
> #96   看情形、不一定
> #98   不知道
> table(kao06$A01)


    1    2    3    4    5    6    7   96   98
  468  260  121   52  165   37  133   21    5
> kao06$tv <-rec(kao06$A01, rec="7=0; 8:hi=NA; else=copy")
> table(kao06$tv, exclude =NULL)


    0    1    2    3    4    5    6  <NA>
  133  468  260  121   52  165   37   26
> #A02 那廣播上的政治評論性節目呢？
> table(kao06$A02)


    1    2    3    4    5    6    7   96   98
  304   56   25   10   32   57  761   13    4
> kao06$radio <-rec(kao06$A02, rec="7=0; 8:hi=NA; else=copy")
> table(kao06$radio, exclude =NULL)


    0    1    2    3    4    5    6  <NA>
  761  304   56   25   10   32   57   17
> #A03 那網路上的選舉新聞呢？
> table(kao06$A03)
```

```
      1    2    3    4    5    6    7   96   98
    259   44   14    8   17   33  866   12    9
> kao06$internet <-rec(kao06$A03, rec="7=0; 8:hi=NA; else=copy")
> table(kao06$internet, exclude =NULL)


      0    1    2    3    4    5    6 <NA>
    866  259   44   14    8   17   33   21
> #A04 那報紙上的選舉新聞呢？
> table(kao06$A04)


      1    2    3    4    5    6    7   96   98
    484  164   50   24   29   67  420   20    4
> kao06$newspaper <-rec(kao06$A04, rec="7=0; 8:hi=NA; else=copy")
> table(kao06$newspaper, exclude =NULL)


       0    1    2    3    4    5    6 <NA>
     420  484  164   50   24   29   67   24
```

第二步：製作量尺

　　以下兩種方法可以任選一種來嘗試。第一種不需要套件；第二種則是使用 sjmisc 套件。

方法一：以 apply() 製作量尺

```
> attach(kao06) #資料檔鎖定（參見 4.2 節）
> tmp<-cbind(tv,radio,internet,newspaper)
> kao06$mediaAtt <- apply(tmp,1,sum)   #依列 (1) 橫向加總（sum）
> table(kao06$mediaAtt) #0~22
> detach(kao06)
```

　　這個方法直接以內建的指令 cbind() 及 apply() 完成工作。首先以內建欄位合併（column bind）指令 cbind() 將資料檔中、上述四個新增的變數拼成一個矩陣（matrix）物件，命名為 tmp。接下來以 apply() 指令就這個 tmp 矩陣物件進行加總運算。apply() 的參數中第一個部分 tmp 是待加總的物件，第二部分的 1 表示「列」（2 表示「欄」），第三部分是你選擇要拿來套用的運算式或指令，在此例中是加總（sum）。完成之後產生的是個 0 到 22 的連續數值。注意這個指派的符號 <-。我們將新製作出來的量尺數值指派回 kao06 這個資料檔物件，在這個資料檔最後一個欄位，加掛上了一個新的變數欄位叫作 mediaAtt。

方法二：以 sjmisc::row_sums() 製作量尺

```
> library(sjmisc)
> kao06$mediaAtt <-row_sums(kao06,
+                           tv, radio, internet, newspaper,
+                           na.rm=T #此為預設值（移除無效的觀察值）
+                           )
> table(kao06$mediaAtt)
```

　　這是個直觀的做法。row_sums() 中參數第一部分 kao06 是資料檔物件，第二部分緊接著列出的是要被合併的變數。這個指令有個重要的參數，預設會將無效值移除，也就是只有這四個變數都有回答的民眾，才會被計入，若允許沒回答的民眾的回答視為 0 仍然為其加總，請把這個參數改為 na.rm=F。

查看加總的結果

　　如果對於橫向加總的結果不放心，想再確認，我們可以這麼做：使用 dplyr::select() 挑出要觀察的欄位，接下來以 head() 這個內建指令檢視資料物件的最前幾筆（這裡透過參數設為最前 10 個觀察值）；tail() 這個內建指令可以看到資料物件的最後幾筆（這裡透過參數設為最後 8 列）；

dplyr::sample_n() 則是可以隨機的取出幾筆來看。此指令可重複執行，檢視多筆的觀察值的運算結果。

```
> head(select(kao06, tv, radio, internet, newspaper, mediaAtt), 10) #看
  資料檔最前10列
> tail(select(kao06, tv, radio, internet, newspaper, mediaAtt), 8) #看資
  料檔最後8列
> dplyr::sample_n(select(kao06, tv, radio, internet,
                         newspaper, mediaAtt), 5) #隨機挑5列來看
```

補充盒子 5.4　以 dplyr::mutate() 製作量尺

　　dplyr::mutate() 的本來作用，是將某連續變數 x 透過算式改創出新的變數 x1（例如 x1 = x/10，詳見 ?mutate）。我們可以將這個指令應用於製作多個變數值的加總，例如製作指標（index）。它可以同時製作多種量尺，甚至可以在同一行中，直接使用新創的變數進行下一個新變數的創建。在這個例子中，我們同時創造在資料檔中增加了 mediaatt0 與 mediaatt1 兩個量尺。

```
> library(dplyr)
> kao06 <-mutate(kao06,
+              mediaatt0 = tv+radio+newspaper,
+              mediaatt1 = mediaatt0+internet)
> sample_n(select(kao06, tv, radio, newspaper, mediaatt0,
+              internet, mediaatt1), 5) #隨機挑5列來看
```

第三步：保存新增變數後的資料檔

```
> kao06 <-data.frame(kao06) #重新框定含新增的變數的資料檔
> save(kao06, file="../kao06r.rda")
```

第四步：檢查量尺的信度

確認量尺的加總無誤之後，接下來檢視量尺的數值分布，以及判斷量尺的品質。

1.為量尺製圖

```
> kao06$mediaAtt <-unlist(kao06$mediaAtt)
> sjp.frq(kao06$mediaAtt,
+         type ="histogram",
+         axis.title ="media attention scale",
+         xlim=c(0,22))
```

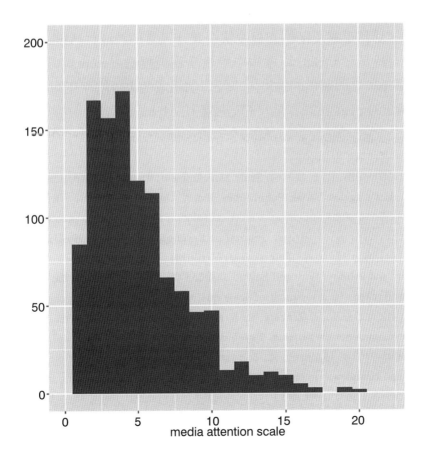

在 0 到 22 分的量尺中，多數人位在 11 分以下。

2. 判斷量尺或指標的品質

最常用來判斷量尺信度（reliability）的統計量是 Cronbach's Alpha，或簡稱 Alpha。信度指的是量尺給相同特質的人施測時，相同特質的人在同一量尺測量下會有相當一致的結果。Alpha 係數愈高表示這個量尺的內在一致性就愈好。這個指標由教育心理學家 Lee Chronbach 在 1951 年出版，隨著 SPSS 的普及而成爲今天判斷量尺品質的公定標準。這個數值介在 0 與 1 之間，一般來說低於 0.35 就幾乎可判斷這個量尺的內在一致性不夠好；要夠好的量尺，Alpha 至少要大於 0.7（依學門而異，有的要求更高）。

近年，隨著心理學門的推廣，由 Roderick P. McDonald 在 1999 出版的 Omega 受到重視及接納的程度快速爬升，有即將取代 Alpha 的趨勢。Omega 的特長在於在計算過程中考量了組成變數（items）及潛在概念（constructs）之間關係的強度，以及每個組成變數可能存在的測量誤差，因此理論上 Omega 在計算量尺的信度要比 Alpha 更精準[6]。基本上 Omega

---

6 參考：(1)DeVellis, R. F. (2016). Scale Development: Theory and Applications (4th ed. edition). Los Angeles: SAGE Publications, Inc. (2)Dunn, T. J., Baguley, T., & Brunsden, V. (2014). From alpha to omega: A practical solution to the pervasive problem of internal consistency estimation. British Journal of Psychology, 105(3), 399-412. https://doi.org/10.1111/bjop.12046. (3)Peters, G.-J. Y. (2014). The alpha and the omega of scale reliability and validity: Why and how to abandon Cronbach's alpha and the route towards more comprehensive assessment of scale quality. European Health Psychologist, 16(2), 56-69. (4)Revelle, W., & Zinbarg, R. E. (2009). Coefficients Alpha, Beta, Omega, and the glb: Comments on Sijtsma. Psychometrika, 74(1), 145. https://doi.org/10.1007/s11336-008-9102-z. (5)Zhang, Z., & Yuan, K.-H. (2016). Robust coefficients alpha and omega and confidence intervals with outlying observations and missing data: Methods and software. Educational and Psychological Measurement, 76(3), 387-411. https://doi.org/10.1177/0013164. (6)Zinbarg, R. E., Revelle, W., Yovel, I., & Li, W. (2005). Cronbach's

的判讀方式與 Alpha 一樣。目前只有 R 可以直接計算 Omega。SPSS 則必須更新最新版（34 版以上），才能透過裡頭內建的 R 連結器來計算 Omega[7]。

3. 用 psych::omega() 同時計算 Alpha 與 Omega

R 在計算 Alpha 及 Omega 時所使用的是我們所挑選出來的變數所組成的矩陣或資料框。在本節的例子中，我們要回頭使用由四個變數所組成的矩陣物件 tmp。運算需要每一題都有資料的觀察值，因此必須使用 na.omit() 來移除有無效值的觀察值[8]。

```
> tmp.nona <-na.omit(tmp)
> psych::omega(tmp.nona) #alpha=0.37; omega=0.42
```

從這個結果看來，無論是 Alpha 還是 Omega 數值都偏低。由於這四個變數所組成的量尺並無足夠的內在一致性，因此所做出的量尺 mediaAtt 不足以成為一個有信度的量尺，被用來測量任何潛在的概念。

補充盒子 5.5　　其他計算 Alpha 的工具

coefficientalpha::alpha(tmp.nona) 以及 sjPlot::sjt.itemanalysis(tmp)。

α, Revelle's β, and Mcdonald's ω: Their relations with each other and two alternative conceptualizations of reliability. Psychometrika, 70(1), 123-133. https://doi.org/10.1007/s11336-003-0974-7.

7　參考：http://shawnsstats.blogspot.tw/2016/11/ordinal-alpha-and-omega.html.

8　參考：1. Revelle, W. (2013). Using R and the psych package to find Omega. 2. Revelle, W. (2017). An introduction to the psych package: Part II Scale construction and psychometrics.

Chapter 6

蒸與煮：
變數之間關聯性的探索

6.1 變數間的相關性檢驗

民意調查或市場調查的資料形態，多半是類別型或順序型變數。我們先來看看如何檢證類別型變數之間的相關性，再看看如何分析連續型變數之間的相關性。我們先拿一個虛構的假設來作例子。

- H0：性別與「用公投決定統獨」的認知無關。
- H1：性別與「用公投決定統獨」的認知有關。

我們使用 tscs2013.rda 這個資料檔，取性別（sex：1= 男；2= 女）與「有人主張用公民投票決定台灣未來是要統一還是獨立，請問您贊不贊成這樣的說法？」（v73）這兩題來檢證假設。首先，進行變數的處理。

```
> # 讀入資料檔：物件名稱為 tscs2013
> load("../tscs2013.rda")


> # 變數重新編碼
> library(sjmisc)
> tscs2013$v73r <-rec(tscs2013$v73, rec="1,2=1; 3,4=0; else=NA") # 1=贊
  成或非常贊成；0= 不贊成或非常不贊成


> # 為變數及其選項數值設定中文標籤
> library(sjlabelled)
> tscs2013$v73r <-set_label(tscs2013$v73r,
                            label="贊不贊成用公民投票決定統一還是獨立？")
> tscs2013$v73r <-set_labels(tscs2013$v73r, labels=c("不贊成","贊成"))


> # 看次數分配表
> library(sjPlot)
> sjt.frq(tscs2013$v73r)
```

贊不贊成用公民投票決定統一還是獨立？

value	N	raw %	valid %	cumulative %
不贊成	710	36.37	38.71	38.71
贊成	1124	57.58	61.29	100.00
missings	118	6.05		

total N=1952 · valid N=1834 · $\bar{x}$=0.61 · σ=0.49

```
> # 將含新變數的資料物件另存到專案夾中
> save(tscs2013, file="../tscs2013.rda")
> rm(list = ls())
> load("tscs2013.rda")
```

6.1.1 類別型變數的相關性檢驗

當 X 與 Y 都是類別型變數時，我們會使用卡方獨立性檢定[1]。

方法一：直接以 chisq.test() 計算卡方值。

這個方法不需要任何套件就可以快速算出卡方值。

```
> chisq.test(tscs2013$v73r, tscs2013$sex)

	Pearson's Chi-squared test with Yates' continuity correction

data:  tscs2013$v73r and tscs2013$sex
X-squared = 0.1, df = 1, p-value = 0.7
```

---

[1] 以下兩段 Youtube 影片很清楚地介紹了卡方檢定的基本觀念：(1) 認識卡方檢定觀念（https://www.youtube.com/watch?v=1Ldl5Zfcm1Y）；(2) 卡方檢定變數間的相關性（https://www.youtube.com/watch?v=misMgRRV3jQ）。

方法二：以 gmodels::CrossTable() 做交叉分析及製表

gmodels::CrossTable() 是做交叉分析時的好工具。無論是單一變數的描述，還是兩個變數的相關性檢證，都可以使用。在描述單一變數時，它比 table() 更能清楚地呈現次數及百分比；在兩個變數的相關性檢證時，它能以表格呈現結果，並透過參數的調控，呈現或關閉資訊。

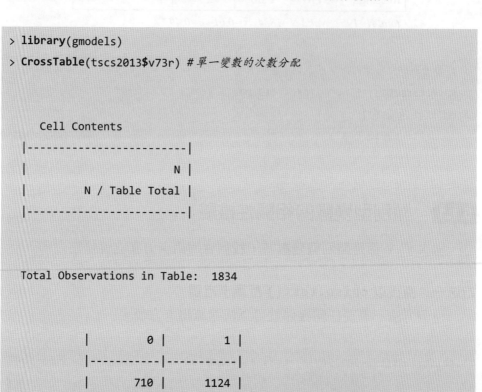

```
> library(gmodels)
> CrossTable(tscs2013$v73r) #單一變數的次數分配


    Cell Contents
|-------------------------|
|                       N |
|         N / Table Total |
|-------------------------|


Total Observations in Table:   1834


           |         0 |         1 |
           |-----------|-----------|
           |       710 |      1124 |
           |     0.387 |     0.613 |
           |-----------|-----------|
```

```
> CrossTable(tscs2013$v73r, tscs2013$sex)   #兩個類別變數的交叉次數分配



    Cell Contents
|-------------------------|
|                       N |
| Chi-square contribution |
|              N / Row Total |
|              N / Col Total |
|            N / Table Total |
|-------------------------|


Total Observations in Table:  1834


             | tscs2013$sex
tscs2013$v73r |         0 |         1 | Row Total |
--------------|-----------|-----------|-----------|
           0 |       355 |       355 |       710 |
             |     0.043 |     0.042 |           |
             |     0.500 |     0.500 |     0.387 |
             |     0.391 |     0.383 |           |
             |     0.194 |     0.194 |           |
--------------|-----------|-----------|-----------|
           1 |       552 |       572 |      1124 |
             |     0.027 |     0.026 |           |
             |     0.491 |     0.509 |     0.613 |
             |     0.609 |     0.617 |           |
             |     0.301 |     0.312 |           |
--------------|-----------|-----------|-----------|
```

```
  Column Total |       907 |       927 |      1834 |
               |     0.495 |     0.505 |           |
---------------|-----------|-----------|-----------|
```

　　加上幾個參數後，可以讓結果表格的呈現更加符合需要：保留欄與列的百分比，以及顯示卡方檢定統計量[2]。

```
> CrossTable(tscs2013$v73r,  tscs2013$sex,
+           prop.t=FALSE, # 不顯示細格百分比
+           prop.r=TRUE,  # 顯示列百分比（預設）
+           prop.c=TRUE,  # 顯示欄百分比（預設）
+           prop.chisq=FALSE, # 不顯示卡方值的貢獻度
+           chisq=TRUE# 顯示卡方檢定數值
             )


   Cell Contents
|-------------------------|
|                       N |
|          N / Row Total  |
|          N / Col Total  |
|-------------------------|


Total Observations in Table:   1834
```

2　還有其他套件可以協助計算卡方值，例如 vcd::assocstats()。

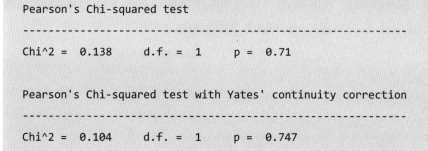

```
             | tscs2013$sex
  tscs2013$v73r |          0 |          1 | Row Total |
  --------------|-----------|-----------|-----------|
             0 |        355 |        355 |        710 |
               |      0.500 |      0.500 |      0.387 |
               |      0.391 |      0.383 |            |
  --------------|-----------|-----------|-----------|
             1 |        552 |        572 |       1124 |
               |      0.491 |      0.509 |      0.613 |
               |      0.609 |      0.617 |            |
  --------------|-----------|-----------|-----------|
   Column Total |        907 |        927 |       1834 |
               |      0.495 |      0.505 |            |
  --------------|-----------|-----------|-----------|



Statistics for All Table Factors



Pearson's Chi-squared test
------------------------------------------------------------
Chi^2 =  0.138     d.f. = 1     p =  0.71

Pearson's Chi-squared test with Yates' continuity correction
------------------------------------------------------------
Chi^2 =  0.104     d.f. = 1     p =  0.747
```

方法三：以 **sjPlot::sjt.xtab()** 做交叉分析及製表

有了 sjPlot 套件之後，交叉分析的結果呈現又上了一層樓。由於我們在一開始為變數及其選項加上了標籤，因此可以使用 sjPlot::sjt.xtab() 來直接製作具有標籤的卡方分析表。

```
> library(sjPlot)
> sjt.xtab(tscs2013$v73r, tscs2013$sex)
```

贊不贊成用公民投票決定統一還是獨立？	性別		Total
	女	男	
不贊成	355	355	710
贊成	552	572	1124
Total	907	927	1834

$\chi^2=0.104 \cdot df=1 \cdot \varphi=0.009 \cdot p=0.747$

我們可以進一步加上一些參數，呈現我們想看到的資訊，如欄列的百分比。其下的幾個參數，預設都是關閉的，因此可以不必寫。只有在需要這些資訊的時候將其打開（把 FALSE 改為 TRUE，或直接使用第一個字母 F 或 T）。輸出的數字，其顏色也可以透過參數（如 tdcol.n、tdcol.expected、tdcol.cell、tdcol.col，以及 tdcol.row）更改，這些細節可以透過提示符號中直接查詢說明書（輸入 ?sjt.xtab）。

```
> library(sjPlot)
> sjt.xtab(tscs2013$v73r, tscs2013$sex,
+          show.row.prc =TRUE,      # 顯示列百分比
+          show.col.prc =TRUE,      # 顯示欄百分比
+          show.na =FALSE,          # 不顯示無效值（預設）
+          show.legend =FALSE,      # 不顯示圖示（預設）
```

```
+          show.exp =FALSE,           # 不顯示期望值（預設）
+          show.cell.prc =FALSE,      # 不顯示細格的百分比（預設）
+          tdcol.col ="gray",         # 將欄百分比顏色改爲灰色（預設爲綠色）
+          tdcol.row ="brown"         # 將列百分比顏色改爲褐色（預設爲藍色）
+          )
```

贊不贊成用公民投票決定統一還是獨立？	性別		*Total*
	女	男	
不贊成	355 50% 39.1%	355 50% 38.3%	710 100% 38.7%
贊成	552 49.1% 60.9%	572 50.9% 61.7%	1124 100% 61.3%
Total	907 49.5% 100%	927 50.5% 100%	1834 100% 100%

$\chi^2=0.104 \cdot df=1 \cdot \varphi=0.009 \cdot p=0.747$

　　輸出的結果表格中，φ 符號指的是 Cramer's V（也稱作 Cramer's phi 或 Cramer's C）。它是由 Harald Cramer 在 1946 年所發表，是基於卡方值計算方式的統計量。相對於 Pearson 相關係數用於檢視兩個連續型的變數的關係，Cramer's V 則用於檢視兩兩類別型變數之間的相關性**強度**。它的數值介於 0 與 1 之間：愈接近 1 則表示兩者相關度很高；愈接近 0 表示兩個類別變數之間的關聯強度愈弱。低於 0.25 則可判爲相關的強度「弱」。注意 Cramer's V 的計算只適用於欄與列皆大於 2 的資料表。

6.1.2　交叉分析與解讀

　　由以上的分析，可以看出這兩個變數之間不具有顯著的相關性

（Cramer's V=0.009），也就是贊不贊成使用公民投票決定台灣的統獨，與受訪者的性別無關。從列百分比（橫向）來看，無論贊成還是不贊成，男女的比例各剛好一半；從欄百分比（縱向）來看，男生受訪者中贊成的約 60.9%，與女生受訪者中贊成的 61.7%，幾乎相同。

實作：政治世代與國號選擇

1. 理論：不同世代在成年期間所經歷的政治現象會影響其國家的想像與認同。
2. 假設：
   • H0：世代與國號選擇無關。
   • H1：世代與國號選擇有關。

在 tscs2013 這個資料檔中，請找到 cname（國號選擇）與 generations（政治世代），進行卡方檢定，看看兩者是否有關。答案：你會看到較年輕的第五和第六世代明顯偏好以台灣為國號，以及第三世代的徬徨[3]。

6.1.3　連續型變數的相關性檢驗

當 X 與 Y 都是連續型變數時，我們最常使用的是皮爾森的相關係數分析（Pearson correlation coefficient）。它的數值介於 –1 與 1 之間：愈接近 1 表示兩者的正相關度很高（X 增加時 Y 也增加）；愈接近 0 表示兩個類別變數之間的關聯強度愈弱；愈接近 –1 則表示兩者的負相關度很高（X 增加時 Y 降低）。我們可以直接用 R 內建的 cor() 計算相關係數。

一、兩連續變數間的相關係數檢驗

以下我們使用 car 套件裡附的 Prestige 資料檔作為例子。這是加拿

3　請使用本節的 R 語法檔實作。這個關聯與這篇文章的觀點相呼應：http://www.thenewslens.com/post/151211/。但這裡只是練習，若對此課題有興趣，請進一步翻閱相關的政治學期刊論文。

大 1971 年的一個調查，分析單位（列）是不同的職業（請在讀入套件之後使用 ?Prestige 來看資料檔的詳細描述）。我們來看看行業從業人員的平均教育程度（education）與三個變數之間的關係有多強：收入（income）、聲望（prestige），以及從業人員中女性比例（women）之間的關係有多強。

```
> library(car Data)
  Loading required pakage: carData
> data("Prestige")
> cor(Prestige$education, Prestige$income)
  [1] 0.5775802
> cor(Prestige$education, Prestige$prestige)
  [1] 0.8501769
> cor(Prestige$education, Prestige$women)
  [1] 0.06185286
```

　　我們可以發現教育程度與性別關係不大；教育程度與收入的相關係數為 0.578；教育程度與聲望之間的關係則高達 0.85。

二、群組式的兩兩相關性檢驗
　　若資料檔多是連續型變數，我們可以使用相關矩陣（correlation matrix）來一次看完多組連續變數之間的相關係數。以下的例子中，先使用 dplyr::select() 挑出連續型變數，再使用 sjPlot::sjt.corr() 分析 [4]。

4　除了常用的製表之外，我們還可以用兩個方法來為相關矩陣製圖：一是 sjPlot::sjp.corr()，二是 corrgram::corrgram()。只是這樣的圖在研究上及實務上較少使用，一般來說，製表就足以快速地判讀出哪些變數之間具有潛在關聯。

```
> library(dplyr)
  prestige <-select(Prestige,
                    education, income, prestige, women)
> library(sjPlot)
> sjt.corr(prestige,
+          show.p = T, # 顯示顯著性（預設）
+          triangle ="lower"# 只顯示下方的三角型
+          )
```

	education	income	prestige	women
education				
income	0.578***			
prestige	0.850***	0.715***		
women	0.062	-0.441***	-0.118	
Computed correlation used pearson-method with listwise-deletion.				

　　我們還可以進一步看見收入與聲望之間顯著的高度正相關，且愈是以女性為主的職業收入愈低（顯著的負相關）。輸出的表格中下方的註記欄，寫的是這個相關分析矩陣已將有遺漏值的觀察值（列）給自動刪除（listwise deletion），意思是所有放入這個分析的資料，所有欄位都是有數值的。

6.2　使用 FactoMineR 套件進行 MCA 分析：TSCS2013

6.2.1　研究方法：MCA

　　將資料「降維」（dimentionaility reduction）是常見的資料分析途徑，可以找出多個變數背後共同的概念，或是將多個變數依照它們背後共通、相近的概念進行分組。主成分分析（PCA）是用於連續型變數中最常見的方法。至於如何將非連續型變數降維，用的就是對應分析（CA）或是多元對應分析（MCA）。

　　多元對應分析（Multiple Correspondence Analysis, MCA）對應分析可以說是用於類別型資料（nominal/categorical/qualitative variables）的因素分析（factor analysis），能將變數之間多重且複雜的關係「降維」至兩到數個維度，並且將變數群組之間的關係加以視覺化地呈現。MCA不只能做降維，還能用來協助開發類別型資料中的意義，以及理論還未能觸及的概念之間的關聯。MCA 能將類別型變數依照變異的特性分為一個到數個同質性的子群組，計算出這幾個變數子群組之間的關係，並將類別型資料之間存在的抽象關聯訊息具體化。具體的說，MCA 能同時計算、處理多個變數，將交叉分析的列聯表（contingency table）上的次數轉化成較低維度（二維）的點構面圖來展現出每個分類的相對位置，同時將列聯表中行與列對應關係視覺化。圖 6.2.1-1 說明了幾種探索型分析方法 PCA、CA、及 MCA 之間的關係。本節將這個方法應用在民調資料分析，而這也是當前民調分析方法中相當新的嘗試 [5]。

5　參考書目：

1. Blasius, J., & Greenacre, M. (Eds.). (2014). Visualization and Verbalization of Data. CRC Press.

2. Glynn, D. (2014). Correspondence analysis: Exploring data and identifying patterns. In

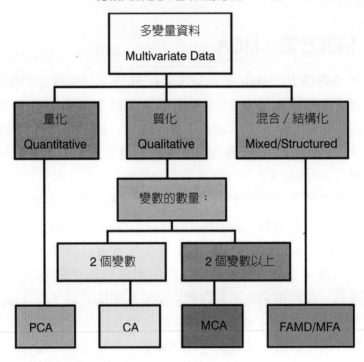

圖 6.2.1-1　不同資料形態所對應的分析方法

說明：PCA：主成分分析（Principal Component Analysis）

　　　(M)CA：（多元）對應分析（（Multiple）Correspondence Analysis）

　　　FAMD：混合資料的因子分析（Factor Analysis of Mixed Data）

　　　MFA：多元因子分析（Multiple Factor Analysis）

圖片來源：http://www.sthda.com/english/wiki/factoextra-r-package-quick-multivariate-data-analysis-pca-ca-mca-and-visualization-r-software-and-data-mining

---

D. Glynn & J. A. Robinson (Eds.), Corpus Methods for Semantics: Quantitative studies in polysemy and synonymy (pp. 443-485). John Benjamins Publishing Company.

3. Pagès, J. (2014). Multiple Factor Analysis by Example Using R (1 edition.). Boca Raton: Chapman and Hall/CRC.

一、資料描述：TSCS2013 面訪資料

- 台灣社會變遷基本調查計畫 2013 年第六期第四次：國家認同組
- 計畫主持人：傅仰止、章英華、杜素豪、廖培珊
- 計畫執行單位：中央研究院社會學研究所
- 經費補助單位：行政院國家科學委員會社會科學研究中心
- 調查執行期間：2013 年 9 月 22 日至 2013 年 12 月 10 日
- 有效觀察值 N=1,952

二、資料準備

必須先確定資料的變數都為類別型變數（factor）。可以使用 R 內建的 as.factor() 來轉換，或是在變數編碼時以 sjmisc::rec() 來調整[6]。

本例中的變數都已經是 factor，不需要另作轉換。以下是這兩個方法的示意語法：

```
> data$var1 <- as.factor(data$var1)
> data$var1 <- sjmisc::rec(data$var1, "1=1; 2=0", as.num=F)   #注意
  as.num=F 就是將 var1 設為「非連續型變數」
```

三、工具準備：安裝分析套件 FactoMineR 及延伸套件 factoextra

我們需要兩個套件：Factominer 以及 factoextra[7]。

---

[6] 請確定變數是類別型的，否則運算會出現錯誤。參考：http://stackoverflow.com/questions/33508702/r-programming-mca-in-factominer-error-message.

[7] 這幾篇是 Statistical Tools for High-Throughput Data Analysis（STHDA）所提供的、針對 MCA 所提供的補充資訊：

1. Correspondence analysis basics-R software and data mining.

2. 解讀分析報表必讀：Multiple Correspondence Analysis Essentials: Interpretation and application to investigate the associations between categories of multiple qualitative variables-R software and data mining.

```
> # install.packages("FactoMineR")
> # install.packages("factoextra")
```

四、挑選變數

我們從 tscs2013r 挑出核心變數,就是所有與「政治認同」相關的變數,可能包含了國家、民族、文化、政黨認同等。看看 MCA 是否能幫助我們辨識出其中的多個潛在概念。注意 MCA 只能用在沒有無效值的資料檔,所以我們必須排除含有無效值的觀察值,留下的資料只包括每一道挑選的題目都有回答的受訪者 [8]。

```
> library(dplyr)
> load("../tscs2013r.rda")
>
> tscs2013forMCA <-select(tscs2013r,
+                    c(#核心變數 (core vars)
+                       gen.1, gen.2, gen.3, gen.4, gen.5, #世代
+                       v15r, #「祖國」是哪裡
```

---

3. FactoMineR and factoextra: Principal Component Analysis Visualization-R software and data mining.

4. factoextra R package: Quick Multivariate data analysis (PCA, CA, MCA) and visualization-R software and data mining.

5. fviz_mca: Quick Multiple Correspondence Analysis data visualization-R software and data mining.

8 盡可能不要將以下三類變數放入 MCA 中分析:

1. 變數的變異量太小的變數(也就是填答的分布過於集中於某個或某幾個選項);

2. 與要觀察的核心向度關聯較小的變數(也就是所挑的變數之間幾乎沒有能想像得到的相關性);

3. 某個選項類別觀察值太少的變數(也就是某個選項太少人選)。

```
+              v54ar, v54br, v54cr, v54dr,  #最有承傳價值的歷史事件
+              v57r, #台灣人／既是台灣人也是中國人／其他
+                v61r, #統獨立場
+              v76r, #國號
+              v89ar, v89br, v89cr, v89dr,
+                v89er, v89fr, v89gr, v89hr, v89ir, #民族─國家
+
+              #quantatative supplementary vars
+                v58r, #自認台灣人程度
+                v59r, #自認中國人程度
+
+              #qualitative supplementary vars
+              sex,
+              college, #大專教育程度
+              camp, #政黨傾向
+                v71ar, #中華民族包含台灣原住民
+                v71er, #中華民族包含台灣居民
+              v75r  #國家領土範圍
+              ))
>
> #將無效值剔除（list-wise deletion）。
> tscs2013forMCA.nona <-na.omit(tscs2013forMCA)
> nrow(tscs2013forMCA.nona) #1479
  [1] 1479
> #以直方圖確認所選的變數之次數分配
> par(mfrow=c(2,3))
> for (i in1:ncol(tscs2013forMCA.nona)) {
+   plot(tscs2013forMCA.nona[,i], main=colnames(tscs2013forMCA.nona)[i],
+        ylab ="Count", col="steelblue", las =2, ylim=c(0,1500))
+ }  #將畫布設定爲 2 列 3 欄以便分頁檢視
```

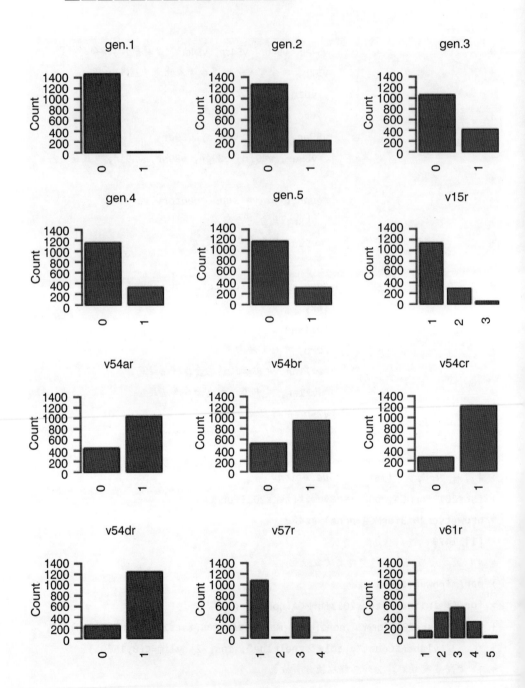

6.2 使用 FactoMineR 套件進行 MCA 分析：TSCS2013

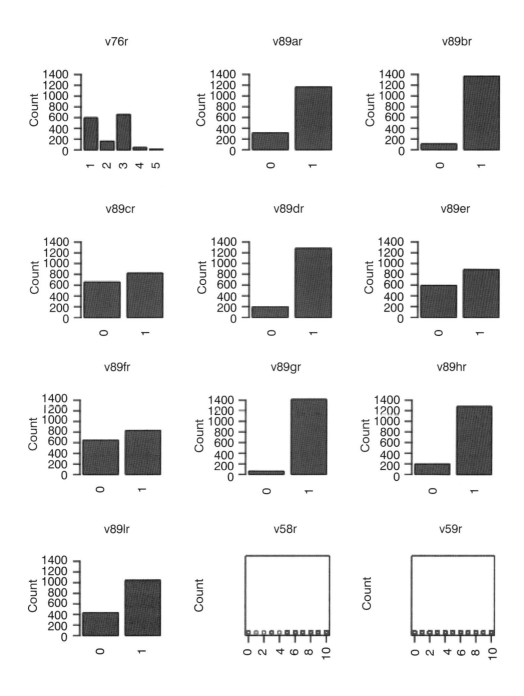

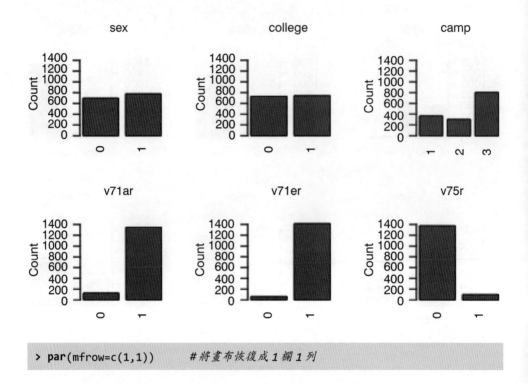

```
> par(mfrow=c(1,1))        #將畫布恢復成1欄1列
```

五、MCA 運算

MCA() 這個指令有幾個重要參數。quanti.sub 指向輔助的連續型變數，以向量的方式挑選出來，例如 23, 24 表示 [23], [24]，也就是第 23 個及 24 個變數；quali.sub 則是指向輔助的類別型變數（第 25 到第 30 個變數）。

```
> library(FactoMineR)
> library(factoextra)
> names(tscs2013forMCA.nona)
 [1] "gen.1"    "gen.2"    "gen.3"    "gen.4"    "gen.5"    "v15r"    "v54ar"
 [8] "v54br"    "v54cr"    "v54dr"    "v57r"     "v61r"     "v76r"    "v89ar"
[15] "v89br"    "v89cr"    "v89dr"    "v89er"    "v89fr"    "v89gr"   "v89hr"
```

```
[22] "v89ir"    "v58r"    "v59r"    "sex"    "college" "camp"    "v71ar"
[29] "v71er"    "v75r"
> res<-MCA(tscs2013forMCA.nona, ncp=10, quanti.sup=c(23,24), quali.
        quali. sup=25:30, graph= F) #ncp 為主觀定的維次個數
> summary(res, nb.dec =3, nbelements=10, nbind =10,
        ncp = 2, file="result2dim.txt")
> #nb.dec 小數點位數：
> #nbelements 使用的變數個數（全用上為 Inf）
> #ncp 要使用的維次數目
>
> res$dimdesc <-dimdesc(res, axes =1:10) #前三維次
> # 分析結果存檔
> write.infile(res$dimdesc, file ="MCAresults",append=F)
> write.infile(res$eig, file ="MCAresults",append=T)
> write.infile(res$var, file ="MCAresults",append=T)
```

六、繪製陡坡圖（screeplot）

　　在下圖中可看到，所有的變數共構成了三個主要的維次，折線自第三個維次後急降，之後平緩，表示第四維次之後的維次對全體變數共同變異總量的變異貢獻較前三個維次小。

```
fviz_screeplot(res, ncp=10)
```

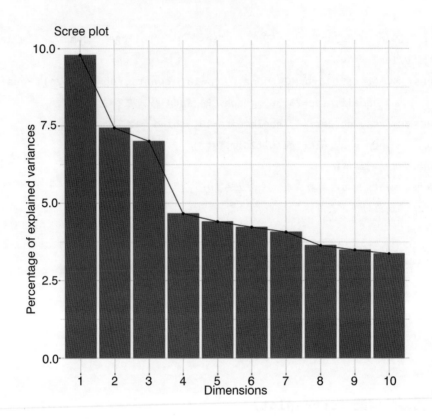

七、維次歸納描述（Dimension Description）

　　cos2 指的是變數與維次之間關係係數的平方（the squared correlations between the variables and the dimensions），用來呈現變數對於形成維次（或是潛在概念）的貢獻程度。我們可以用圖來展現透過cos2 的計算呈現出來的變數—維次之間的關係。點的顏色愈深表示對該維次的貢獻度愈大。

```
> #install.packages("corrplot")
> library(corrplot)
> corrplot(res$var$cos2, is.corr=FALSE)
```

- 構成第一維次重要的變數為 gen.2、v15r、v54ar、v54br、v89ar、v57r、v76r、v89ar、v89er、v89hr。
- 構成第二維次重要的變數為 v54ar、v54br、v54cr、v54dr。
- 構成第三維次 v89cr、v89dr、v89fr、v89ir。
- 構成第四維次 gen.2、gen.3。
- 構成第五維次 gen.1、v15r(3)、v57r(3)、v61r(5)。
- 構成第六維次 gen.4。
- 構成第七維次 gen.4、gen5。
- 構成第八維次 v76r(5)。
- 構成第九維次 v61r(3, 4)。
- 構成第十維次 v76r(2)。

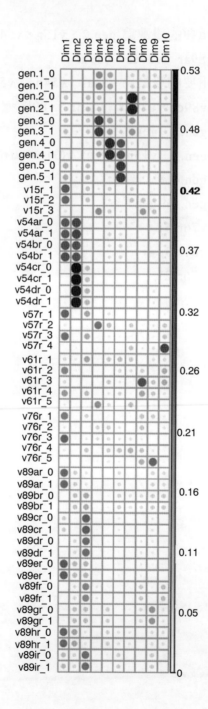

八、變數（variables）的關聯分布圖

　　plot() 指令的參數中，比較重要的是 invisible=。它指定哪類變數要在圖層中被隱藏起來（共四類：quali.sub、quanti.sup、var、ind）。ind 表示每個受訪者。其他參數如上色、標籤、標題、點的大小、X 軸與 Y 軸的寬高度設定等，就請直接細讀指令的說明書或動手調整看看。

```
> library(FactoMineR)
> library(factoextra)
> plot(res, axes=c(1, 2), new.plot=TRUE, choix="var",
+      col.var="red", col.quali.sup="darkgreen",
+      label=c("quali.sup", "quanti.sup", "var"),
+      invisible=c("ind"),
+      autoLab ="yes",
+   #  title="The Distribution of Variables on the MCA Factor Map",
+      title="", cex=0.8,
+      xlim=c(0,0.4), ylim=c(0, 0.6))
```

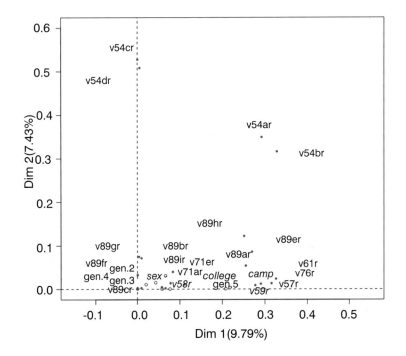

第一維次最重要的是（v89）題組，最左端的組成為「面對外來勢力時，台灣人應該有『自己當家作主』的自覺與決心」（v89b）、「現在的台灣文化已經不能再說是中國文化的一部分」（v89c），以及「台灣人很優秀，各行各業都有人才在世界上有很成功的表現」（v89g），且稱「台灣民族認同」。

第一維次軸線的另一端由「台灣人的祖先就是黃帝，我們要繼承這樣的血統與歷史」（v89er）、「中華民族本來就包含很多族群，不應該分離」（v89ar）以及「作為華夏子孫，我們在國際上應該盡力將中華文化發揚光大」（v89hr）組成，且暫稱「中華民族認同」。

拉近來看：

```
> plot(res, axes=c(1, 2), new.plot=TRUE, choix="var",
+     col.var="red", col.quali.sup="darkgreen",
+     label=c("quali.sup", "quanti.sup", "var"),
+     invisible=c("ind"),
+     autoLab ="yes",
+     #title="The Distribution of Variables on the MCA Factor Map",
+     title="", cex=0.8,
+     xlim=c(0,0.03), ylim=c(0, 0.03))
```

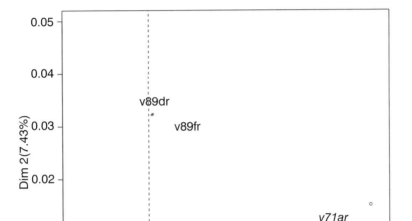

　　由此可初步歸納：第一維次（橫軸）是「民族認同」。在這個軸線上可以看到第三世代傾向「台灣是個小而美的國度，未來也都會繼續維持下去」（v89d）以及「在台灣長久居住或成長的人們應該一起發展出自己的新民族」（v89f）。第四、五世代則在兩種民族主義光譜中游移，隱約出現第三世代拉動後續世代朝向台灣民族認同的樣貌。

　　第二維次（縱軸）主要由「歷史事件題組」（v54）組成，由「推翻滿清，建立中華民國」（v54c）與「八年對日抗戰勝利」（v54d）為一組，「二二八事件」（v54ar）與「美麗島事件、黨外民主運動」（v54br）為一組。這個結果初步顯示：民眾對國家歷史的記憶明顯形成了不同於第一維次民族認同的概念面向。這個維次軸線的兩個端點，是認同「推翻滿清，建立中華民國」（v54c）與「八年對日抗戰勝利」（v54d）的歷史重要性，以及不認同這兩個事件的重要性。因此這個軸線可暫稱為「中華民國（史觀）的認同」。

九、變數類別（categories）關係圖

　　若將此次分析的所有變數的類別打開，可以看見選項類別在兩個維次空間中的相對位置。相對愈近的表示愈有可能相關；而離 X 軸或 Y 軸愈近的，表示對於形成該維次或概念的貢獻度愈大。爲了避免標籤重疊在一起，製圖時會自動調整標籤位置（autoLab="yes"），所以若仔細看仍能找出與三角形對應的標籤。

```
> plot(res, axes=c(1, 2), new.plot=TRUE,
+      col.var="red", col.ind="black", col.ind.sup="black",
+      col.quali.sup="darkgreen", col.quanti.sup="blue",
+      label=c("var"), cex=0.8,
+      selectMod ="cos2 70",
+      invisible=c("ind", "quali.sup"),
+      autoLab ="yes",
+      title="")
```

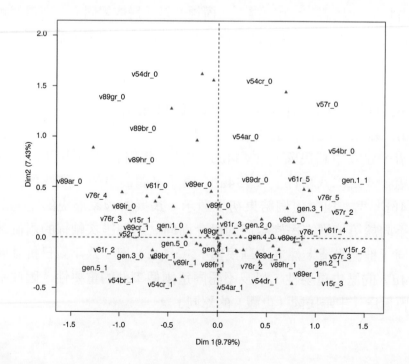

6.2　使用 FactoMineR 套件進行 MCA 分析：TSCS2013

將其中最重要變數類別（選項）的組合挑出：

```
> plot(res, axes=c(1, 2), new.plot=TRUE,
+      col.var="red", col.ind="black", col.ind.sup="black",
+      col.quali.sup="darkgreen", col.quanti.sup="blue",
+      label=c("var"), cex=0.8,
+      selectMod ="cos2 30",   # 共 52 個變數
+      invisible=c("ind", "quali.sup"),
+      xlim=c(-1.2,1.2), ylim=c(-0.6,2),
+      autoLab ="yes",
+      title="")
```

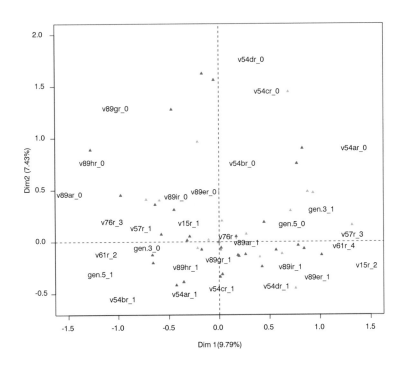

```
> #拉近
> plot(res, axes=c(1, 2), new.plot=TRUE,
+      col.var="red", col.ind="black", col.ind.sup="black",
+      col.quali.sup="darkgreen", col.quanti.sup="blue",
+      label=c("var"), cex=0.8,
+      selectMod ="cos2 30",
+      invisible=c("ind", "quali.sup"),
+      xlim=c(-1.2,1.2), ylim=c(-0.6,0.5),
+      autoLab ="yes",
+      #title="Top 30 Critical Elements on the MCA Factor Map 2")
+      title="")
```

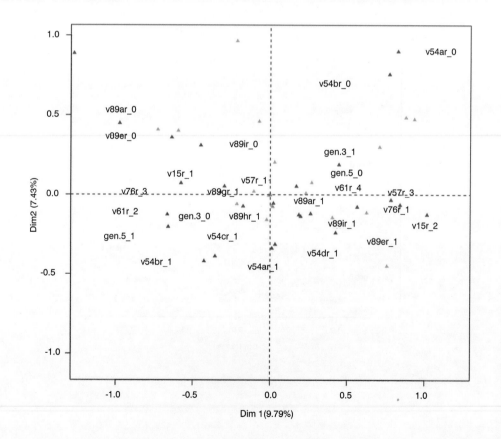

　　我們可以依這兩個維次，分四個象限來爲這些可能存在相關性的變數
類別進行描述。

第一象限的特徵描述：

- 在第一維次的最右邊是「認爲自己是中國人」（非台灣人，也非
  兩者都是）（v57r_3）。
- 第一世代（gen.1_1）與第二世代（gen.2_1）位於第一象限。
  其中第二世代可能在第二維次上傾向「儘快與中國大陸統一」
  （v61r_5），亦可能傾向否定二二八事件、美麗島事件及黨外
  民主運動算是歷史上重要、值得永遠被記得的事件（v54ar_0、
  v54br_0）。

第二象限的特徵描述：

- 認爲自己是台灣人（不是中國人）（v57r_1），認爲自己的祖國
  是台灣（不是中華民國、中國或其他）（v15r_1）。
- 否定「中華民族本來就包含很多族群，不應分離」這個說法
  （v89ar_0）。
- 否定「台灣人的祖先就是黃帝，我們要繼承這樣的血統與歷史」
  這個說法（v89er_0）。
- 國家現在名字應該叫作台灣（v76r_3）。
- 否定「不管台灣發生任何問題，我都一定會挺它到底，絕對不會
  想要移民到國外」的說法（v89ir_0）。

第三象限的特徵描述：

- 「維持現狀，以後走向獨立」（v61r_2）。
- 第五世代（gen.5_1）較第四世代（gen.4_1）在第一維次上更加偏
  左，且兩個世代在第一維次上並不算近。
- 二二八事件、美麗島事件及黨外民主運動算是歷史上重要、值得
  永遠被記得的事件（v54ar_1、v54br_1）。
- 「推翻滿清，建立中華民國」（v54cr_1）與「八年對日抗戰勝利」

　　（v54dr_1）很重要，要讓下一代永遠記得。

第四象限的特徵描述：

- 中華民國是祖國（v15r_2）。
- 是台灣人也是中國人（v57r_2）。
- 維持現狀，以後走向統一（v61r_4）。
- 國家現在叫作中華民國比較適合（v76r_1）。
- 同意「台灣人的祖先就是黃帝，我們要繼承這樣的血統與歷史」的說法（v89er_1）。
- 同意「中華民族本來就包含很多族群，不應該分離」的說法（v89ar_1）。
- 同意「不管台灣發生任何問題，我都一定會挺它到底，絕對不會想要移民到國外」（v89hr_1）。
- 永遠維持現狀（v61r_3）。

十、受訪者在兩個維度的分布

　　我們可以將所有受訪者「投影」到這兩個維次上，由此透過不同變數的圖層，看見受訪者依變數所形成的次群體，分布的樣貌。

```
> plot(res, axes=c(1, 2), new.plot=TRUE, choix="ind",
+     col.var="red", col.quali.sup="darkgreen",
+     label=c("var"),
+     selectMod ="cos2 15", select="cos2 1",
+     xlim=c(-1,1),
+     invisible=c("quali.sup", "var"),
+     #title="The Distribution of Individuals on the MCA Factor Map")
+     title="")
```

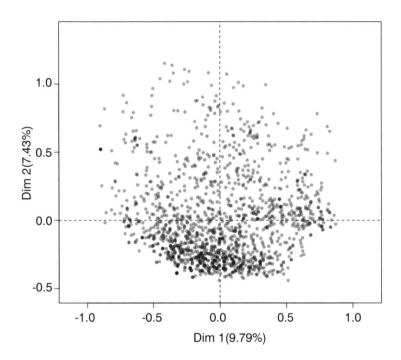

十一、橢圓圖（Ellipse）

橢圓圖可以用圖層的方式呈現出不同選項類別之間的差異，並標出該類別在空間分布中的「重心」。建議直接在自己的電腦上操作看看，或是開啟本書所附的本節 html 格式檔案，較易看出色層的變化。

```
> library(FactoMineR)
> plotellipses(res, keepvar=c("v57r"), magnify =5, lwd =4, label ="var")
```

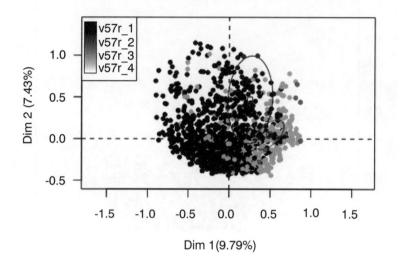

Confidence ellipses around the categories of v57

　　就「身分認同／台灣人—中國人認同」（v57r）來看「目前社會上有
人會說自己是台灣人，有人會說自己是中國人，也有人會說兩者都是。請
問您認為自己是台灣人、中國人還是兩者都是？」經過重新分類之後可以
看到，認為自己是台灣人（v57r_1）的受訪者分布明顯位在第一維次偏左
的區域，而認為自己是台灣人也是中國人（v57r_2）的受訪者則多數偏於
第一維次右側。而認為自己是中國人或都不是（v57r_3），則在第一維次
軸線上再更偏右。

　　同時也需要注意散布圖亦延著第二軸線展開，說明了這個測量題所捕
捉到的並非是單一「民族」或「國家」的概念。這概念不但包含了「台灣
人—中華民族」的民族認同，也包括了國家意識在內的認同。換言之，稱
他叫「國家認同」較「民族」或「族群認同」更為貼切。

```
> library(FactoMineR)
> plotellipses(res, keepvar=c("v76r"), magnify =5, lwd =4, label ="var")
```

6.2　使用 FactoMineR 套件進行 MCA 分析：TSCS2013

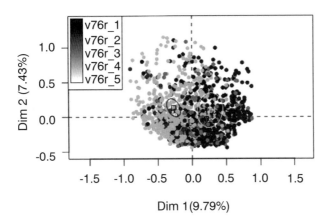

Confidence ellipses around the categories of v76

　　進一步就國號的選擇（v76r）來看「請問您覺得我們的國家現在應該叫什麼名字比較合乎您的看法？」選擇中華民國（v76r_1）與「中華民國在台灣」（v76r_2）具高度相關，而「其他（包含中國台灣、中華人民共和國）」（v76r_5）則與前兩類相關。選「台灣」（v76r_3）的重心位於第一維次軸線上，可由此判斷選此國號的民眾出自於民族的概念。而「台灣共和國」（v76r_4）則位在第二維次軸線的上方，與這個選項明顯有「國」字相關，造成它與民族認同成為不同維度的概念。我們也要同時注意前兩個選項的選擇，亦位在民族認同的軸線上。無論是國號是「中華民國」還是「台灣」，這兩個最多人選的選項並無法在第二維次上展現出明顯區隔。這意味著中華民國的國號認同仍偏重民族認同，而非出自具體國家史觀。

```
> library(FactoMineR)
> plotellipses(res, keepvar=c("v61r"), magnify =5, lwd =4, label ="var")
```

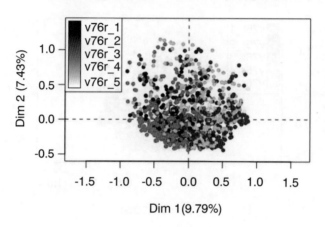

Confidence ellipses around the categories of v61

　　再從兩岸關係（v61r）這變數來看「對於未來台灣與中國大陸的關係，有人主張台灣獨立，也有人主張與大陸統一。請問您比較贊成哪一種主張？」這一題與民族認同一樣，是個跨兩維度的題目，無論是「儘快宣布獨立」（v76r_1）還是「維持現狀，以後走向獨立」（v76r_2），都較明顯偏重台灣人民族認同（多數點位於縱軸左方），以及偏向不認同中華民國史觀（多數點位於水平線下方）。選擇「永遠維持現狀」（v76r_3）的分布較爲分散，無明顯樣貌。至於「維持現狀，以後走向統一」（v76r_4）以及「儘快與中國大陸統一」（v76r_5）則是明顯偏重中華民族認同（多數點位於縱軸右方），但值得注意的是，選擇「維持現狀，以後走向統一」的受訪者同樣多數偏向不認同中華民國史觀（多數點位於水平線下方）。

十二、世代分布的差異

```
> library(factoextra)
> plotellipses(res, keepvar =c("gen.1","gen.2","gen.3",
+                              "gen.4","gen.5"))
```

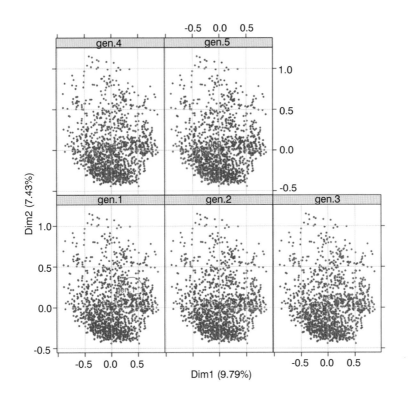

請試著在自己的語法檔中重製這個彩色畫面，你將可以看出第一世代分布於第四象限（右下），到了第四和第五世代分布於第三象限（左下）。

十三、藍綠支持者分布的差異

```
> library(factoextra)
> plotellipses(res, keepvar =c("camp"), label="ind.sup")
```

Confidence ellipses around the categories of cam

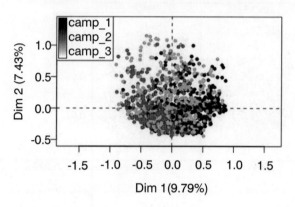

可以看出藍營分布包括了第三象限（左下）及第四象限（右下），
綠營支持者（camp_2）主要在左半邊，而隱藏政黨傾向或宣稱中立者
（camp_3）則較分散，但偏集中第三象限（左下）。

最後，我們可以使用類似主成分分析的方法，檢視「台灣人認同」及
「中國人認同」這兩個輔助連續變數的效果：它們都是構成第一維次要
素，愈向右即愈自認為中國人，愈向左則愈認為是台灣人。

```
> #輔助連續型變數的影響值
> plot(res, axes=c(1, 2), new.plot=TRUE, choix="quanti.sup",
+     col.quanti.sup="blue", label=c("quanti.sup"),
+     title="Quantitative Supplementary Variables")
```

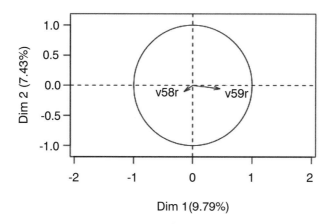

Dim 1(9.79%)

啟動 FactoMineR：

工具→載入 Rcmdr 增益集

選取增益集套件「RcmdrPlugin.FactoMineR」。

重新啟動 Rcmdr：

資料→匯入資料→載入資料集：

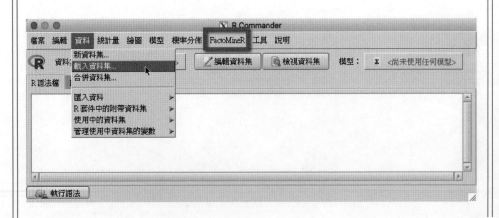

選擇 tscs2013r.rda。

設定變數屬性：

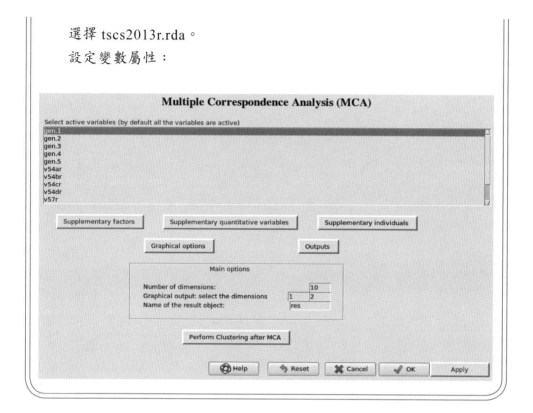

Chapter 7

少與炸：
模型的建立與分析結果詮釋

7.1　線性迴歸模型

　　民意調查的資料多半是類別型與順序型的，因此較少用到線性模型。不過因爲線性模型是認識假設檢定的基礎，我們用以下的例子來做基本觀念與操作介紹，這裡的語法及觀念都與接下來其他節次的語法相通。

7.1.1　線性迴歸模型的結構

　　迴歸模型的前提是你有一個研究的焦點（依變數 Y），並且能說服自己相信眼前的解釋變數（X1）是解釋 Y 的重要「因素」。沒有人能夠把宇宙間最重要的因素都找出來，問卷本身可能的題目也難以蒐羅窮盡，因此，設計線性迴歸模型的重要觀念是，承認目前的模型是有侷限的，充其量只是目前所能掌握到的經驗現象中最好的。還有很多可能更好的變數目前找不到，姑且總括以殘差項或誤差項（the error term）稱之。

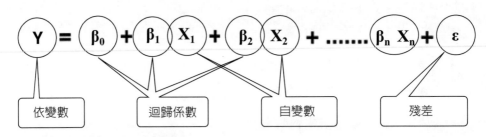

圖 7.1.1-1　線性模型結構示意圖

圖片來源：http://resources.esri.com/help/9.3/arcgisdesktop/com/gp_toolref/spatial_statistics_toolbox/regression%20equation%20cartoon.png

　　想像你有個理論，讓你主張 X 對 Y 有影響：

* 畫圖表示法：X1 → Y
* 公式表示法：$Y = a + b * X$
* 中文假設的寫法：
  ◦ 虛無假設 H0：X 對 Y 不見得有影響（b=0）；

。替代假設 H1：X 對 Y 有影響（b!=0）。

線性迴歸分析的目的，是計算出解釋變數（X）與依變數（Y）之間的係數（b），看看這個係數是否顯著不為 0（迴歸係數為 0 的意思就像是斜率為 0，表示兩個變數之間沒有關係，X 的增減變化對 Y 的變化沒有任何影響）。用來估計這個迴歸係數的方法叫作「最小平方法」（ordinal least squares, OLS），意思是透過運算，找到一個能讓每個資料點距離虛擬的線性模型 $Y = a + bX$ 之間距離總合最小的係數（b）（見圖 7.1.1-2）。

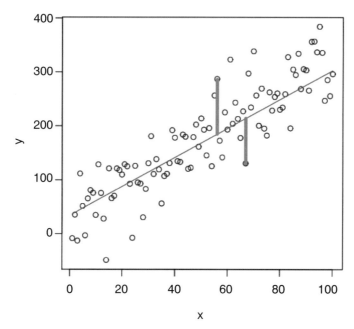

圖 7.1.1-2　線性迴歸模型「最小平方法」示意圖

- 假設一：家長教育程度與學生成績表現

　　我們以 Wintergreen College 的一筆資料來當作例子（wgcoll.rda）[1]。全班 50 人的成績表現（academic average, aa）是依變數，學者要來對學生的成績變異作出解釋，指出為什麼有的人分數較高，有的人分數低。學者 A 指出家長的背景是影響學生的表現的重要變數（假設一），因為家長受過愈多的教育，愈能瞭解學生的學習需要，並可指出學習路徑並提供資源，所以班上成績是依變數。對學者 A 來說，以家長教育年數（parents' education, pe）便是最重要的解釋變數。迴歸語法的表示方式是依變數 ~ 自變數。虛無假設（H0）：家長的教育程度與學生的成績表現無關（家長的教育程度不見得會對學生的成績有影響）。替代假設（H1）：家長的教育程度會影響學生的成績表現（家長的教育程度愈高，學生的成績表現愈好）。

　　首先，我們讀入資料並繪資料散布圖（scatter plot）。

```
> load("../wgcoll.rda")
> attach(wgc)        # 鎖定資料檔
> plot(aa ~pe)       # 資料散布圖
```

1　Lewis-Beck, M. S. (1995). Data analysis: An introduction. Thousand Oaks, CA: SAGE Publications. pp. 53-67.

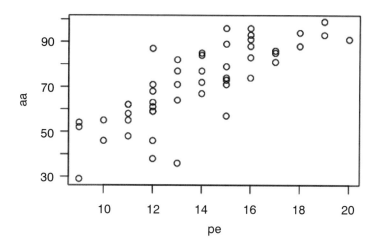

　　從資料散布圖來看，我們初步判斷這兩個變數具有相關性。接下來使用相關係數指令 cor() 來查看這兩個變數的關係。

```
> cor(aa, pe)   #0.793 是相當高的相關性
 [1] 0.7931429
```

　　接下來，我們依假設進行線性迴歸分析。語法是 lm(依變數 ~ 自變數)。lm 的意思是 linear model，報表中我們可以看到解釋變數的迴歸係數，非常顯著的不為 0（p<0.001），表示在 1,000 個樣本中，也不容易找到一個能推翻虛無假設的例子。既然這個係數是顯著的，我們便能進一步解讀這個係數：家長受教育年數每增加一年，該班學生的成績表現就增加了 5.045 分。這個模型雖然陽春，但 pe 這個解釋變數具有很大的解釋力，R^2 值高達 0.629。也就是光這個變數就解釋了全部變異的 62.9%。在複迴歸中我們常用 adjusted-R^2，因它考量了自變數的增加對模型解釋力產生的負面影響。

```
> mod.1<-lm(aa ~pe)
> summary(mod.1)

  Call:
  lm(formula = aa ~ pe)

  Residuals:
       Min      1Q   Median      3Q      Max
  -31.2431  -4.5017   0.7119   5.7569   24.8018

  Coefficients:
              Estimate Std. Error t value Pr(>|t|)
  (Intercept)   1.6586     7.8747   0.211    0.834
  pe            5.0450     0.5592   9.023 6.57e-12 ***
  ---
  Signif. codes:  0 '***' 0.001 '**' 0.01 '*' 0.05 '.' 0.1 ' ' 1

  Residual standard error: 10.72 on 48 degrees of freedom
  Multiple R-squared:  0.6291,  Adjusted R-squared:  0.6213
  F-statistic: 81.41 on 1 and 48 DF,  p-value: 6.57e-12
> cor(aa, pe)^2  #相關係數的平方剛好就是 R²
  [1] 0.6290757
```

　　我們使用 abline() 來畫出這條迴歸線（abline 是「a b-line」，也就是畫出一條帶有迴歸係數 b 的線的意思）。

```
> plot(aa~pe, data=wgc)
> abline(lm(aa~pe, data=wgc), lty=1, col="red")
```

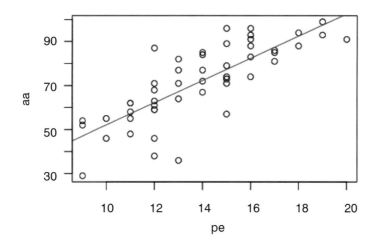

7.1.2　複迴歸（多變數迴歸）的基本觀念

　　複迴歸指的是多個解釋變數的迴歸分析。一般來說，加入模型中的解釋變數都是重要的、對依變數在理論上有解釋力的變數。相對於自己最在乎的那一兩個解釋變數，其他的解釋變數稱作「控制變數」（control variable）。控制變數不宜隨便加入模型中，而且不是愈多愈好；必須是在理論和常理上這個變數會影響到依變數和自變數的情形下，才加入控制變數。因此，依理論而建構的模型裡該有的變數不宜輕易刪除。在迴歸模型裡，控制變數的作用與自變數並無根本上的差異。增加或減少控制變數的動作，應該以理論或是能夠自圓其說的邏輯爲基礎。最好能把控制變數的數目控制在合理的範圍內（三到五個）。

● 假設二：家庭居住地對學生成績有影響

　　學者 B 提出：美國城市是較窮居民住的地方，有錢人住在郊區，所以居住地也會影響學生成績，也就是住郊區的學生，成績表現較佳。我們可以找到資料中的 c（community type），居住在城市（urban）編碼 0，居住在郊區（rural）編碼 1。

```
> mod.2<-lm(aa ~pe+c, data=wgc)
> summary(mod.2)

Call:
lm(formula = aa ~ pe + c, data = wgc)

Residuals:
     Min       1Q   Median       3Q      Max
-27.2261  -4.7212   0.8305   6.4243  16.9415

Coefficients:
            Estimate Std. Error t value Pr(>|t|)
(Intercept)   5.4620     6.9457   0.786 0.435591
pe            4.4434     0.5113   8.691 2.42e-11 ***
c            11.2758     2.8290   3.986 0.000233 ***
---
Signif. codes:  0 '***' 0.001 '**' 0.01 '*' 0.05 '.' 0.1 ' ' 1

Residual standard error: 9.363 on 47 degrees of freedom
Multiple R-squared:  0.7228, Adjusted R-squared:  0.711
F-statistic: 61.27 on 2 and 47 DF,  p-value: 8.062e-14
```

　　由上可知分析結果支持這個說法（$p<0.05$）。

　　這裡我們剛好可以來認識虛擬變數（dummy variable）的重要觀念。一如性別這一個變數可以表示兩個類別（男與女），所以虛擬變數的個數是該變數選項個數減一。由此類推，兩個虛擬變數可以表示出三種名目變數的情境。圖 7.1.2-1 呈現出為何兩個變數便足以表示三個類別。當 X1 代入 1 且 X2 代入 0 時（請想像在 X1 題回答是，X2 題回答否的受訪者），表示 Y 所呈現的會是「中」這一類受訪者的數值；當 X1 代入 0 且 X2 代入 1 時，表示 Y 會是「大」這一類受訪者的數值。那麼當 X1 與 X2 都代

入 0 時，也能成為一類（「小」這一類別），只是 X1 與 X2 因為都代入 0
而歸零，併入迴歸模型中的常數項。這最後一類就稱為對照組（reference
group）或是對照基準（base）。

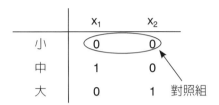

圖 7.1.2-1　虛擬變數設定示意圖

- **假設三：學生成就動機對學生成績有影響**

　　學者 C 提出：學生成就動機（student motivation, sm）也應該是解釋
學生成績的重要變數，因為愈想成功的學生，應該成績會愈好。在這裡我
們使用 relevel() 來將 sm 這個變數（0,1,2）的對照組由 0 改為 2，以成就
動機最強的學生當對照組。

```
> table(wgc$sm)
> mod.3<-update(mod.2, .~.+relevel(factor(sm), ref="2"), data=wgc)
> summary(mod.3)
Call:
lm(formula = aa ~ pe + c + relevel(factor(sm), ref = "2"), data = wgc)


Residuals:
    Min      1Q  Median      3Q     Max
-24.088  -5.287   1.864   5.391  19.857


Coefficients:
                                Estimate Std. Error t value Pr(>|t|)
```

```
(Intercept)                         5.3437    8.9973   0.594  0.55554
pe                                  4.5837    0.5681   8.068  2.75e-10 ***
c                                  11.6386    2.8248   4.120  0.00016 ***
relevel(factor(sm), ref = "2")0     1.0089    4.2084   0.240  0.81162
relevel(factor(sm), ref = "2")1    -4.8439    3.2044  -1.512  0.13761
---
Signif. codes:  0 '***' 0.001 '**' 0.01 '*' 0.05 '.' 0.1 ' ' 1

Residual standard error: 9.155 on 45 degrees of freedom
Multiple R-squared:  0.7462,     Adjusted R-squared:  0.7237
F-statistic: 33.08 on 4 and 45 DF,  p-value: 7.07e-13
```

　　模型三的結果並不支持學者 C 的假設。無論是學習動機低或中等，都不見得比學習動機強的學生成績更差。

- **假設四：家長教育程度與居住地區具有互為調節的效果**

　　學者 D 提出，也許家長的教育程度其實是受到其居住地的影響。這時學者 D 使用的是交叉／調節變數（moderator）的概念，也就是某解釋變數對依變數的影響其實是受到另一個解釋變數的調節（the effect of X1 dependents on X2）。她認爲住在郊區的學生，他們的家長較育程度比較高，才會拉高學生成績；對於住在城市的學生來說，家長教育程度不見得對學生成績有影響[2]。

2　關於交叉變數的介紹可參考：1. The Difference Between Interaction and Association (http://www.theanalysisfactor.com/interaction-association/); 2. Modeling and Interpreting Interactive Hypotheses in Regression Analysis（http://www-personal.umich.edu/~franzese/FranzeseKamJamal.interactions.pdf）。

```
> mod.4<-lm(aa ~pe *factor(c), data=wgc)
> summary(mod.4)


Call:
lm(formula = aa ~ pe * factor(c), data = wgc)


Residuals:
     Min      1Q   Median      3Q      Max
-27.1503  -4.5451   0.7988   6.5233  13.6330


Coefficients:
             Estimate Std. Error t value Pr(>|t|)
(Intercept)   -0.5255     8.0111  -0.066   0.9480
pe             4.8981     0.5947   8.236 1.33e-10 ***
factor(c)1    34.7509    16.4250   2.116   0.0398 *
pe:factor(c)1 -1.6363     1.1282  -1.450   0.1537
---
Signif. codes:  0 '***' 0.001 '**' 0.01 '*' 0.05 '.' 0.1 ' ' 1


Residual standard error: 9.255 on 46 degrees of freedom
Multiple R-squared:  0.7349, Adjusted R-squared:  0.7176
F-statistic: 42.51 on 3 and 46 DF,  p-value: 2.6e-13
```

　　檢證結果顯示，學者 D 的假設未得到支持。家長教育程度與居住地區仍是各自獨立影響學生表現的關鍵變數。

7.1.3　線性模型的評量與比較

　　判斷線性模型表現的方式是看看這個迴歸模型有多「適配」（fit）資料。殘差值（the error term）扮演非常重要的角色。它指的是觀察值在 Y

這個變數上沒能被模型解釋到的部分，如圖 7.1.3-1 中觀察值（不在迴歸線上的原始資料點）與適配值（X 填入數值後在迴歸線上得到的 r 值）之間的距離。換言之，殘差值＝依變數實際觀察到的值－模型所預測出來的 Y 值。

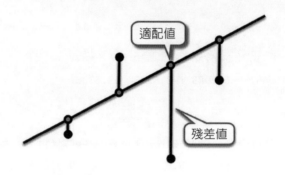

圖 7.1.3-1　線性模型的殘差值示意圖

　　R^2 是建立在這個殘差值概念上的統計量。它能告訴我們這個線性模型在解釋所有觀察值在 Y 這個變數上的總變異時，表現得有多好。它的算法是將可被迴歸解釋的變異量總合（explained sum of squared deviations, ESS）除以總變異（total sum of squared deviations, TSS）：$\dfrac{\text{ESS}}{\text{TSS}}$。而模型的整體的隨機變異（resitual sum of squared deviations, RSS），就是模型解釋不到的每個殘差值的總合。三者的關係是 RSS + ESS = TSS。

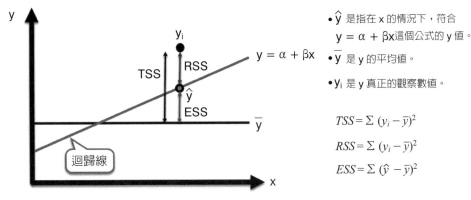

圖 7.1.3-2 R^2 的示意圖

當模型三（mod.3）的 R^2 顯示為 0.746 時，表示這個模型 ESS/TSS=0.746，也就是可以解釋高達 74.6% 的 Y（變異量），亦即這班學生在成績表現上的變異程度。這個模型的表現比模型一（mod.1）的 0.629 要更好。

7.1.4 線性模型的檢誤

線性模型裡有四個重要的預設，若這些預設或前提被確認，則我們可以相信線性模型的結果；反之我們對分析的結果採取保守的立場。第一個假設無法透過軟體檢測，而是要回到理論與研究者的設定：模型中的每個觀察值的殘差項（the error term）之間是相互獨立的（the independence assumption）。接下來三個預設可以用 plot() 畫圖來檢視 [3]。

    1. X 與 Y 之間是線性關係（the linearity assumption），也就是 X 與 Y 的關係的確可以用線性來表述。

---

[3] Regression diagnostic plots (https://www.andrew.cmu.edu/user/achoulde/94842/homework/regression_diagnostics.html).

2. 殘差值的變異是穩定的（the homoscedasticity assumption）。對每個 X 值來說，殘差值的變異程度要完全一樣（constant）。

3. 所有觀察值的殘差項其分布是常態的（normalityassumption）。

以下我們以 mod.2（aa ~ pe + c）來作例子。

一、殘差－適配圖

「殘差－適配圖」（residuals-fitted plot）可以檢視線性關係（linearity assumption）及殘差項變異固定（constant variation assumption）兩個預設。圖中的點是隨機分布，看不出有特別的形態，則表示符合 X 與 Y 是線性關係的預設（圖中間的線大致維持水平的狀況）。接下來，每個點的分布上下幅度一致，上下高度大致持平，表示殘差值的分布並沒有隨著 Y 增加而出現變異明顯變化。這意味著這個線性模型符合「殘差項變異固定」這個預設。

```
> plot(lm(aa ~pe+c), which=1)
```

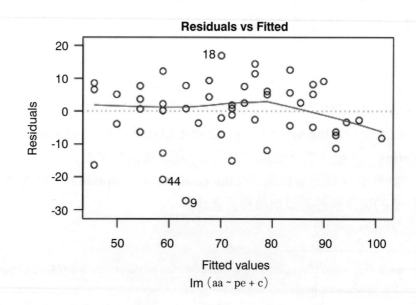

```
> #也可以這樣畫:
> #plot(fitted(mod.3), resid(mod.3))
```

二、分位數散布圖

　　「分位數散布圖」也叫「正態圖」（quantile-quantile plot, Q-Q plot）可以用來檢視預設殘差項呈常態分布的這個預設。它的 Y 軸是經過排序且標準化的實際資料的殘差值；X 軸則是經過排序且標準化的理論的殘差值。若經驗資料的殘差值是常態分布，則大多數的點會落在線的中段，且其排序將會與理論上殘差值一致，即資料點將會排列成是 45 度的線性，端點的值不會太過扭曲。本例中的模型三算是符合這個預設。

```
> plot(lm(aa ~pe +c), which=2)
```

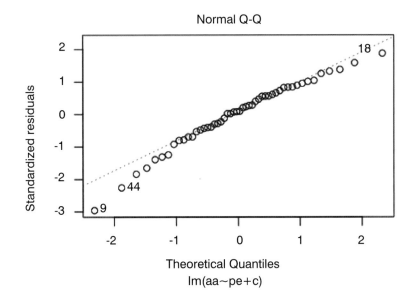

三、位置尺度圖

「位置尺度圖」（scale-location plot）顯示了殘差值是否隨著全體解釋變數平均地散布，所以也能用於檢視殘差項變異固定這個預設：若看到水平線，以及周圍的點隨機分布。表示這個線性模型符合了這個預設。

```
> plot(lm(aa ~pe +c), which=3)
```

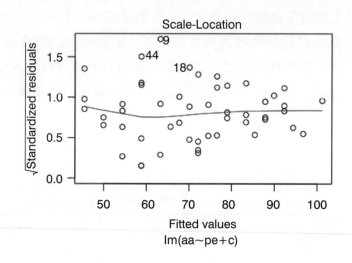

7.1.5　殘差—槓杆圖

除了模型診斷之外，我們還可以使用「殘差—槓杆圖」（residuals vs. leverage plot）來挑出對模型斜率較具影響的個案（包含極端值，但極端值不一定代表影響力大）。若有任何觀察值落在紅色虛線外，表示這些觀察值的「拉動」線性模型（斜率）的槓桿力量較大（以 Cook's distance 數值來呈現），會拉低模型的表現（如導致 R^2 值變低）。所以這些特殊個案需要格外注意挑出處理。在此例中，並沒有這樣的情形。

```
> plot(lm(aa ~pe +c), which=5)
```

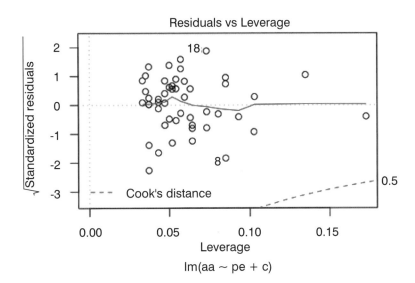

補充盒子 7-1   一次看完四張診斷圖

我們可以用一張圖來一次畫出上述四張圖。

```
> par(mfrow=c(2,2)) #將四張診斷圖一次輸出為到一張 2x2 的畫布上成為一張
> plot(lm(aa ~pe+c))
```

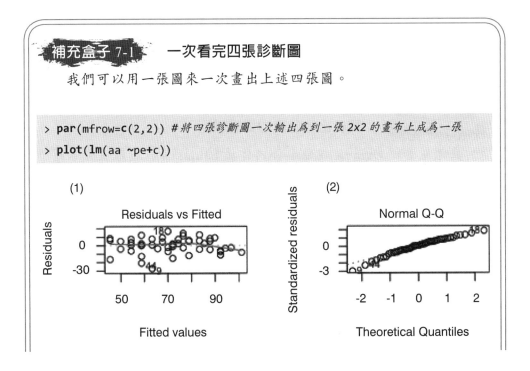

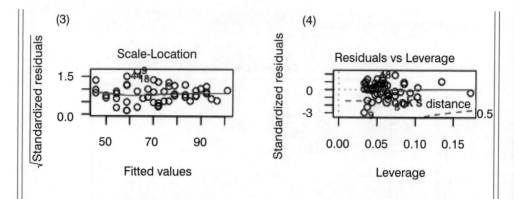

(3) Scale-Location

(4) Residuals vs Leverage

```
> par(mfrow=c(1,1))  #將畫布調整回一次一張
```

其實，R所輸出的圖還少一張。上述四張圖的對應代號分別是1、2、3、5。第4號圖沒有輸出，因為它只顯示了哪些觀察值的影響力大，但沒有顯示這些影響力大的數值是不是潛在的問題（在本例中具有影響力但並不具有潛在的、干擾模型的問題）。由於它的資訊量不如第5號圖「殘差—槓杆圖」來得多，因此R在 plot() 指令中，預設排除這張圖而不顯示出來。第4號圖的畫法是 plot(lm(aa ~ pe + c), which=4)。

補充盒子 7-2　寶寶出生重量的迴歸模型

我們試著以 UsingR 這個套件內建的 babies 資料檔來複習本節所學，請開啟本章所附的 R 檔中跟著操作。

```
> library(UsingR)
> data(babies)
> ?babies  # 請自讀資料檔的說明書，依變數是寶寶出生的重量
> subbabies <- subset(babies,
```

```
+                         gestation < 350 & age < 99 &

+                         ht <99 & wt1 <999 & dage < 99 & dht <99 & dwt
                          <999)
>
> # 替代的寫法
> # library(dplyr)
> # subbabis2 <- filter(babies,
> #                     gestation < 350, age < 99, ht <99,
> #                     wt1 <999, dage < 99, dht <99, dwt <999)
>
> res.lm <- lm(wt ~ gestation + age + ht + wt1 + dage + dht + dwt,
+              data = subbabies)
>
> summary(res.lm)  # 請依結果辨識出具有解釋力的變數
```

接下來查找特殊個案：

```
> plot(fitted(res.lm), resid(res.lm)) # 殘差看來與模型相互獨立
> plot(res.lm)   # 注意：R 需要你按 Enter 鍵來切換四張圖；也注意一下 261 這個
  outlier
> babies[260:263,] # 第 261 個受訪者 (id=4604) 的陣痛期特別短，可能是個特殊
  例外
>
> # 移除極端個案後調整的模型
> subbabies2  <- subset(subbabies, id!=4604)
> res.lm2  <-  lm(wt ~ gestation + age + ht + wt1 + dage + dht + dwt,
+                data = subbabies2)
> plot(res.lm2)
> summary(res.lm2)
```

7.2　二元勝算對數模型

7.2.1　二元勝算對數迴歸分析

　　二元勝算對數迴歸，也叫「二分勝算對數迴歸」，是在檢證理論時重要的分析工具。也有人直接音譯為二元羅吉斯迴歸（binary logit analysis; logisitic regression; logit regression）。相對於線型模型（見 7.1 節）用在連續型的依變數，二元勝算對數迴歸應用在依變數為二元（類別型）變數（非 0 即 1）的情形。多元勝算迴歸分析則是用於依變數為多元類別變數（見 7.3 節）。勝算對數模型的基本原理是：我們使用機率的概念，透過自變數，盡可能成功地將觀察值正確分類到依變數的「1」群組或「0」群組（predicted probability is of membership for pass）。

　　「勝算對數」（logit）是由勝算（odd）取對數（log）計算而來。以下的式子示意了這些概念之間的關係。

```
logit(p) = log(odds) = a + b*X
```

　　「勝算」是個零到無窮大的數。80% 的好球率可以轉換為 80/20=4 的勝算，亦即，每一顆球投出是好球的勝算是壞球的四倍（a case is more likely to be in group 1 than in group 0）。我們可以用「勝算除以勝算加一」，將勝算轉換回機率。若勝算是 4，那麼好球的機率是 4/(4+1)=0.8。「勝算取對數」的這個方式，則能將線性模型的預測值轉成介在 0 與 1 之間的連續型變數（機率），並同時符合依變數的類別特性。

　　使用了轉換式 log(odds) 之後，雖然等式右邊可以用線性的方式表達，但事實上這時候自變數與依變數的關係已不再是線性，而是成了 S 形的非線性關係（圖 7.2.1-1）。因此，計算迴歸係數的方式也不能再用最小平方法（OLS）（因為變數非線性的關係無法滿足線性迴歸所需要的基本條件）。要計算二元勝算迴歸的係數，用的是「最大概似法」（也叫

「最大或然估計法」，maximum likelihood estimation, MLE）。這個機制能夠計算出一個係數，使每個觀察值被正確放進所屬類別（0或1）的機率最大，換言之，這些計算後得到的迴歸係數，能夠將每個觀察值依據所選的自變數被歸類到依變數的 1 群組或 0 群組的成功機率達到最大。最重要的是，這個迴歸係數無法直接被解讀，必須將指數解除才能還原出勝算值。做法是使用 exp() 來還原。

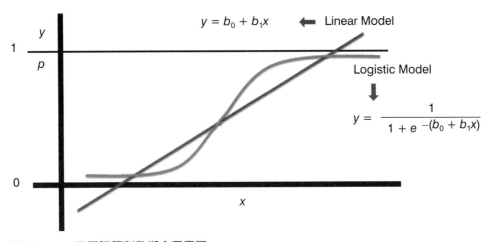

圖 7.2.1-1　二元勝算對數概念示意圖

實作一：用 glm() 進行線性與二元勝算對數分析

一般化的線性模型（generalized linear models, glm）包括了線性模型和二元勝算對數模型。可以說線性模型和二元勝算對數模型都是一般化的線性模型的獨特形態：線性模型預設解釋變數爲常態分布（gaussian/normal distribution），而二元勝算對數模型預設解釋變數爲介在 0 與 1 之間的二元分布（binominal distribution）。用 glm() 既可以做二元勝算對數模型，也可以做線性模型。

1. 用 glm() 來做線性迴歸分析

由於線型模型只是一般化線型模型的一種,在 glm() 指令中使用 family=gaussian 這個參數就可以得到與 lm() 相同的結果。

```
> load("../wgcoll.rda")
> summary(lm(aa ~pe*c, data=wgc))


Call:
lm(formula = aa ~ pe * c, data = wgc)


Residuals:
    Min      1Q   Median      3Q      Max
-27.1503  -4.5451   0.7988   6.5233  13.6330


Coefficients:
            Estimate Std. Error t value Pr(>|t|)
(Intercept)  -0.5255     8.0111  -0.066   0.9480
pe            4.8981     0.5947   8.236 1.33e-10 ***
c            34.7509    16.4250   2.116   0.0398 *
pe:c         -1.6363     1.1282  -1.450   0.1537
---
Signif. codes:  0 '***' 0.001 '**' 0.01 '*' 0.05 '.' 0.1 ' ' 1


Residual standard error: 9.255 on 46 degrees of freedom
Multiple R-squared:  0.7349, Adjusted R-squared:  0.7176
F-statistic: 42.51 on 3 and 46 DF,  p-value: 2.6e-13
> summary(glm(aa~pe*c, family=gaussian, data=wgc))


Call:
glm(formula = aa ~ pe * c, family = gaussian, data = wgc)
```

```
Deviance Residuals:
     Min        1Q    Median        3Q       Max
-27.1503   -4.5451    0.7988    6.5233   13.6330


Coefficients:
             Estimate Std. Error t value Pr(>|t|)
(Intercept)   -0.5255     8.0111  -0.066   0.9480
pe             4.8981     0.5947   8.236 1.33e-10 ***
c             34.7509    16.4250   2.116   0.0398 *
pe:c          -1.6363     1.1282  -1.450   0.1537
---
Signif. codes:  0 '***' 0.001 '**' 0.01 '*' 0.05 '.' 0.1 ' ' 1


(Dispersion parameter for gaussian family taken to be 85.66013)


    Null deviance: 14863.8  on 49  degrees of freedom
Residual deviance:  3940.4  on 46  degrees of freedom
AIC: 370.24


Number of Fisher Scoring iterations: 2
```

2. 用 glm() 來做二元勝算對數迴歸分析

glm() 這個指令中有個參數「family」。把它的數值由 gaussian 換成 binomial 就成了二元勝算對數模型。

```
> pass <-ifelse(wgc$aa>=60,1,0)   #1=60 分及格；0= 不及格
> md01 <-glm(pass ~pe +factor(sm) +factor(g),
           family=binomial, data=wgc)
```

```
> summary(md01)


Call:
glm(formula = pass ~ pe + factor(sm) + factor(g), family = binomial,
    data = wgc)


Deviance Residuals:
     Min        1Q     Median        3Q        Max
-2.32607  -0.34829    0.00012   0.43051    1.67080


Coefficients:
              Estimate Std. Error z value Pr(>|z|)
(Intercept)  -10.28843    3.76544  -2.732  0.00629 **
pe             0.83429    0.31651   2.636  0.00839 **
factor(sm)1    0.41020    0.97043   0.423  0.67251
factor(sm)2   17.81664 2494.32760   0.007  0.99430
factor(g)1     0.01026    0.97110   0.011  0.99157
---
Signif. codes:  0 '***' 0.001 '**' 0.01 '*' 0.05 '.' 0.1 ' ' 1


(Dispersion parameter for binomial family taken to be 1)


    Null deviance: 59.295  on 49  degrees of freedom
Residual deviance: 30.070  on 45  degrees of freedom
AIC: 40.07


Number of Fisher Scoring iterations: 18
```

　　factor() 指令能夠直接將變數宣告為類別型變數,並讓 R 在分析時,將它做成虛擬變數,並自動以最小數值的選項當作對照組(base/reference group），本節後半段將進一步介紹虛擬變數的做法。

3. 製作、比較多個模型

```
> md02 <-update(md01, .~. -factor(sm) -factor(g))
> #寫法等同於：md02 <- glm(pass ~ pe, family=binomial, data=wgc)

> summary(md02) #pe 的迴歸係數為 1.007

  Call:
  glm(formula = pass ~ pe, family = binomial, data = wgc)


  Deviance Residuals:
      Min      1Q   Median      3Q      Max
  -2.5587  -0.3427   0.1690   0.4523   1.5267


  Coefficients:
              Estimate Std. Error z value Pr(>|z|)
  (Intercept) -11.8654     3.8307  -3.097  0.00195 **
  pe            1.0067     0.3127   3.219  0.00129 **
  ---
  Signif. codes:  0 '***' 0.001 '**' 0.01 '*' 0.05 '.' 0.1 ' ' 1


  (Dispersion parameter for binomial family taken to be 1)


      Null deviance: 59.295  on 49   degrees of freedom
  Residual deviance: 33.508  on 48   degrees of freedom
  AIC: 37.508


  Number of Fisher Scoring iterations: 6
> exp(1.007) #將 pe 的迴歸係數還原為 odd，也就是計算 e 的 1.007 次方
  [1] 2.737377
```

4. 結果詮釋

1. md02 的結果顯示：家長的受教育程度是影響學生該次成績及格與
   否之重要解釋變數。
2. 當家長的受教育程度的增加一年，學生及格的勝算對數增加了
   2.74 倍，或說及格的勝算增加了 174%，即 (2.74-1)*100%。

補充盒子 7-3　　透過自動計算來挑選最佳模型

　　我們可以使用 MASS:stepAIC() 來挑選最佳模型，它會檢視留下
或移除每個自變數之後 AIC 數值的變化，並取 AIC 最小的模型當作是
最佳模型。資料科學家可能會偏好這種「技術優於理論」的資料驅動
（data-driven）做法，但需要研究者注意的是，使用這方法可能會背
離實證主義從理論出發（theory-driven）來做確認型研究的初衷。研
究者最好一開始就能掌握自己的研究初衷是確認理論、開發理論，還
是完全不依理論（漫無目的）的探索。

```
> library(MASS)
```

```
> stepAIC(md01) #自動化的結果建議使用 aa~pe 的最簡模型
  Start:  AIC=40.07
  pass ~ pe + factor(sm) + factor(g)

               Df Deviance    AIC
  - factor(g)   1   30.070 38.070
  - factor(sm)  2   33.345 39.345
  <none>            30.070 40.070
  - pe          1   43.723 51.723
```

```
Step:  AIC=38.07
pass ~ pe + factor(sm)

            Df Deviance    AIC
- factor(sm)  2   33.508 37.508
<none>            30.070 38.070
- pe          1   43.726 49.726


Step:  AIC=37.51
pass ~ pe


       Df Deviance    AIC
<none>     33.508 37.508
- pe    1  59.295 61.295


Call:  glm(formula = pass ~ pe, family = binomial, data = wgc)

Coefficients:
(Intercept)            pe
   -11.865         1.007


Degrees of Freedom: 49 Total (i.e. Null);   48 Residual
Null Deviance:        59.3
Residual Deviance: 33.51      AIC: 37.51
```

實作二：為模型加入虛擬變數

　　2006 年的高雄市長選舉，有人認為民進黨候選人勝選的重要原因，是因為高雄的綠營支持者動員得比較踴躍。我們以 2006 年高雄市長選舉的面訪調查資料（teds2006_kao.rda）爲例，爲投票參與（voter turnout）模型加入政黨別這個虛擬變數，檢視這個假設：藍營支持者在投票參與上不如綠營支持者（藍營支持者投票的可能性較低）。

```
> load("../teds2006_kao.rda")
> attach(kao06)
> partyID<-NA
> partyID[L2B==1]<-1      #KMT 國民黨
> partyID[L2B==2]<-2      #DPP 民進黨
> partyID[L2B==3]<-3      #NP 新黨
> partyID[L2B==4]<-4      #PFP 親民黨
> partyID[L2B==6]<-5      #TSU 台聯
> partyID[L2B==95]<-90    #others 其他
>
> turnout <-NA            # 投票參與
> turnout[H01==1]<-1      # 有去投票
> turnout[H01==2]<-0      # 沒去投票
>
> gender <-NA
> gender[SEX==1] <-1      # 男
> gender[SEX==2] <-0      # 女

> age <-AGE
> detach(kao06)
```

1.先來一個錯誤示範

想想看，爲什麼 R 跑得出結果，但卻是個有問題的結果？

```
> summary(glm(turnout ~gender +age +partyID,
              family=binomial,data=kao06))


Call:
glm(formula = turnout ~ gender + age + partyID, family = binomial,
    data = kao06)


Deviance Residuals:
    Min      1Q   Median      3Q      Max
-2.7339  0.2729   0.3729  0.5550   1.1315


Coefficients:
            Estimate Std. Error z value Pr(>|z|)
(Intercept)  0.81337    0.32819   2.478   0.0132 *
gender      -0.14068    0.22648  -0.621   0.5345
age          0.64013    0.09155   6.992 2.71e-12 ***
partyID     -0.30094    0.12799  -2.351   0.0187 *
---
Signif. codes:  0 '***' 0.001 '**' 0.01 '*' 0.05 '.' 0.1 ' ' 1


(Dispersion parameter for binomial family taken to be 1)


    Null deviance: 591.84  on 787  degrees of freedom
Residual deviance: 531.32  on 784  degrees of freedom
  (474 observations deleted due to missingness)
AIC: 539.32


Number of Fisher Scoring iterations: 5
```

因為政黨 partyID 是個類別變數，不該被當作連續變數放進模型裡。

因此 partyID 的迴歸係數不具任何意義。

2.虛擬變數的使用

正確的做法是把同一變數重新編碼為不同類別，再選擇其中一個當作對照組（不放入模型），再把其他五個放進模型裡。

```
> attach(kao06)
> table(L2B)
  L2B
    1    2    3    4    6   95   98   99
  374  373    7   21   14    5    3  465
> KMT <-NA
> KMT[L2B==1]<-1      #KMT
> KMT[L2B==2]<-0      #DPP
> KMT[L2B==3]<-0      #NP
> KMT[L2B==4]<-0      #PFP
> KMT[L2B==6]<-0      #TSU
> KMT[L2B==95]<-0     #others
>
> DPP <-NA
> DPP[L2B==1]<-0      #KMT
> DPP[L2B==2]<-1      #DPP
> DPP[L2B==3]<-0      #NP
> DPP[L2B==4]<-0      #PFP
> DPP[L2B==6]<-0      #TSU
> DPP[L2B==95]<-0     #others
>
> NP <-NA
> NP <-ifelse(L2B==3,1,0)
>
> TSU <-NA
```

```
> TSU <-ifelse(L2B==6,1,0)
>
> PFP <-NA
> PFP <-ifelse(L2B==4,1,0)
>
> others <-NA
> others <-ifelse(L2B==95,1,0)
>
> detach(kao06)
```

　　我們在「政黨傾向」的六個類別中，只放入五個虛擬變數，將 DPP 當作是對照組（也就是不放進模型中的那個虛擬變數）。

```
> kao06.mod.1<-glm(turnout ~gender +age +
                   KMT +NP +PFP +TSU +others,
                family=binomial,
                data=kao06)
> summary(kao06.mod.1)

 Call:
 glm(formula = turnout ~ gender + age + KMT + NP + PFP + TSU +
     others, family = binomial, data = kao06)

 Deviance Residuals:
     Min      1Q  Median      3Q      Max
 -2.7141  0.2523  0.3473  0.5800  1.3171

 Coefficients:
             Estimate Std. Error z value Pr(>|z|)
```

```
(Intercept)   0.33839    0.30018    1.127   0.25961
gender       -0.17383    0.22732   -0.765   0.44446
age           0.65342    0.09291    7.033 2.02e-12 ***
KMT           0.05215    0.23780    0.219   0.82642
NP           -1.14064    0.90832   -1.256   0.20920
PFP          -0.29199    0.67060   -0.435   0.66326
TSU          -1.75291    0.61653   -2.843   0.00447 **
others       -0.59879    1.15369   -0.519   0.60374
---
Signif. codes:  0 '***' 0.001 '**' 0.01 '*' 0.05 '.' 0.1 ' ' 1


(Dispersion parameter for binomial family taken to be 1)


    Null deviance: 597.07  on 792  degrees of freedom
Residual deviance: 531.81  on 785  degrees of freedom
  (469 observations deleted due to missingness)
AIC: 547.81


Number of Fisher Scoring iterations: 5
```

　　這個結果可以看出國民黨支持者與民進黨支持者在該次選舉的投票參與上並沒有顯著的差異（不支持本例的假設）。倒是當年台聯的支持者投票意願相較民進黨支持者明顯地較低。一般期刊需要研究者提供的 pseudo-R^2，如何用 R 計算，請翻閱 7.3.3 節。

 使用 sjmisc::to_factor() 來設定有標籤變數的對照組

```
> library(sjmisc)
> kao06$pID <-rec(kao06$L2B,
+                 rec="98:hi=NA; else=copy",
+                 var.label=" 政黨傾向 ",
+                 val.labels =c(" 國民黨 "," 民進黨 "," 新黨 ",
+                 " 親民黨 ", " 台聯 ", " 其他政黨 "),
+                 as.num=F)
> str(kao06$pID)
>
> # 重設對照組
> kao06$pID <-to_factor(kao06$pID, ref.lvl=" 民進黨 ")
> kao06.mod.2<-glm(turnout ~gender +age +pID,
+                 family=binomial,
+                 data=kao06)
>
> summary(kao06.mod.2)
```

3. 共線性檢定

共線性（multicollinearity）的檢定是設計模型時很重要的環節。共線性指的是迴歸模型中的解釋變數之間具高度相關性，會導致原本各自顯著不為 0 的迴歸係數無法拒絕虛無假設。我們使用變異數膨脹因子（variance inflation factor, VIF）的數值來協助我們指出模型中共線性的問題是否嚴重。一般來說，如果某兩個變數的數值同時大於 2.5，我們會說這兩個變數之間可能有共線性。若 vif 大於 4 則意味共線性問題是較嚴重的。

　　當解釋變數之間有共線性時，我們有兩個選擇：1. 考慮移除它；2. 合併這些高度相關的變數（請見 5.4 節）。在以下三種情況中，你可以忽略高共線性的問題而不移除變數：1. 兩兩變數之間是虛擬變數的關係；2. 兩個變數是自身相關（如 X 與 X^2）；3. 它本身是個文獻中認可的重要的控制變數 [4]。

car::vif() 實作

```
> library(car)
  Loading vequired package: carData
> vif(kao06.mod.1)    #此模型沒有明顯共線性的問題
    gender       age       KMT        NP       PFP       TSU     others
  1.015187  1.023319  1.108194  1.021252  1.036418  1.062160  1.012579
```

　　最後，因爲虛擬變數物件並未掛載在原始資料檔中，我們若要保留以上創造的虛擬變數，必須將這些變數物件併入原始資料檔，再將資料檔存檔一次。

```
> kao06 <- cbind(kao06, partyID, KMT, DPP, NP, TSU, PFP, others)
#  column bind
> save(kao06, file="../kao06r.rda")
```

---

[4] 參考：1. When Can You Safely Ignore Multicollinearity? (http://statisticalhorizons.com/multicollinearity); 2. Collinearity diagnostics of binary logistic regression model (http://www.tandfonline.com/doi/abs/10.1080/09720502.2010.10700699)。

7.3　多元勝算對數模型

　　本節介紹多元勝算對數分析、有序勝算對數分析，以及 psudo-R^2 的計算工具。因為多元勝算對數分析所運用的運算思維不同於一般二元勝算對數分析，所以多元勝算對數分析及順序型變數的勝算對數分析不能使用上節介紹的 glm()，而需要使用別的套件工具 [5]。

7.3.1　多元勝算對數迴歸分析

　　當我們所要檢證的模型或假設其依變數為多個無序類別時，使用「多元勝算對數迴歸」（multinomial logistic regression, MLR），它也叫「多項勝算對數分析」。它的分析語法與二元勝算對數分析（見 7.2 節）相似，最大的不同點，是詮釋結果的方式：必須有一個選項類別被當作是對照基準（base），而其他各類別算得的迴歸係數，指的是該自變數對這個類別變數（相對於對照類別）的影響。其實，二元勝算對數分析也是這個概念，只是，因為就只有兩類，所以它的對照組就是 0 的那一類，在解讀時便不必特別強調「相對於另一類」。以下同樣使用 Wintergreen College 的資料做為操作實例（詳見 7.1 節），使用的套件是 VGAM [6]。

方法一：使用 VGAM:vglm()

```
> load("../wgcoll.rda")
```

5　參考：Can multinomial models be estimated using Generalized Linear model?(https://stackoverflow.com/questions/42114194/can-multinomial-models-be-estimated-using-generalized-linear-model)。

6　參考：Unified Approach to Ordinal (cumulative) and Polytomous (multinomial) Logistic Regressions using VGAM::vglm (https://rpubs.com/kaz_yos/VGAM)。

```
> #重新創造一個多類別依變數 grade
> wgc$grade <-NA
> wgc$grade[wgc$aa<=100] <-5#grade "A"
> wgc$grade[wgc$aa<90] <-4  #grade "B"
> wgc$grade[wgc$aa<80] <-3  #grade "C"
> wgc$grade[wgc$aa<70] <-2  #grade "D"
> wgc$grade[wgc$aa<60] <-1  #grade "F"
> table(wgc$grade)


  1  2  3  4  5
 14  7 10 11  8
> wgc$grade <-factor(wgc$grade,
+                    levels=5:1,
+                    labels=c("grade A", "grade B", "grade C",
+                    "grade D", "grade F"))
> table(wgc$grade)

grade A grade B grade C grade D grade F
      8      11      10       7      14
> #重新設定對照組為 grade F
> wgc$grade<-relevel(wgc$grade, ref="grade F")
> levels(wgc$grade)
 [1] "grade F" "grade A" "grade B" "grade C" "grade D"
> #[1] "grade F" "grade A" "grade B" "grade C" "grade D"


> library(VGAM)
> mod.vglm <-vglm(grade ~pe +c,
+                 family=multinomial,
+                 data=wgc)
> summary(mod.vglm)
```

```
Call:
vglm(formula = grade ~ pe + c, family = multinomial, data = wgc)



Pearson residuals:
                        Min        1Q     Median        3Q    Max
log(mu[,1]/mu[,5]) -2.309 -0.03794  3.523e-06  2.800e-01 3.535
log(mu[,2]/mu[,5]) -1.293 -0.13911 -2.063e-02 -6.858e-06 2.039
log(mu[,3]/mu[,5]) -2.132 -0.33856 -3.702e-02 -2.430e-05 2.511
log(mu[,4]/mu[,5]) -1.527 -0.31155 -1.078e-01 -1.295e-02 2.937

Coefficients:
               Estimate Std. Error z value Pr(>|z|)
(Intercept):1    6.2449     4.9805   1.254 0.209890
(Intercept):2  -35.9914    10.1732  -3.538 0.000403 ***
(Intercept):3  -24.6461     8.4904  -2.903 0.003698 **
(Intercept):4  -10.9802     5.7632  -1.905 0.056748 .
pe:1            -0.4051     0.4162  -0.973 0.330335
pe:2             2.3854     0.6683   3.569 0.000358 ***
pe:3             1.7054     0.5863   2.909 0.003627 **
pe:4             0.9012     0.4410   2.044 0.040983 *
c:1            -18.3280  1454.4109  -0.013 0.989946
c:2              2.4475     1.9641   1.246 0.212719
c:3              2.5731     1.7103   1.504 0.132469
c:4             -1.1542     1.2642  -0.913 0.361232
---
Signif. codes:  0 '***' 0.001 '**' 0.01 '*' 0.05 '.' 0.1 ' ' 1

Number of linear predictors:  4

Names of linear predictors:
```

```
log(mu[,1]/mu[,5]), log(mu[,2]/mu[,5]), log(mu[,3]/mu[,5]), log(mu[,4]/mu[,5])

Residual deviance: 81.2167 on 188 degrees of freedom

Log-likelihood: -40.6083 on 188 degrees of freedom

Number of iterations: 17

Reference group is level  5  of the response
```

　　報表中每個自變數後方的 :數字 表示第幾次與對照組的比較。例如第一次是 A 對 F 的比較、第二次是 B 對 F 的比較、第三次是 C 對 F 的比較、第四次是 D 對 F 的比較。結果顯示，家長受教育年數（pe）高的學生（相對於家長受教育年數低的學生）較不會被當掉（F），而比較可能取得 grades B、C 或 D（相對於 F 來看）。居住地區（c）則對於學生是不是會被當掉沒有明顯的影響。

方法二：使用 nnet::multinom()

　　這個方法較為常見，但這個指令的迴歸係數輸出報表並未附上顯著性 p 值的資料，還需要我們自行計算，因此對入門者來說不夠直接、友善[7]。

```
> library(nnet)
> mod.nnet <-multinom(grade ~pe +c, data=wgc)
  # weights:  20 (12 variable)
```

---

[7] 參考：UCLA R Data Analysis Examples (https://stats.idre.ucla.edu/r/dae/multinomial-logistic-regression/)。

```
initial   value 80.471896
iter   10 value 48.761261
iter   20 value 40.634800
iter   30 value 40.611810
iter   40 value 40.610598
iter   50 value 40.610249
final    value 40.610211
converged
```

> #計算 Z 值：迴歸係數除以標準誤

> z <-**coef**(mod.nnet) **/summary**(mod.nnet)$standard.error

> z

```
          (Intercept)         pe          c
grade A    -4.015918 3.9853846 0.4859856
grade B    -3.462129 3.3810164 0.4917486
grade C    -2.865982 2.8100154 0.3351601
grade D    -1.250510 0.9695963 0.3842054
```

> #計算 Waldtest 下的 p 值：將雙尾檢定下的 Z 值用 pnorm( ) 轉爲常態分布下的機率後，
取兩端拒絕域的機率和

> p <-(1-**pnorm**(abs(z), 0, 1))*2

> p

```
          (Intercept)           pe          c
grade A 5.921479e-05 6.737091e-05 0.6269774
grade B 5.359198e-04 7.221824e-04 0.6228971
grade C 4.157183e-03 4.953913e-03 0.7375043
grade D 2.111134e-01 3.322477e-01 0.7008262
```

7.3.2 有序勝算對數迴歸分析

「有序勝算對數迴歸」（ordinal logistic regression, OLR; ordered Probit analysis; proportional odds model）是當依變數為順序型變數時，檢證假設的分析方式。我們使用 pscl 套件中的 admit 資料檔作例子。這是美國某個政治學研究所入學委員會的教授們，對 106 位政治學博士申請人的評分（score）資料。

方法一：使用 VGAM:vglm( )

VGAM:vglm() 除了可以用於多元勝算對數迴歸之外，也可用於有序勝算對數迴歸。指定 family=cumulative 這個參數，指的是我們要使用這個指令進行 OLR 分析。而 cumulative() 之中的 reverse=T 參數則設定了依變數順序類別之間的排序。在此例中，我們希望看到依變數的類別順序是：

logit(P[Y>=2])

logit(P[Y>=3])

logit(P[Y>=4])

logit(P[Y>=5])

也就是想瞭解自變數對於觀察值上升級別的影響。若不放這個參數，依變數的類別排序會成為：

logit(P[Y<=1])

logit(P[Y<=2])

logit(P[Y<=3])

logit(P[Y<=4])

另一個分析前要注意的重點是，研究者是否認定「每個自變數對每個依變數類別的影響係數是一樣的」（same coefficients for each predictor）。套件指令預設這個「平行預設」是不必要的，因此會在結果中列出每個自變數對每個依變數類別的迴歸係數。若研究者要設定此平行預設，則需要在 cumulative() 中加入 parallel=T。這兩種預設可能導致不同的結果，以下先就「不必要做平行預設」跑一次迴歸；再使用平行預設跑一次迴歸。

```
> #取得套件內的資料檔
> library(pscl)
> data(admit)
>
> #查看預設的對照組（"1"）
> levels(admit$score) # "1" "2" "3" "4" "5"
  [1] "1" "2" "3" "4" "5"
> #OLR 模型一不採「平行預設」
> library(VGAM)
> psapp <-vglm(score ~gre.quant#GRE 的數量成績（滿分800）
+              +gre.verbal  #GRE 的字彙成績滿分（滿分800）
+              +ap   #1= 有表示對美國政治有興趣
+              +pt   #1= 有表示對政治思想有興趣
+              +female,
+              data=admit,
+              family=cumulative(reverse = T))
> summary(psapp)

  Call:
  vglm(formula = score ~ gre.quant + gre.verbal + ap + pt + female,
      family = cumulative(reverse = T), data = admit)
```

```
Pearson residuals:
                       Min      1Q  Median      3Q   Max
logit(P[Y>=2]) -2.467  0.08208  0.1746  0.4512 4.193
logit(P[Y>=3]) -1.962 -0.43856  0.1667  0.4454 3.452
logit(P[Y>=4]) -3.009 -0.52895  0.1670  0.4699 8.821
logit(P[Y>=5]) -9.453 -0.71639 -0.2413 -0.1070 2.724


Coefficients:
                  Estimate Std. Error   z value Pr(>|z|)
(Intercept):1 -1.106e+01  3.592e-05 -3.079e+05  < 2e-16 ***
(Intercept):2 -9.124e+00  1.714e-05 -5.323e+05  < 2e-16 ***
(Intercept):3 -9.452e+00  1.684e-05 -5.614e+05  < 2e-16 ***
(Intercept):4 -9.466e+00  2.167e+00 -4.369e+00 1.25e-05 ***
gre.quant:1    1.355e-02  4.128e-08  3.282e+05  < 2e-16 ***
gre.quant:2    9.647e-03  9.217e-09  1.047e+06  < 2e-16 ***
gre.quant:3    9.554e-03  9.353e-09  1.021e+06  < 2e-16 ***
gre.quant:4    8.338e-03  2.682e-03  3.110e+00 0.001874 **
gre.verbal:1   4.677e-03  2.960e-08  1.580e+05  < 2e-16 ***
gre.verbal:2   4.342e-03  2.454e-08  1.770e+05  < 2e-16 ***
gre.verbal:3   4.987e-03  2.435e-08  2.048e+05  < 2e-16 ***
gre.verbal:4   3.249e-03  2.104e-03  1.544e+00 0.122631
ap:1           1.422e+00  7.400e-01  1.921e+00 0.054697 .
ap:2           1.109e+00  1.737e-06  6.384e+05  < 2e-16 ***
ap:3           1.114e+00  1.771e-06  6.291e+05  < 2e-16 ***
ap:4           2.193e+00  5.922e-01  3.702e+00 0.000213 ***
pt:1           5.349e-01  8.130e-01  6.580e-01 0.510576
pt:2          -2.435e-01  5.251e-06 -4.638e+04  < 2e-16 ***
pt:3          -1.413e-01  5.223e-06 -2.705e+04  < 2e-16 ***
pt:4          -7.274e-01  1.316e+00 -5.530e-01 0.580309
```

```
female:1       6.885e-01  4.425e-01  1.556e+00 0.119756
female:2       4.848e-01  3.829e-01  1.266e+00 0.205401
female:3       2.480e-01  3.789e-01  6.550e-01 0.512716
female:4       7.904e-01  5.024e-01  1.573e+00 0.115685
---
Signif. codes:  0 '***' 0.001 '**' 0.01 '*' 0.05 '.' 0.1 ' ' 1


Number of linear predictors:  4

Names of linear predictors:
logit(P[Y>=2]), logit(P[Y>=3]), logit(P[Y>=4]), logit(P[Y>=5])


Residual deviance: 237.7766 on 400 degrees of freedom


Log-likelihood: NA on 400 degrees of freedom


Number of iterations: 2


Warning: Hauck-Donner effect detected in the following estimate(s):
 '(Intercept):3', '(Intercept):4', 'gre.quant:1', 'gre.quant:2', 'gre.
verbal:1', 'gre.verbal:2', 'ap:2', 'pt:3'


Exponentiated coefficients:
 gre.quant:1  gre.quant:2  gre.quant:3  gre.quant:4 gre.verbal:1
   1.0136391    1.0096937    1.0096001    1.0083732    1.0046880
gre.verbal:2 gre.verbal:3 gre.verbal:4          ap:1         ap:2
   1.0043510    1.0049997    1.0032539    4.1443655    3.0313411
        ap:3         ap:4         pt:1          pt:2         pt:3
   3.0472828    8.9602334    1.7072396    0.7838460    0.8682657
        pt:4     female:1     female:2      female:3     female:4
   0.4831463    1.9906350    1.6239104     1.2815125    2.2041723
```

　　分析結果中的 :數字，表示了第幾個位階。例如：1 表示了 Y 五組（1到 5 表示得分低到高）裡頭從第 1 級爬升到第 2 級。以此類推。從結果的顯著性 p 值來看，GRE 的數量成績對於向上一級都有正向影響，字彙成績也是，但從第 4 組到第 5 組則影響不顯著。申請者選擇攻讀美國政治在第 2（含）以上的組別是重要的考量，但申請者選擇攻讀政治思想在第 2-3 及 3-4 組卻是負向的影響，但在 4-5 這組卻不顯著。這意味著資料檔中的這個政治學研究所其教師有領域的偏好（中間段的選才偏好選擇美國政治領域的申請者而排斥政治思想領域的申請者）。

```
> #OLR 模型－採「平行預設」(parallel assumption)
> library(VGAM)
> psapp.pl<-vglm(score ~gre.quant
+             +gre.verbal
+             +ap
+             +pt
+             +female,
+             data=admit,
+             family=cumulative(reverse = T, parallel = T))
> summary(psapp.pl)

  Call:
  vglm(formula = score ~ gre.quant + gre.verbal + ap + pt + female,
      family = cumulative(reverse = T, parallel = T), data = admit)


  Pearson residuals:
                   Min      1Q   Median      3Q    Max
  logit(P[Y>=2]) -4.182  0.02946  0.11307  0.31653 2.493
  logit(P[Y>=3]) -3.024 -0.31670  0.07997  0.28231 5.923
  logit(P[Y>=4]) -4.480 -0.26821  0.08004  0.39818 2.631
```

```
logit(P[Y>=5]) -2.378 -0.40312 -0.13063 -0.02658 5.558


Coefficients:
                Estimate Std. Error z value Pr(>|z|)
(Intercept):1 -16.434751   2.548750  -6.448 1.13e-10 ***
(Intercept):2 -18.365863   2.675663  -6.864 6.69e-12 ***
(Intercept):3 -18.499211   2.683447  -6.894 5.43e-12 ***
(Intercept):4 -21.182058   2.875106  -7.367 1.74e-13 ***
gre.quant       0.019725   0.003140   6.282 3.35e-10 ***
gre.verbal      0.007641   0.001919   3.982 6.84e-05 ***
ap              2.816363   0.748102   3.765 0.000167 ***
pt              0.009245   0.735763   0.013 0.989975
female          1.215395   0.448691   2.709 0.006754 **
---
Signif. codes:  0 '***' 0.001 '**' 0.01 '*' 0.05 '.' 0.1 ' ' 1


Number of linear predictors:  4


Names of linear predictors:
logit(P[Y>=2]), logit(P[Y>=3]), logit(P[Y>=4]), logit(P[Y>=5])


Residual deviance: 212.7952 on 415 degrees of freedom


Log-likelihood: -106.3976 on 415 degrees of freedom


Number of iterations: 6


Warning: Hauck-Donner effect detected in the following estimate(s):
'(Intercept):1', '(Intercept):2'
```

```
Exponentiated coefficients:
  gre.quant gre.verbal          ap          pt      female
   1.019920    1.007670   16.715947    1.009288    3.371625
```

　　分析的結果顯示，GRE 的數量及字彙成績對於教授們將申請人的評價拉高一級有正向的影響。申請者是否想要主攻美國政治，是該研究所錄取博士班的重要考量，但選擇政治思想則看不出如上個結果所呈現，會對申請結果產生負面影響。它的迴歸係數並不顯著。另一個與上段結果不同的地方是女性在上段結果中不具顯著影響，但在此卻有明顯影響，甚至高過 GRE 的分數考量。

方法二：`MASS::polr()`

　　這是個不少教材中常出現的方法，但是報表並未提供 p 值可直接參考，需要自行整理。加上它直接採用了平行預設，也就是預設了「每個自變數對每個依變數類別的影響係數是一樣的」，且不像上個方法可以從參數調整是否採用這個預設。因此建議兩種方法都用，交叉比對兩種分析的結果。

```
> library(pscl)
> data(admit)
> olr.1<-MASS::polr(score ~gre.quant +gre.verbal +ap +pt +female,
+                   Hess=TRUE,
+                   data=admit,
+                   method="logistic")
> summary(olr.1)
  Call:
  MASS::polr(formula = score ~ gre.quant + gre.verbal + ap + pt +
      female, data = admit, Hess = TRUE, method = "logistic")
```

```
Coefficients:
              Value Std. Error  t value
gre.quant  0.019725    0.001376 14.33356
gre.verbal 0.007642    0.001631  4.68567
ap         2.816204    0.685843  4.10619
pt         0.009017    0.697323  0.01293
female     1.215491    0.415329  2.92657

Intercepts:
     Value    Std. Error t value
1|2  16.4353   0.0856     191.9995
2|3  18.3662   0.3465      53.0028
3|4  18.4996   0.3482      53.1315
4|5  21.1827   0.4586      46.1937

Residual Deviance: 212.7952
AIC: 230.7952
```

```
> #將迴歸係數還原為勝算（odd ratio）
> olr.1.or<-exp(coef(olr.1))
> olr.1.or
  gre.quant gre.verbal         ap         pt     female
   1.019921   1.007671  16.713278   1.009058   3.371948
 # gre.quantgre.verbalappt   female
 #     1.012      1.004     5.090      0.984      1.897

> #計算 p 值
> ctable<-coef(summary(olr.1))
> p <-pnorm(abs(ctable[, "t value"]), lower.tail =FALSE) *2

> #計算 p 值的信賴區間
> ci <-confint(olr.1)
```

```
Waiting for profiling to be done...
> ctable <-cbind("OR"=olr.1.or, p, ci)
Warning in cbind(OR = olr.1.or, p, ci): number of rows of result is   not a
multiple of vector length (arg 2)
> #勝算、p 值及 p 值信賴區間列表
> ctable
                 OR              p         2.5 %       97.5 %
 gre.quant   1.019921 1.350099e-46  0.014012793           NA
 gre.verbal  1.007671 2.790462e-06  0.003964643 0.01154837
 ap         16.713278 4.022321e-05  1.445227922 4.35003424
 pt          1.009058 9.896827e-01 -1.386760386 1.40887057
 female      3.371948 3.427175e-03  0.347504310 2.12486061
```

　　這個分析結果與上一個方法選擇取消「平行預設」（parallelism assumption）的結果大致一致。從結果的 t 值可以看到，解釋變數除了 pt 之外都具有高度顯著性（t 值大於 1.96 表示顯著性達 0.05；大於 2.58 表示顯著性達 0.01）。將迴歸係數還原爲勝算之後，可以作如下解讀：GRE 對錄取有幫助，但不強（量化分數與字彙分數每增加一分，依變數的順序類別向上一級的勝算分別增加 1.2% 和 0.4%），遠不及性別（female）以及表示對攻讀美國政治（ap）的興趣對得分類別的影響 [8]。

7.3.3　勝算對數模型的適配度指標 pseudo-R^2

　　線性模型中的 R^2 是強而有力的判斷線性模型適配程度的指標。因此在非線性模型的世界裡也出現了不少類似、仿 R^2 的指標，叫作 pseudo-

---

[8] 參考：1. Fitting and Interpreting a Proportional Odds Model (http://data.library.virginia.edu/fitting-and-interpreting-a-proportional-odds-model/); 2. UCLA Ordinal Logistic Regression (https://stats.idre.ucla.edu/r/dae/ordinal-logistic-regression/)。

R^2 [9]。最常見的 pseudo-R^2 指標是 Nagelkerke's R^2。愈來愈多的專業期刊論文需要作者提供這個統計量。目前 R 所內建的勝算對數模型分析工具如 glm() 本身尚未提供 pseudo-R^2，但我們可以使用以下幾套工具來計算。

我們可以使用 rms::lrm() 算得 pseudo-R^2。

```
> #install.packages("rms")
> rms::lrm(psapp) #Nagelkerke's $R^2$=0.604
Frequencies of Responses

 1  2  3  4  5
23 24  2 37 20
```

		Model Likelihood Ratio Test		Discrimination Indexes		Rank Discrim. Indexes	
Obs	106	LR chi2	89.26	R2	0.604	C	0.845
max |deriv|	1e-08	d.f.	5	g	2.735	Dxy	0.690
		Pr(> chi2)	<0.0001	gr	15.413	gamma	0.690
				gp	0.379	tau-a	0.518
				Brier	0.148		

	Coef	S.E.	Wald Z	Pr(>|Z|)
y>=2	-16.4348	2.5203	-6.52	<0.0001
y>=3	-18.3659	2.6476	-6.94	<0.0001
y>=4	-18.4993	2.6553	-6.97	<0.0001
y>=5	-21.1821	2.8413	-7.45	<0.0001
gre.quant	0.0197	0.0031	6.37	<0.0001
gre.verbal	0.0076	0.0019	3.97	<0.0001

---

[9] UCLA What are pseudo R-squareds? (https://stats.idre.ucla.edu/other/mult-pkg/faq/general/faq-what-are-pseudo-R-squareds/).

```
ap        2.8164 0.7348  3.83  0.0001
pt        0.0093 0.7039  0.01  0.9895
female    1.2154 0.4516  2.69  0.0071
```

表 7.3.2-1 整理了另外三個可以算出 pseudo-R^2 的套件、他們提供的 pseudo-R^2 種類，以及必須與他們搭配使用的迴歸工具。

表 7.2.3-1　其他可以計算 pseudo-R^2 的工具

套件::指令	提供的指標	必須搭配使用的迴歸套件
sjstats::r2()	Cox-Snell's pseudo-d-value	lm、lme、lmerMod、glm()
pscl::pR2()	11h、11hNull、G2、McFadden、r2ML、r2CU	vglm、vlm、vlmsmall
BaylorEdPsych::PseudoR2()	McFadden、Adj. McFadden、Cox.Snell、Nagelkerke、McKelvey.Zavoina、Effron、Count、Adj.Count、AIC、Corrected.AIC	glm()

舉上一節（7.2 節）的實作一為例，我們可以用不同工具為 glm() 產生出的模型計算 Nagelkerke's R^2，得到的結果相同。

```
> rms::lrm(md02)              #0.58
> sjstats::r2(md02)           #0.58
> BaylorEdPsych::PseudoR2(md02) #0.58
>
> # sjstats 套件中其他好用的指令
```

```
> # var_names(kao06.mod.1) # 列出模型中的變數名稱
> # model_frame(kao06.mod.1)  # 檢視 list-wise deletion 之後的資料框
> # p_value(kao06.mod.1) # 列出模型中每個迴歸係數的 p 值
```

補充盒子 7-5　　其他 pseudo R^2 相關指標

pscl::pR2() 所附的指標全名
- llh: The log-likelihood from the fitted model
- llhNull: The log-likelihood from the intercept-only restricted model
- G2: Minus two times the difference in the log-likelihoods
- McFadden: McFadden's pseudo R^2
- r2ML: Maximum likelihood pseudo R^2
- r2CU: Cragg and Uhler's pseudo R^2 (same as Nagelkerke's R^2)

BaylorEdPsych::PseudoR2() 所附的指標全名
- McFadden: McFadden Pseudo-R^2
- Adj.McFadden: McFadden Adjusted Pseudo-R^2
- Cox.Snell: Cox and Snell Pseudo-R^2 (ML Pseudo-R^2)
- Nagelkerke: Nagelkerke Pseudo-R^2
- McKelvey.Zavoina: McKelvey and Zavoina Pseudo-R^2
- Effron: Effron Pseudo-R^2
- Count: Count Pseudo-R^2
- Adj.Count: Adjusted Count Pseudo-R^2
- AIC: Akaike's information criterion
- Corrected.AIC: Corrected Akaike information criterion

7.3.4　使用勝算對數模型要注意的事

使用勝算對數分析時，有幾件事要留意 [10]：

一、關於樣本數的大小

建議觀察值的個數（N）要大於 100。由於每增加一個自變數，觀察值數目至少要增加 50。同理，若依變數類別之間個數差距愈大（也就是依變數的類別愈多），所需要的樣本數就愈多。此外，由於分析時會出現有遺漏值的觀察值不列入分析（list-wise deletion）的情形，凡是受訪者在放入模型中的任一變數（題目）的數值為無效值（NA），例如拒答，便自動不被放入供分析的資料框中。愈是敏感、愈是難回答的問卷題，就會造成愈多的無效值，一旦使用了這類無效值比例高的變數（尤其是像政黨傾向這種無效值比例往往超過三分之一的情形），便會造成迴歸分析結果最後的有效分析樣本數流失，降低讀者對分析結果的信賴。因此除了在問卷設計端要避免這個問題外，就是盡可能取用大型調查資料庫的資料，讓足夠數量的觀察值確保結果的可信度。

二、關於依變數的測量方式

依變數是研究的核心，必須確認類別之間必須沒有任何重疊（mutually exclusive），且所有的類別窮盡所有的可能（jointly comprehensive）。此外，要確認依變數類別的切割是否合適（例如：每個觀察值被分到類別 0 和與被分到類別 1 的機率相等），以及先推想模型的解釋力在不同層級的資料依然存在（例如將樣本切割為男性樣本和女性樣本，重做一次迴歸分析，我們仍能在這兩個使用次級樣本所做的迴歸分析中看到相同或相近的結果）。除了使用資料分割的方式（subset），針對不同群體重跑迴歸之外，我們還可以使用加入控制變數的方式來做確認。

---

[10] John Spicer (2005): Making Sense of Multivariate Data Analysis, p. 134-136.

三、關於使用二元勝算迴歸分析的條件

　　雖然勝算對數迴歸分析不一定要滿足線性迴歸中的重要前提，例如自變數分布呈線性（multivariate normality）、變異數齊一性（homoscedasticity; equality of variance），和任兩組殘差之間的獨立性（No auto-correlation），但仍然要注意自變數彼此之間是不是具有獨立性，亦即仍然要盡量避免共線性（multicollinearity）的發生。

7.4　迴歸模型的比較、製圖與製表

　　我們先製作兩個線性模型和兩個二元勝算對數模型，並使用 sjPlot::plot_models() 為它們製圖。之後再進行模型的比較。update() 語法是在製作結構相似的模型時，很有效率的指令。它的語法是：update(被複製的模型物件, 新的依變數 ~ 新的自變數)。用 . 表示「全部照抄」。用＋與一來增減變數。

　　sjPlot 套件於 2017 年底新增了一個指令 plot_model()，用更簡單的方法整合了線性與非線性模型的製圖工具，並且能夠自動判讀模型物件的形態：若放入的是線性模型物件，則輸出的圖 X 軸是迴歸係數（中線為 0）；若放入的是二元勝算對數模型物件，則輸出的圖 X 軸是透過指數還原後的勝算（中線為 1）[11]。另一個製圖套件是 coefplot，輸出圖形的結果一致。

```
> library(sjPlot)
> load("../wgcoll.rda")


> #線性模型一
> md01 <-lm(aa ~pe +g, data=wgc)   #成績 ~ 家長的受教育年數 + 性別
> summary(md01)

  Call:
  lm(formula = aa ~ pe + g, data = wgc)

  Residuals:
```

---

[11] 參考：https://strengejacke.wordpress.com/2017/10/23/one-function-to-rule-them-all-visualization-of-regression-models-in-rstats-w-sjplot/。

```
     Min      1Q  Median      3Q     Max
-31.1477 -4.5514  0.8091  5.6321 24.8955


Coefficients:
             Estimate Std. Error t value Pr(>|t|)
(Intercept)    1.5862     8.0221   0.198    0.844
pe             5.0432     0.5656   8.917 1.13e-11 ***
g              0.2201     3.0885   0.071    0.943
---
Signif. codes:  0 '***' 0.001 '**' 0.01 '*' 0.05 '.' 0.1 ' ' 1
```

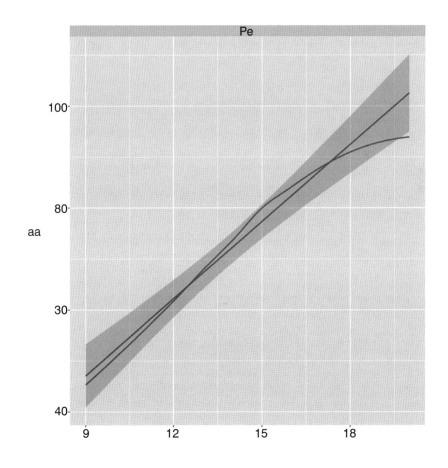

```
Residual standard error: 10.83 on 47 degrees of freedom
Multiple R-squared:  0.6291, Adjusted R-squared:  0.6133
F-statistic: 39.86 on 2 and 47 DF,  p-value: 7.535e-11
> #線性模型二
> md02 <-update(md01, .~. -g)
> plot_model(md02)
> #二元勝算對數模型一（1=60分過關；0=沒過關）
> wgc$pass60 <-ifelse(wgc$aa>=60,1,0)
> md03 <-glm(pass60 ~pe +g,
+            family=binomial, data=wgc)
> summary(md03)

Call:
glm(formula = pass60 ~ pe + g, family = binomial, data = wgc)

Deviance Residuals:
    Min      1Q   Median       3Q      Max
-2.4938  -0.3756   0.1699   0.4679   1.5795

Coefficients:
            Estimate Std. Error z value Pr(>|z|)
(Intercept) -11.8341     3.7817  -3.129  0.00175 **
pe            0.9932     0.3095   3.210  0.00133 **
g             0.3646     0.9056   0.403  0.68721
---
Signif. codes:  0 '***' 0.001 '**' 0.01 '*' 0.05 '.' 0.1 ' ' 1

(Dispersion parameter for binomial family taken to be 1)

    Null deviance: 59.295  on 49  degrees of freedom
```

```
Residual deviance: 33.345  on 47  degrees of freedom
AIC: 39.345


Number of Fisher Scoring iterations: 6
> #二元勝算對數模型二（1=80 分過關；0= 沒過關）
> wgc$pass80 <-ifelse(wgc$aa>=80,1,0)
> md04 <-update(md01, pass80 ~. +c)   #加入城鄉變數（1= 郊區；0= 都市）
> plot_model(md04)
```

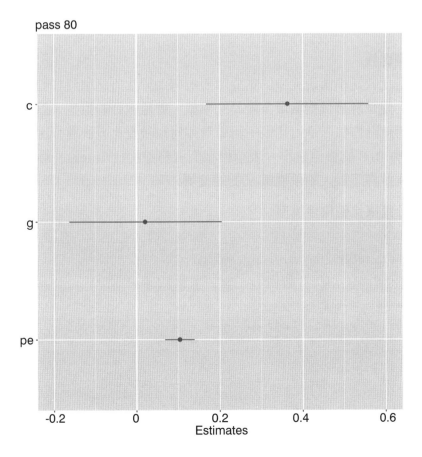

補充盒子 7-6　　sjPlot::plot_model() 不同的製圖形態及參數

使用 plot_model() 時，可以透過設定 type= 參數，為結果呈現不同面貌。這個指令可以繪製出三類圖，包括：1. 最常用的迴歸係數圖（type = "est" 繪出一般係數；type="std" 繪出標準化的迴歸係數）；2. 預測圖（type="pred" 將每個預測的 Y 值繪出）；3. 診斷圖（type="diag" 繪出模型預設診斷圖，見 7.1 節）。此外，還有許多不同的參數，可以調整圖的線條、顏色、呈現資訊量多寡等。請使用 ?plot_model() 查看細節並自行試試看。

一、模型比較

模型比較是學術研究中的重要環節，有助於找出適配資料的模型。能用最少的變數解釋依變數最多變異的模型，就是較好的模型。以下先來看看如何用統計方法來進行比較，再看看如何以視覺化方法進行比較。統計量 AIC 與 BIC 的數值愈小，表示模型與資料適配（fitness）得愈好，也就是模型解釋了最大的依變數 Y 的總變異。

1. 用統計量來比較線性模型

```
> # 方法一：analysis of variance (ANOVA)
> # 比較 residual sum of squares (RSS)，數值愈小愈好
> anova(md01, md02)
  Analysis of Variance Table


  Model 1: aa ~ pe + g
  Model 2: aa ~ pe
    Res.Df    RSS Df Sum of Sq      F Pr(>F)
  1     47 5512.7
  2     48 5513.3 -1   -0.5959 0.0051 0.9435
```

```
> # 方法二：AIC 與 BIC
> # 數值較低的模型較好
> AIC(md01, md02)  # Akaike Information Criterion
       df      AIC
  md01  4 385.0336
  md02  3 383.0390
> BIC(md01, md02)  #Bayesian Information Criterion
       df      BIC
  md01  4 392.6817
  md02  3 388.7750
> # 方法三：stepAIC
> # 自動挑出 AIC 最小的模型
> library(MASS)
> stepAIC(md01) # 注意 md01 必須是個包含全部變數的完整模型（full model）
  Start:  AIC=241.14
  aa ~ pe + g

          Df Sum of Sq     RSS    AIC
  - g      1       0.6  5513.3 239.15
  <none>               5512.7 241.14
  - pe     1    9325.8 14838.5 288.65


  Step:  AIC=239.15
  aa ~ pe

          Df Sum of Sq     RSS    AIC
  <none>               5513.3 239.15
  - pe     1    9350.4 14863.8 286.73


  Call:
  lm(formula = aa ~ pe, data = wgc)
```

```
Coefficients:
(Intercept)              pe
      1.659           5.045
```

2. 用視覺化方法來比較線性模型

　　我們來學習使用兩個工具 sjPlot::plot_models() 以及 coefplot::multiplot()，透過迴歸係數的信賴區間，進行模型的比較。以下我們先進行線性模型之間的比較（md01 vs. md02），再進行二元勝算模型之間的比較（md03 vs. md04）。

```
> #方法一：sjPlot::plot_models()
> library(sjPlot)
> plot_models(md01, md02, colors = "gs")    #使用灰階色系（greyscale）
```

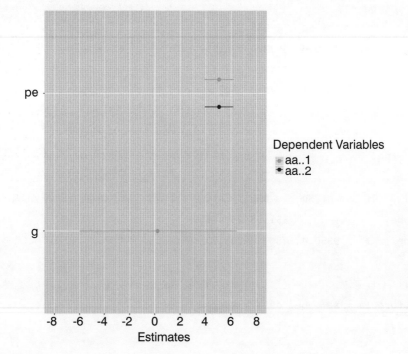

```
> #方法二：coefplot::multiplot()
> #install.pacakges("coefplot")
> library(coefplot)          #
> multiplot(md01, md02)      #
```

　　由圖可以看到，pe 的迴歸係數明顯不為 0，表示 pe 對成績及格與否有顯著（但不算很關鍵）的影響。g 的信賴區間包含 0，表示 g 對及格與否並無顯著的影響。

3. 用視覺化方法來比較二元勝算對數模型

```
> library(sjPlot)
> plot_models(md03, md04, colors ="gs")
```

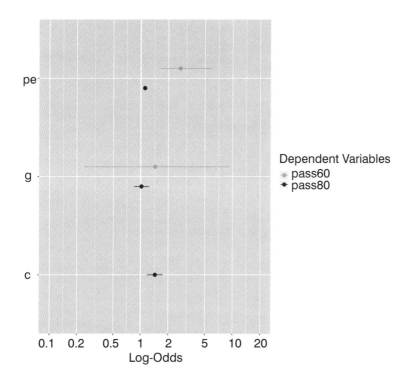

4. 用 sjPlot 製表

在學術出版中，製表往往較製圖更為常用。以下以語法來呈現如何用 sjPlot::sjt.glm() 來製表，若是搭配帶有標籤的變數，效率會更高。線性模型的製表工具 sjPlot::sjt.lm() 使用方式與此一致。輸出的結果以 240 頁的表為代表。

陽春版的表格

```
> library(sjPlot)
> sjt.glm(md01)
```

專業版的表格

```
> library(sjPlot)
> sjt.glm(md03,
+         #設定要顯示的資訊
+         exp.coef=FALSE, #不要將迴歸係數還原為勝算（以便於觀察正負號）
+         show.header =TRUE, #顯示模型標題列（若關閉則不會顯示模型標題列，
string.dv 及 string.pred 將不會有作用）
+         show.ci =TRUE, #顯示信賴區間
+         separate.ci.col =TRUE,  #以獨立欄位顯示信賴區間
+         show.se =TRUE, #顯示標準誤
+         show.aic =TRUE, #顯示 AIC
+         show.loglik =TRUE, #顯示 -2*Log-Likelihood
+         show.r2 =TRUE, #顯示 (pseudo) R-square

+         #設定小數點的位數
+         digits.est=3,
+         digits.p=3,
+         digits.se=3,
+         digits.ci=3,
+         digits.summary=2,
```

```
+        #線的樣式設計
+        CSS=list(css.topborder="border-top:1px solid black;"),

+        #欄位重新命名
+        string.est ="迴歸係數",
+        string.se ="標準誤(S.E.)",
+        string.p="顯著水準(C.I.)",
+        string.ci ="信賴區間",
+        string.obs ="觀察值(N)",
+        string.interc = "截距",
+        string.dv =  "模型一",
+        string.pred = "解釋變數"

+        #另存新檔:
+        #若沒有以下這一行，則結果會顯示在 Viewer；加上這一行後表格會直接存
+        成 html 檔。加上這一行後，請注意上一行的參數尾端要加上逗點
+        #file="analysisResult.html"
+        )
```

5. 以 sjt.glm() 製表來比較模型

```
> sjt.glm(md03, md04,
+        show.aic=TRUE,
+        show.loglik=TRUE,
+        show.ci=FALSE,
+        show.se=TRUE,
+        show.r2 =FALSE,
+        show.header =TRUE,
+        digits.p=3,
```

```
+        digits.se=3,
+        digits.est=3,
+        CSS=list(css.topborder="border-top:1px solid black;"),
+        exp.coef=FALSE,
+        string.est ="Reg. Coef.",
+        string.se ="Std. Error"
+        )
```

	Dependent Variables					
Predictors	pass60			pass80		
	Reg. Coef.	*Std. Error*	*p*	*Reg. Coef.*	*Std. Error*	*p*
(Intercept)	-11.834	3.782	.002	-1.213	0.239	<.001
pe	0.993	0.309	.001	0.104	0.017	<.001
g	0.365	0.906	.687	0.021	0.091	.819
c				0.363	0.097	<.001
Observations	50			50		
AIC	39.345			33.835		
-2 Log-Likelihood	33.345			23.835		

補充盒子 7-7　　**如何為多元及有序勝算對數分析結果製表**

　　目前 sjPlot 套件還未能處理到多元及有序勝算對數分析的製圖與製表。替代方法是使用 stargazer::stargazer() 來製表，只是它只能用在 nnet 套件所產生的模型物件（若是使用 VGAM 套件則無法成功製表，見 7.3 節）。執行後，到上一層資料夾找到輸出的 html 檔案，用瀏覽器開啟後便可見到結果表格（第 246 頁之表）。

```
> library(stargazer)

  Please cite as:
   Hlavac, Marek (2018). stargazer: Well-Formatted Regression and
> Summary Statistics Tables.
   R package version 5.2.1. https://CRAN.R-project.org/package=stargazer
> library(VGAM)
  Loading required package: stats4
  Loading required package: splines

  Attaching package: 'VGAM'
  The following object is masked from 'package:car':

      logit
> wgc$grade <-NA
> wgc$grade[wgc$aa<=100] <-5
> wgc$grade[wgc$aa<90] <-4
> wgc$grade[wgc$aa<80] <-3
> wgc$grade[wgc$aa<70] <-2
> wgc$grade[wgc$aa<60] <-1
> wgc$grade <-factor(wgc$grade,
+                     levels=5:1,
+                     labels=c("grade A", "grade B", "grade C",
+                             "grade D", "grade F"))

> library(nnet)
> mod.nnet <-multinom(grade ~pe +c, data=wgc)
  # weights:  20 (12 variable)
  initial  value 80.471896
  iter  10 value 51.570924
```

```
iter  20 value 40.656495
iter  30 value 40.609588
iter  40 value 40.608941
iter  50 value 40.608389
final   value 40.608386
converged
> # 製表
> stargazer(mod.nnet,
+           type="html",
+           out="../mod.nnet.htm" # 到資料夾找到並開啓後進行複製貼上
+           )
```

	Dependent variable:			
	grade B	grade C	grade D	grade F
	(1)	(2)	(3)	(4)
pe	-0.681*	-1.486***	-2.385***	-2.790***
	(0.359)	(0.550)	(0.668)	(0.700)
c	0.124	-3.603**	-2.447	-15.971***
	(1.285)	(1.700)	(1.964)	(0.006)
Constant	11.365*	25.034***	35.988***	42.238***
	(6.245)	(8.961)	(10.174)	(10.517)
Akaike Inf. Crit.	105.217	105.217	105.217	105.217

Note: *p<0.1; **p<0.05; ***p<0.01

Chapter 8

實例演練

8.1　面訪調查資料分析實作：TSCS2013

請親自操作過、重製本節的內容，再進行你自己的資料分析專案。

8.1.1　第一階段：理論、模型與假設的準備

第一步：理論與模型的設定

這是整個研究中最重要的一步，展現了你作為研究者的主體性。

- 理論：「維持現狀」的選擇會受到自身認同及對外在環境評估（戰爭、經濟發展）的影響。
- 假設 1：台灣人的認同會影響一個人選擇不要維持現狀。
- 假設 2：預期戰爭會影響一個人選擇維持現狀。
- 假設 3：在乎經濟發展會影響一個人選擇維持現狀。
- 依變數：（兩岸關係）維持現狀。
- 自變數：台灣人的認同、戰爭預期、經濟抉擇。

第二步：認識你的資料來源

- 台灣社會變遷基本調查計畫 2013 年第六期第四次：國家認同組
- 計畫主持人：傅仰止、章英華、杜素豪、廖培珊
- 計畫執行單位：中央研究院社會學研究所
- 經費補助單位：行政院國家科學委員會社會科學研究中心
- 調查執行期間：2013 年 9 月 22 日至 2013 年 12 月 10 日
- 原始檔名：tscs2013q2.sav
- 有效觀察值 N=1,952

8.1.2 第二階段：資料的準備

第一步：讀入原始資料並轉為 rda 檔

- 請先切換到你為本次實作製作的專案。
- 請直接用 RStudio 的「Import Dataset」匯入，選擇「From SPSS」。這時若需要自動加裝套件的提示訊息，請按「是」並繼續。
- 手動選擇放在專案資料夾中的「tscs2013q2.sav」這個檔案。

匯入時會使用檔名當作物件名稱，在這個例子中是「tscs2013q2.sav」。可以自行命名。資料若未放在專案資料夾內，則需要指明資料的路徑。也可以用語法的方式讀入檔案：

```
> library(sjlabelled)
> tscs2013q2 <-read_spss("../tscs2013q2.sav")
```

檢視資料檔：

```
> ## 看看資料的結構
> #str(tscs2013q2)
> ## 看看有多少列
> nrow(tscs2013q2) #確定是 1952 個觀察值
> ## 看看有哪些變數，以及這些變數的名稱
> #names(tscs2013q2)
```

將這個原始資料轉存為 R 專屬的 rda 格式：

```
> save(tscs2013q2, file ="../tscs2013q2.rda", compress = T)
```

第二步：使用 sjmisc::set_na() 清理整個資料檔中的無效值

sjmisc::set_na() 可以幫助我們一次清理資料檔中所有變數無效值。這不是必要步驟，因爲接下來的個別變數編碼步驟，也可以處理無效值的清理。

```
library(sjmisc)
tscs2013r <-set_na(tscs2013q2, na=c(92:99, "NA"))    #tscs2013r的r表示「編碼過（recoded）」
save(tscs2013r, file="../tscs2013r.rda")
rm(list=1s())
```

中間這一行語法的意思是：1. 將 tscs2013q2 這個資料物件，選項數值爲 92 到 99，以及有文字 NA 的部分，都以 set_na() 這個指令編爲無效值；2. 再將處理好無效值的檔案存爲另一個物件，叫作 tscs2013r。語法中，"" 裡的內容表示要編碼的方式。

第三步：使用 sjmisc::rec() 做變數編碼

```
> load("../tscs2013r.rda")
> library(sjPlot)
> library(sjmisc)
> #1. 性別：
> #(01) 男      (02) 女
> frq(tscs2013r$v1)
```

```
# 1 性別 <dbl+lbl>
# Total N = 1952 (valid N = 1952)


  val label frqraw.prcvalid.prccum.prc
   1 男性 980     50.2      50.2    50.2
   2 女性 972     49.8      49.8   100.0
  NA   NA   0     0.0        NA      NA
tscs2013r$sex <-rec(tscs2013r$v1, as.num = F, rec="1=1; 2=0",
+                   val.labels =c(" 女 "," 男 "))
> frq(tscs2013r$sex, weight.by = tscs2013r$wr)


# 1 性別 <categorical>
# Total N = 1952 (valid N = 1952)


  val label frqraw.prcvalid.prccum.prc
   0   女 983    50.36     50.36   50.36
   1   男 969    49.64     49.64  100.00
  NA   NA   0     0.00        NA      NA
```

```
#2. 出生的民國年是 v2y，age=(102-tscs2013r$v2y)
tscs2013r$age <-102-as.numeric(tscs2013r$v2y)
sjp.frq(tscs2013r$age, type ="density")
```

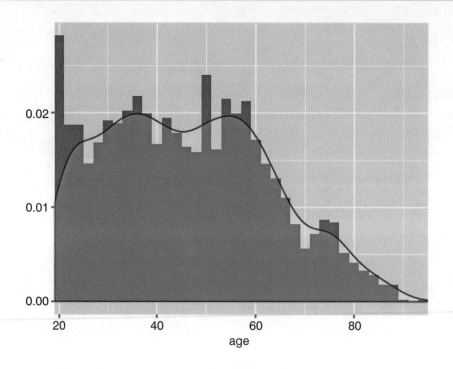

```
> #hist(tscs2013r$age)
> tscs2013r$generation <-NA
> tscs2013r$generation[tscs2013r$age>=(2013-1931)] <-1
> tscs2013r$generation[tscs2013r$age<=(2013-1932)
+                      &tscs2013r$age>=(2013-1953)] <-2
> tscs2013r$generation[tscs2013r$age<=(2013-1954)
+                      &tscs2013r$age>=(2013-1968)] <-3
> tscs2013r$generation[tscs2013r$age<=(2013-1969)
+                      &tscs2013r$age>=(2013-1978)] <-4
> tscs2013r$generation[tscs2013r$age<=(2013-1979)
+                      &tscs2013r$age>=(2013-1988)] <-5
> tscs2013r$generation[tscs2013r$age<=(2013-1989)] <-6
table(tscs2013r$generation) #no one in this sample is less than 24
```

```
      1   2   3   4   5   6
     40 403 559 372 361 217
 #   1   2   3   4   5
```

```
> # 171 674 529 361 217
> tscs2013r$gen.1<-as.factor(ifelse(tscs2013r$generation==1,1,0))
> tscs2013r$gen.2<-as.factor(ifelse(tscs2013r$generation==2,1,0))
> tscs2013r$gen.3<-as.factor(ifelse(tscs2013r$generation==3,1,0))
> tscs2013r$gen.4<-as.factor(ifelse(tscs2013r$generation==4,1,0))
> tscs2013r$gen.5<-as.factor(ifelse(tscs2013r$generation==5,1,0))
> tscs2013r$gen.6<-as.factor(ifelse(tscs2013r$generation==6,1,0))
```

```
> #13. 請問您覺得自己是哪裡人？
> #(01) 台灣閩南人 (02) 台灣客家人 (03) 台灣原住民
> #(04) 大陸各省市人 (05) 台灣的外省人 (06) 金門、馬祖人
> #(07) 東南亞（國家）的人 (08) 其他，請說明：＿＿＿＿＿＿
> table(tscs2013r$v13)
```

```
      1    2    3    4    5    6    7    8
   1487  180   22   26  103    6   12  107
tscs2013r$v13r <-rec(tscs2013r$v13, rec="97:98=NA; else=copy", as.num = F,
+                    var.label ="v13 族群 ",
+                    val.labels =c("台灣閩南人", "台灣客家人", "台灣原住民",
+                                  " 大陸各省市人 ",
+                                  "台灣外省人 "," 金門馬祖人 ", " 東南亞國
                                   家人 ", " 其他 "))
> str(tscs2013r$v13r)
```

```
  Factor w/ 8 levels "1","2","3","4",..: 8 1 8 1 1 1 1 2 8 1 ...
  - attr(*, "labels")= Named num [1:8] 1 2 3 4 5 6 7 8
   ..- attr(*, "names")= chr [1:8] "台灣閩南人 " " 台灣客家人 " " 台灣原住民 "
  " 大陸各省市人 " ...
  - attr(*, "label")= chr "v13 族群 "
```

```
> #15. 如果有人問您的祖國是哪裡，請問您會怎麼回答？（訪員請唸選項）
> #(01) 台灣 (02) 中華民國　(03) 中國 (04) 中華人民共和國
> #(05) 其他，請說明：＿＿＿＿＿＿＿
> table(tscs2013r$v15)


     1     2     3     4     5
  1498   353    56     2    27
> tscs2013r$v15r <-rec(tscs2013r$v15, rec="3:5=3; 95:98=NA; else=copy",
+                       as.num = F,
+                       var.label ="v15 祖國 ",
+                       val.labels =c(" 台灣 ", " 中華民國 ",
+                       " 中國 / 中華人民共和國 / 其他 "))
> str(tscs2013r$v15r)
  Factor w/ 3 levels "1","2","3": 2 1 1 1 1 1 1 1 NA 2 ...
  - attr(*, "labels")= Named num [1:3] 1 2 3
   ..- attr(*, "names")= chr [1:3] " 台灣 " " 中華民國 " " 中國 / 中華人民共
和國 / 其他 "
  - attr(*, "label")= chr "v15 祖國 "
```

```
> #21. 請問您的教育程度是：
> #(01) 無 / 不識字（跳答 23） (02) 自修 / 識字 / 私塾（跳答 23） (03) 小學
> #(04) 國（初）中 (05) 初職 (06) 高中普通科
> #(07) 高中職業科 (08) 高職 (09) 士官學校
> #(10) 五專 (11) 二專 (12) 三專
> #(13) 軍警校專修班 (14) 軍警校專科班 (15) 空中行專 / 商專
> #(16) 空中大學 (17) 軍警官校或大學 (18) 技術學院、科大
> #(19) 大學 (20) 碩士 (21) 博士
> #(22) 其他，請說明：＿＿＿＿＿＿＿
> table(tscs2013r$v21)

    1    2    3    4    5    6    7    8    9   10   11   12   13   14   15   16   17   18
   82   22  259  230    1   80   71  367    3   68  114   12    2    9   12    7    4  178
   19   20   21   22
  304  117    8    2
> tscs2013r$college <-rec(tscs2013r$v21, rec="10:21=1; else=0", as.num = F)
# 大專（含）以上學歷
```

> #31. 如果要成為我們真正的同胞，有人認為下列條件重要，也有人認為不重要。請問您
　覺得它們重不重要？（提示卡4）(ISSP Q2)
> #(01) 非常重要；(02) 有點重要；(03) 不怎么重要；(04) 一點也不重要；
　(05) 無法決定
> #(a) 在我國出生 (01) (02) (03) (04) (05)
> #(b) 有我國的國籍 (01) (02) (03) (04) (05)
> #(c) 一生中大部分時間都居住在我國 (01) (02) (03) (04) (05)
> #(d) 會說國語（中文）(01) (02) (03) (04) (05)
> #(e) 有沒有拜拜 (01) (02) (03) (04) (05)
> #(f) 尊重我國的政治體制和法律 (01) (02) (03) (04) (05)
> #(g) 在感情上認同我們的國家 (01) (02) (03) (04) (05)
> #(h) 祖先都是本國人 (01) (02) (03) (04) (05)
> with(tscs2013r, frq(v31a, weight.by =wr))

```
# 31 如果要成為我們真正的同胞，有人認為下列條件重要，也有人認為不重要。請問
您覺得它們重不重要？a 在我國出生 <dbl+lbl>
# Total N = 1952 (valid N = 1916)


 val         label frqraw.prcvalid.prccum.prc
   1      非常重要 589   30.17    30.74   30.74
   2      有點重要 572   29.30    29.85   60.59
   3      不怎麼重要 592  30.33    30.90   91.49
   4    一點也不重要 156   7.99     8.14   99.63
   5        無法決定   7    0.36     0.37  100.00
  NA           NA  36    1.84       NA      NA
```
> with(tscs2013r, table(v31a))
```
 v31a

   1   2   3   4   5
 582 582 586 153   6
```

```
> tscs2013r$v31ar <-rec(tscs2013r$v31a,
+                       rec="1,2=1; 3:5=0; 93:98=NA", as.num = F)
> tscs2013r$v31br <-rec(tscs2013r$v31b,
+                       rec="1,2=1; 3:5=0; 93:98=NA", as.num = F)
> tscs2013r$v31cr <-rec(tscs2013r$v31c,
+                       rec="1,2=1; 3:5=0; 93:98=NA", as.num = F)
> tscs2013r$v31dr <-rec(tscs2013r$v31d,
+                       rec="1,2=1; 3:5=0; 93:98=NA", as.num = F)
> tscs2013r$v31er <-rec(tscs2013r$v31e,
+                       rec="1,2=1; 3:5=0; 93:98=NA", as.num = F)
> tscs2013r$v31fr <-rec(tscs2013r$v31f,
+                       rec="1,2=1; 3:5=0; 93:98=NA", as.num = F)
> tscs2013r$v31gr <-rec(tscs2013r$v31g,
+                       rec="1,2=1; 3:5=0; 93:98=NA", as.num = F)
> tscs2013r$v31hr <-rec(tscs2013r$v31h,
+                       rec="1,2=1; 3:5=0; 93:98=NA", as.num = F)
> with(tscs2013r, table(v31ar))
  v31ar
     0    1
   745 1164
```

```
> #36. 有人說我國的國民教育，須要強調（台語：加強）中華文化的教育，請問您同不同意？
> #(01) 非常同意 (02) 同意 (03) 不同意 (04) 非常不同意
> table(tscs2013r$v36)

     1    2    3    4
   298 1086  372   32
> tscs2013r$v36r <-rec(tscs2013r$v36, rec="1,2=1; 3,4=0; 93:98=NA",
+                      as.num = F)
```

```
> #37. 有人說我國的國民教育，須要強調（台語：加強）台灣本土文化的教育，請問您同
    不同意？
> #(01) 非常同意 (02) 同意 (03) 不同意 (04) 非常不同意
> tscs2013r$v37r <-rec(tscs2013r$v37, rec="1,2=1; 3,4=0; 93:98=NA",
+                      as.num = F)
```

```
> #44. 有人認為，台灣的外來移民愈多，愈不利於國內社會的團結。請問您同不同意這樣
    的說法？
> #(01) 非常同意 (02) 同意 (03) 不同意 (04) 非常不同意
> table(tscs2013r$v44)


   1   2   3   4
 160 796 821  54
> tscs2013r$v44r <-rec(tscs2013r$v44, rec="1,2=1; 3:4=0; 93:98=NA",
+                      as.num = F)
```

```
> #45. 對於移民來台灣的人，請問下面哪個想法是最符合您的看法？(ISSP Q11)
> #(01) 移民應該保留他們原來的文化，不要採用我國的文化
> #(02) 移民應該保留他們原來的文化，同時採用我國的文化
> #(03) 移民應該放棄他們原來的文化，轉而接受我國的文化
> table(tscs2013r$v45)


    1    2    3
   26 1627  246
> tscs2013r$v45r <-rec(tscs2013r$v45, rec="93:98=NA; else=copy", as.num = F)
> table(tscs2013r$v45r)


    1    2    3
   26 1627  246
```

```
> #54. 請問您覺得下列這些歷史事件是不是很重要，要讓下一代永遠記得？
> #(01) 非常重要；(02) 重要；(3) 不重要：(4) 非常不重要；(5) 沒聽說過
> #(a) 二二八事件 (01) (02) (03) (04) (05)
> #(b) 美麗島事件、黨外民主運動 (01) (02) (03) (04) (05)
> #(c) 推翻滿清，建立中華民國 (01) (02) (03) (04) (05)
```

```
> #(d) 八年對日抗戰勝利 (01) (02) (03) (04) (05)
> table(tscs2013r$v54d)


    1    2    3    4    5
  564  924  275   39   32
> tscs2013r$v54ar <-rec(tscs2013r$v54a, rec="1,2=1;  3,4=0;  93:98=NA",
+                       as.num = F)
> tscs2013r$v54br <-rec(tscs2013r$v54b, rec="1,2=1;  3,4=0;  93:98=NA",
+                       as.num = F)
> tscs2013r$v54cr <-rec(tscs2013r$v54c, rec="1,2=1;  3,4=0;  93:98=NA",
+                       as.num = F)
> tscs2013r$v54dr <-rec(tscs2013r$v54d, rec="1,2=1;  3,4=0;  93:98=NA",
+                       as.num = F)
```

```
> #56. 有人說，台灣人在歷史上都被外來的人欺負。請問您同意不同意這種說法？
> #(01) 非常同意 (02) 同意 (03) 不同意 (04) 非常不同意
> table(tscs2013r$v56)


    1    2    3    4
  188  857  755   73
> tscs2013r$v56r <-rec(tscs2013r$v56, rec="1,2=1; 94:98=NA; 3:4=0",
+                       as.num = F)
```

```
> #57. 目前社會上有人會說自己是台灣人，有人會說自己是中國人，也有人會說兩者都
    是。請問您認為自己是台灣人、中國人還是兩者都是？
> #(01) 台灣人 (02) 中國人 (03) 兩者都是 (04) 兩者都不是，請說明：_____
> tscs2013r$v57[tscs2013r$kv57_0==" 台灣的中國人 "] <-2
> table(tscs2013r$v57)


     1    2    3    4
  1439   23  472   13
```

```
> tscs2013r$v57r <-rec(tscs2013r$v57, rec="94:98=NA; else=copy",
+                       as.num = F)
> tscs2013r$twnese <-rec(tscs2013r$v57r, rec="1=1; else=0",
+                       as.num = F)
```

```
> #58. 請您用 0 至 10 分來表示您自認為是台灣人的程度，10 分表示「完全是台灣人」，0 分
  表示「完全不是台灣人」。請問您會選幾分？
> table(tscs2013r$v58)

     0    1    2    3    4    5    6    7    8    9   10
     5    2    2    4    2   90   68  110  201  104 1343
> tscs2013r$v58r <-as.numeric(rec(tscs2013r$v58, rec="95:98=NA;
+                           else=copy", as.num = T))
> table(tscs2013r$v58r)

     0    1    2    3    4    5    6    7    8    9   10
     5    2    2    4    2   90   68  110  201  104 1343
```

```
> #59. 請您用 0 至 10 分來表示您自認為是中國人的程度，10 分表示「完全是中國人」，0
  分表示「完全不是中國人」。請問您會選幾分？
> table(tscs2013r$v59)

    0   1   2   3   4   5   6   7   8   9  10
  666 102 118 123  48 364  60  58  61  19 283
> tscs2013r$v59r <-as.numeric(rec(tscs2013r$v59, rec="95:98=NA; else=copy",
+                           as.num = T))
> table(tscs2013r$v59r)

    0   1   2   3   4   5   6   7   8   9  10
  666 102 118 123  48 364  60  58  61  19 283
```

```
> #60. 請問您認爲這種台灣人或是中國人的認同問題重不重要?
> #(01) 非常重要 (02) 重要 (03) 不重要 (04) 非常不重要
> table(tscs2013r$v60)


    1   2   3   4
  332 676 781 109
> tscs2013r$v60r <-rec(tscs2013r$v60, rec="1,2=1; 93:98=NA;
+                      3:4=0", as.num = F)
> table(tscs2013r$v60r)


    0    1
  890 1008
```

```
> #61. 對於未來台灣與中國大陸的關係,有人主張台灣獨立,也有人主張與大陸統一。請
     問您比較贊成哪一種主張?
> #(01) 儘快宣布獨立 (02) 維持現狀,以後走向獨立 (03) 永遠維持現狀
> #(04) 維持現狀,以後走向統一 (05) 儘快與中國大陸統一
> table(tscs2013r$v61)


    1   2   3   4   5
  178 562 763 345  37
> tscs2013r$v61r <-rec(tscs2013r$v61, rec="93:98=NA; else=copy",
+                      as.num = F)
> table(tscs2013r$v61r)


    1   2   3   4   5
  178 562 763 345  37
```

```
> #64. 請問您認爲您和您的配偶 (或同居伴侶) 對於統一和獨立的看法一不一樣?
> #(01) 完全一樣 (02) 差不多一樣 (03) 不太一樣 (04) 完全不一樣
> table(tscs2013r$v64)


    1   2   3   4
```

```
471 495 158   34
> tscs2013r$v64r <-rec(tscs2013r$v64, rec="1,2=1; 95:98=NA; 3:4=0",
+                      as.num = F)# 一樣 / 同質 = 1
> table(tscs2013r$v64r)


  0   1
192 966
```

```
> #65.關於統獨問題，現在社會上有各種不同的想法。請問您覺得這種情形對社會的影響
  嚴不嚴重？
> #(01) 非常嚴重 (02) 嚴重 (03) 不嚴重 (04) 非常不嚴重
> table(tscs2013r$v65)


  1   2   3   4
426 927 454  14
> tscs2013r$v65r <-rec(tscs2013r$v65, rec="1,2=1; 94:98=NA; 3:4=0", as.num = F)
> table(tscs2013r$v65r)


   0    1
 468 1353
```

```
> #66.如果台灣宣布獨立，請問您認為兩岸會不會發生戰爭？
> #(01) 一定會 (02) 可能會 (03) 可能不會 (04) 一定不會
> table(tscs2013r$v66)


  1   2   3   4
425 736 464 179
> tscs2013r$v66r <-rec(tscs2013r$v66, rec="1,2=1; 94:98=NA; 3:4=0", as.num = F)
> table(tscs2013r$v66r)


   0    1
 643 1161
```

```
> #67. 有人認為，如果台灣獨立不會引起戰爭，就應該宣布獨立。請問您同不同意？
> #(01) 非常同意 (02) 同意 (03) 不同意（跳答 69）(04) 非常不同意（跳答 69）
> table(tscs2013r$v67)


   1   2   3   4
 327 746 634 117
> tscs2013r$v67r <-rec(tscs2013r$v67, rec="1,2=1; 93:98=NA; 3:4=0", as.num = F)
> table(tscs2013r$v67r)


   0    1
 751 1073
```

```
> #69. 有人認為，如果大陸在經濟、社會、政治方面的發展跟台灣差不多，兩岸就應該統
    一。請問您同不同意？
> #(01) 非常同意 (02) 同意 (03) 不同意（跳答 71）(04) 非常不同意（跳答 71）
> table(tscs2013r$v69)


  1   2   3   4
 76 494 996 249
> tscs2013r$v69r <-rec(tscs2013r$v69, rec="1,2=1; 93:98=NA; 3:4=0", as.num = F)
> table(tscs2013r$v69r)


    0    1
 1245  570
```

```
> #71. 請問您認為中華民族包不包括：
> #(01) 包括；(02) 不包括；(03) 看情形
> #(a) 台灣的原住民 (01) (02) (03)
> #(b) 中國大陸的西藏人 (01) (02) (03)
> #(c) 台灣的東南亞外籍配偶 (01) (02) (03)
> #(d) 現在居住在國外的僑民（不一定有我國國籍）(01) (02) (03)
> #(e) 台灣兩千三百萬人 (01) (02) (03)
```

```
> #(f) 中國大陸人民 (01) (02) (03)
> #(g) 港澳的居民 (01) (02) (03)
  this can be a good measurement for Pan-Nationalism!
> table(tscs2013r$v71a)


    1    2    3
 1685  173    7
> tscs2013r$v71ar <-rec(tscs2013r$v71a, rec="1=1; 2=0; 3:98=NA", as.num = F)
> table(tscs2013r$v71ar)


    0    1
  173 1685
> tscs2013r$v71ar <-rec(tscs2013r$v71a, rec="1=1; 2=0; 3:98=NA", as.num = F)
> tscs2013r$v71br <-rec(tscs2013r$v71b, rec="1=1; 2=0; 3:98=NA", as.num = F)
> tscs2013r$v71cr <-rec(tscs2013r$v71c, rec="1=1; 2=0; 3:98=NA", as.num = F)
> tscs2013r$v71dr <-rec(tscs2013r$v71d, rec="1=1; 2=0; 3:98=NA", as.num = F)
> tscs2013r$v71er <-rec(tscs2013r$v71e, rec="1=1; 2=0; 3:98=NA", as.num = F)
> tscs2013r$v71fr <-rec(tscs2013r$v71f, rec="1=1; 2=0; 3:98=NA", as.num = F)
> tscs2013r$v71gr <-rec(tscs2013r$v71g, rec="1=1; 2=0; 3:98=NA", as.num = F)
```

```
> #72. 有人說，為了台灣的經濟發展，必要時可以和中國大陸統一，請問您同不同意這種
  說法？
> #(01) 非常同意 (02) 同意 (03) 既不同意也不反對
> #(04) 不同意 (05) 非常不同意 (06) 無法決定
> table(tscs2013r$v72)


    1    2    3    4    5    6
   70  505  197  757  301   62
> tscs2013r$v72r <-rec(tscs2013r$v72, rec="1,2=1; 3:6=0; 93:98=NA",
+                      as.num = F)
> table(tscs2013r$v72r)


    0    1
 1317  575
```

```
> #75. 請問您認為，我們國家的土地範圍應該包括哪些地方？
> #(01) 台灣 (02) 台灣、澎湖 (03) 台灣、澎湖、金門、馬祖
> #(04) 台灣、澎湖、金門、馬祖、港澳 (05) 台灣、澎湖、金門、馬祖、港澳、中國大陸
> table(tscs2013r$v75)


    1    2    3    4    5
   35   42 1659   35  133
> tscs2013r$v75r <-rec(tscs2013r$v75, rec="5=1; 94:98=NA; else=0",
+                       as.num = F) #領域包含中國大陸
> table(tscs2013r$v75r)


    0    1
 1771  133
```

```
> #76. 請問您覺得我們的國家現在應該叫什麼名字比較合乎您的看法？
> #(01) 中華民國 (02) 中華民國在台灣 (03) 台灣
> #(04) 台灣共和國 (05) 中國台灣 (06) 中華人民共和國
> #(07) 其他，請說明：_____
> table(tscs2013r$v76)


    1    2    3    4    5    6    7
  761  188  886   57   14    1   10
> tscs2013r$v76r <-rec(tscs2013r$v76, rec="5:7=5; 93:98=NA;
+                      else=copy", as.num = F)
> table(tscs2013r$v76r)


    1    2    3    4    5
  761  188  886   57   25
```

```
> #83. 以下我們想請教您兩岸的經濟交流問題。
> #(a) 請問您或您的家人，有沒有人在大陸做生意或工作？ (01) 有 (02) 沒有
> #(b) 請問您或您的家人服務的公司，有沒有在大陸設廠（公司、開店）？ (01) 有 (02) 沒有
> #(c) 請問大陸的市場對您或您的家人所服務的公司，有沒有很重要？(01) 有 (02) 沒有
> table(tscs2013r$v83a)


    1    2
  309 1631
> tscs2013r$v83ar <-rec(tscs2013r$v83a, rec="1=1; 2=0; 94:98=NA", as.num = F)
> table(tscs2013r$v83ar)


    0    1
 1631  309
> tscs2013r$v83ar <-rec(tscs2013r$v83a, rec="1=1; 2=0; 94:98=NA", as.num = F)
> tscs2013r$v83br <-rec(tscs2013r$v83b, rec="1=1; 2=0; 94:98=NA", as.num = F)
> tscs2013r$v83cr <-rec(tscs2013r$v83c, rec="1=1; 2=0; 94:98=NA", as.num = F)
```

```
> #84a. 請問您去過中國大陸（不含港澳）嗎？一共去了幾次？
> #(01)1-3次 (02)4-6次 (03)7-9次
> #(04)10-19次 (05)20次或以上 (06) 從來沒有去過（跳答85）
> table(tscs2013r$v84a)


    1    2    3    4    5    6
  476  116   35   72   81 1168
> tscs2013r$v84ar <-rec(tscs2013r$v84a, rec="6=0; 97:98=NA; else=copy",
+                       as.num = T)
> table(tscs2013r$v84ar)


    0    1    2    3    4    5
 1168  476  116   35   72   81
```

```
> #89. 關於台灣社會文化的現象，請問您同不同意以下各種說法或想法？
> #(01) 非常同意；(02) 同意；(03) 既不同意也不反對；(04) 不同意；(05) 非常不同意
> #(a) 中華民族本來就包含很多族群，不應該分離
> #(b) 面對外來勢力時，台灣人應該有「自己當家作主」的自覺與決心
> #(c) 現在的台灣文化已經不能再說是中國文化的一部分
> #(d) 台灣是個小而美的國度，未來也都會繼續維持下去
> #(e) 台灣人的祖先就是黃帝，我們要繼承這樣的血統與歷史
> #(f) 在台灣長久居住或成長的人們應該一起發展出自己的新民族
> #(g) 台灣人很優秀，各行各業都有人才在世界上有很成功的表現
> #(h) 作為華夏子孫，我們在國際上應該盡力將中華文化發揚光大
> #(i) 不管台灣發生任何問題，我都一定會挺它到底，絕對不會想要移民到國外
> table(tscs2013r$v89a)


    1    2    3    4    5
  220 1235  219  151   24
> tscs2013r$v89ar <-rec(tscs2013r$v89a, rec="1,2=1; 3:5=0; 93:98=NA",
+                       as.num = F)
> table(tscs2013r$v89ar)


    0    1
  394 1455
> tscs2013r$v89br <-rec(tscs2013r$v89b, rec="1,2=1; 3:5=0; 93:98=NA",
+                       as.num = F)
> tscs2013r$v89cr <-rec(tscs2013r$v89c, rec="1,2=1; 3:5=0; 93:98=NA",
+                       as.num = F)
> tscs2013r$v89dr <-rec(tscs2013r$v89d, rec="1,2=1; 3:5=0; 93:98=NA",
+                       as.num = F)
> tscs2013r$v89er <-rec(tscs2013r$v89e, rec="1,2=1; 3:5=0; 93:98=NA",
+                       as.num = F)
> tscs2013r$v89fr <-rec(tscs2013r$v89f, rec="1,2=1; 3:5=0; 93:98=NA",
+                       as.num = F)
```

```
> tscs2013r$v89gr <-rec(tscs2013r$v89g, rec="1,2=1; 3:5=0; 93:98=NA",
+                  as.num = F)
> tscs2013r$v89hr <-rec(tscs2013r$v89h, rec="1,2=1; 3:5=0; 93:98=NA",
+                  as.num = F)
> tscs2013r$v89ir <-rec(tscs2013r$v89i, rec="1,2=1; 3:5=0; 93:98=NA",
+                  as.num = F)
```

```
> #91. 為了和中國大陸進行經濟來往，請問您同不同意台灣接受「世界上只有一個中國，
  台灣是中國的一部分」的原則？
> #(01) 非常同意 (02) 同意 (03) 不同意 (04) 非常不同意
> table(tscs2013r$v91)


   1   2   3   4
  30 329 982 495
> tscs2013r$v91r <-rec(tscs2013r$v91, rec="1,2=1; 3,4=0; 93:98=NA", as.num = F)
> table(tscs2013r$v91r)


    0    1
 1477  359
```

```
> #92. 去年一月的總統選舉，請問您有沒有去投票？投給誰？
> #(01) 有，馬英九 (02) 有，蔡英文
> #(03) 有，宋楚瑜 (04) 有，投廢票
> #(05) 有，但不願意回答或忘記投給誰 (06) 有，但拒領總統選舉票
> #(07) 沒有去投票（跳答 95） (08) 當時年滿 20 歲但沒有總統投票權
> #(09) 當時未滿 20 歲（跳答 95）
> table(tscs2013r$v92)


   1    2    3    4    5    6    7    8    9
 703  540   40   27  153    2  349    3  110
> tscs2013r$v92r <-rec(tscs2013r$v92, rec="1,2=1; 3,4=0; 93:98=NA", as.num = F)
> table(tscs2013r$v92r)
```

```
   0    1
  67 1243
```

> #95. 國內的政黨都有它們的支持者，請問您是哪一個政黨的支持者？
> #（回答 01~07 者跳答 97）
> #(01) 國民黨 (02) 民進黨 (03) 親民黨 (04) 台聯
> #(05) 新黨 (06) 建國黨 (07) 其他政黨，請說明：＿＿＿＿＿＿
> #(08) 泛藍（續答 96）(09) 泛綠（續答 96）(10) 有支持政黨，不願意回答（續答 96）
> #(11) 都沒有／都支持（續答 96）
> **table**(tscs2013r$v95)

```
   1    2    3    4    5    7    8    9   10   11
 361  361   12    3    4    8   77   53   20 1023
```

> tscs2013r$blue <-**rec**(tscs2013r$v95, rec="1,3,5,8=1; else=0; 96:99=NA",
+   as.num = F)
> tscs2013r$green <-**rec**(tscs2013r$v95, rec="2,4,6,9=1; else=0;
+   96:99=NA", as.num = F)
> tscs2013r$camp <-**rec**(tscs2013r$v95, rec="1,3,5,8=1; 2,4,6,9=2;
+   7,10,11=3; 96:99=NA", as.num = F) # 1= 藍；2＝綠；
                       3＝中間／不表態／其他
> **table**(tscs2013r$camp)

```
   1    2    3
 454  417 1051
```

> #96. 一般而言，請問您會比較偏向哪一個政黨？
> #(01) 國民黨 (02) 民進黨 (03) 親民黨 (04) 台聯
> #(05) 新黨 (06) 建國黨 (07) 其他政黨，請說明：＿＿＿＿＿＿
> #(08) 泛藍 (09) 泛綠 (10) 有偏向政黨，不願意回答
> #(11) 都沒有／都支持

　　我們接著用三種方法，創造統獨立場的三個變數，每一個變數用不同的方法編碼，也當作是第五章的複習。

```
> #61. 對於未來台灣與中國大陸的關係，有人主張台灣獨立，也有人主張與大陸統一。請
    問您比較贊成哪一種主張？(01) 儘快宣布獨立 (02) 維持現狀，以後走向獨立 (03) 永
    遠維持現狀 (04) 維持現狀，以後走向統一 (05) 儘快與中國大陸統一
> #Load(tscs2013r.rda)

> #(1) 用 sjmisc::rec() 編碼：「選 1, 2 的編為獨立」 (indpt)
> library(sjmisc)
> tscs2013r$indpt <-rec(tscs2013r$v61, rec="1,2=1; 3:5=0", as.num = F)
> table(tscs2013r$indpt)


   0    1
1145  740
```

```
> #(2) 用 ifelse 編碼：「選 4,5 的編為統一」 (unif)
> tscs2013r$unif <-ifelse(tscs2013r$v61==4, 1, > ifelse(tscs2013r$v61==5,1,0))
> table(tscs2013r$unif)


   0    1
1503  382
```

```
> #(3) 用 list[] 編碼：「選 3 的編為維持現狀」 (stsq)
> tscs2013r$stsq  <-0
> tscs2013r$stsq[tscs2013r$v61==3] <-1
> table(tscs2013r$stsq)


   0    1
1189  763
```

第四步：再次將加入編碼後變數的檔案存為 rda 檔

　　第一個步驟中，我們把 sav 檔存成相同檔名的「tscs2013q2.rda」，目的是為了保存與 sav 原始檔一樣的內容。這次存檔，我們要取不同的檔名，這個動作的意思就是「另存新檔」，也就是說：我們將包含重新編碼後新增變數的資料集重新存成的檔案（tscs2013r.rda），以後要做分析時，直接取用這個資料檔即可，不必重新做編碼的動作。

```
> save(tscs2013r, file ="../tscs2013r.rda", compress = T)
```

　　之後只要使用 load() 指令就可以直接讀入這個 R 專屬的資料物件 tscs2013r 了。你也可以由 RStudio 右上方「Environment」點取「開啟檔案」圖示，直接讀入這個 rda 檔案。

8.1.3　第三階段：資料分析

第一步：把資料「接上」模型

　　請確定你所設計的模型中，每個概念（concept）都找得到資料檔中相對應的測量（measurement）或是問卷題：

- 依變數：（兩岸關係）維持現狀（stsq）
- 自變數：民族認同（twnese）、戰爭預期（v66r）、經濟抉擇（v72r）

第二步：（重新）讀入編碼後的資料

```
> rm(list=ls()) #清空所有暫存區的物件
> load("../tscs2013r.rda")
> names(tscs2013r)
```

- 請再看一眼自己的假設，想清楚：

你是不是真的相信，你的預期會得到資料的支持呢？

1. 假設 1：台灣人認同會影響一個人選擇不要維持現狀。
2. 假設 2：預期戰爭會影響一個人選擇維持現狀。
3. 假設 3：在乎經濟發展會影響一個人選擇維持現狀。

第三步：執行假設檢定

二元勝算對數分析（logistic regression）主要用於對於二元依變數（以 1 與 0 來測量）的分析，可以檢證你提出的解釋變數是不是如預期的對依變數有影響力。

分析使用的指令是 glm()，英文是 generalized linear model（廣義線性模型）。它的語法由三部分組成：第一部分是模型「依變數 ~ 自變數 1+ 自變數 2+……」，第二部分是指明所使用的資料物件 tscs2013r。第三部分是指明 family=binomial，意思是在眾多的線性分析工具家族中，挑選 binomial 這一個針對二元依變數的運算方式。

執行 glm() 的分析結果存入一個物件，在此命名為 mod.1，裡頭存放的是第一個模型（維持現狀模型 1）的結果。最後我們使用 summary() 將迴歸結果印出。

```
> load("../tscs2013r.rda")
> mod.1<-glm(stsq~twnese+v66r +v72r,
+           data = tscs2013r, family = binomial)
> summary(mod.1)
```

```
Call:
glm(formula = stsq ~ twnese + v66r + v72r, family = binomial,
    data = tscs2013r)


Deviance Residuals:
    Min       1Q   Median       3Q      Max
```

```
  -1.1375   -1.0406   -0.8464    1.2889    1.6559


Coefficients:
            Estimate Std. Error z value Pr(>|z|)
(Intercept)  -0.3307     0.1316  -2.513   0.0120 *
twnese1      -0.1636     0.1141  -1.434   0.1517
v66r1         0.2360     0.1042   2.265   0.0235 *
v72r1        -0.5840     0.1119  -5.221 1.78e-07 ***
---
Signif. codes:  0 '***' 0.001 '**' 0.01 '*' 0.05 '.' 0.1 ' ' 1


(Dispersion parameter for binomial family taken to be 1)


    Null deviance: 2380.0  on 1785  degrees of freedom
Residual deviance: 2346.5  on 1782  degrees of freedom
  (166 observations deleted due to missingness)
AIC: 2354.5


Number of Fisher Scoring iterations: 4
```

```
> mod.2<-glm(unif~twnese+v66r +v72r,
> data = tscs2013r, family = binomial)
> summary(mod.2)
```

```
Call:
glm(formula = unif ~ twnese + v66r + v72r, family = binomial,
    data = tscs2013r)


Deviance Residuals:
    Min       1Q   Median       3Q      Max
-1.5404  -0.6267  -0.3798  -0.3276   2.4297
```

```
Coefficients:
            Estimate Std. Error z value Pr(>|z|)
(Intercept)  -1.5281     0.1704  -8.968  <2e-16 ***
twnese1      -1.3699     0.1383  -9.908  <2e-16 ***
v66r1         0.3050     0.1470   2.076  0.0379 *
v72r1         2.0452     0.1357  15.070  <2e-16 ***
---
Signif. codes:  0 '***' 0.001 '**' 0.01 '*' 0.05 '.' 0.1 ' ' 1


(Dispersion parameter for binomial family taken to be 1)


    Null deviance: 1821  on 1765  degrees of freedom
Residual deviance: 1406  on 1762  degrees of freedom
  (186 observations deleted due to missingness)
AIC: 1414


Number of Fisher Scoring iterations: 5
```

第四步：進行共線性檢定

共線性（multicollinearity）指的是迴歸模型中的解釋變數之間具高度相關性。若共線性高，表示自變數之間的關聯性高，那麼會彼此抵銷對依變數的解釋力，將導致原本各自顯著不為 0 的迴歸係數無法拒絕虛無假設。

car::vif() 可以顯示出共線性檢定的結果。variance inflation factor （vif）可以協助我們指出共線性是否嚴重。如果一組變數各自的數值大於 4，我們會說兩個變數之間有高度共線性。

```
> library(car)
> vif(mod.1)
   twnese     v66r      v72r
1.057587 1.014949 1.044774
```

- **關於虛擬變數的處理**

　　分析執行時，R 會將數值最低的那一個變數類別設為對照組（例如，當編碼「男＝1，女＝0」，則對照組為女性；若「男＝1，女＝2」，則對照組為男性），但我們可以透過 relevel() 來設定對照組，以符合觀察的需要。

```
> tscs2013r$v76r <-relevel(factor(tscs2013r$v76r), ref="1")   # 把對照組設
  為「中華民國」(1)
> mod.2<-update(mod.1, .~. +v76r)
> summary(mod.2)
```

```
Call:
glm(formula = stsq ~ twnese + v66r + v72r + v76r, family = binomial,
    data = tscs2013r)


Deviance Residuals:
    Min      1Q   Median       3Q      Max
-1.1966  -1.0429  -0.8401   1.2722   2.4657


Coefficients:
            Estimate Std. Error z value Pr(>|z|)
(Intercept) -0.17915    0.14119  -1.269  0.20450
```

```
twnese1      -0.04102     0.11986   -0.342   0.73220
v66r1         0.22410     0.10577    2.119   0.03412 *
v72r1        -0.63972     0.11454   -5.585 2.34e-08 ***
v76r2        -0.17681     0.17436   -1.014   0.31057
v76r3        -0.32875     0.11191   -2.938   0.00331 **
v76r4        -2.35514     0.52743   -4.465 8.00e-06 ***
v76r5        -0.72560     0.48185   -1.506   0.13210
---
Signif. codes:  0 '***' 0.001 '**' 0.01 '*' 0.05 '.' 0.1 ' ' 1


(Dispersion parameter for binomial family taken to be 1)


    Null deviance: 2361.8  on 1773  degrees of freedom
Residual deviance: 2286.9  on 1766  degrees of freedom
  (178 observations deleted due to missingness)
AIC: 2302.9


Number of Fisher Scoring iterations: 5
```

第五步：將結果視覺化（非必要步驟）

　　sjPlot::sjp.glm() 可以畫出迴歸係數的信賴區間。迴歸係數包含零，視為無法拒絕虛無假設；信賴區間若不包含零，則視為該自變數對依變數有統計上顯示的影響，這個情況下視為支持（替代）假設。

```
> library(sjPlot)
> plot_model(mod.1, axis.labels ="", colors = "gs")
  Waiting for profiling to be done...
```

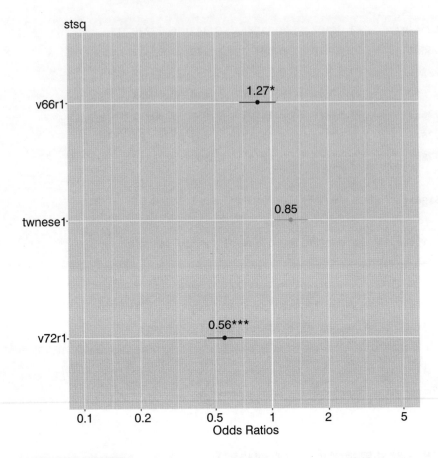

axis.labels = "　" 的意思是製圖時將變數的（中文）標籤設為空值（就是拿掉標籤的意思）。可以改為 axis.labels = c("var1","var2","var3") 就是為這三個變數標籤重新命名為 var1、var2、var3。

8.1.4　第四階段：解讀與解釋

請在練習的 R 檔下方，寫下你對這個結果的解讀，再用滑鼠選取整段文字，按下「Ctrl/Command+Shift+C」轉為註解文字。建議寫下你對以下兩個問題的回答：

1. 哪些假設得到資料的支持？
2. 對於沒有得到支持的假設，我有什麼合理（自圓其說）的解釋？是資料的問題？測量的問題？還是當初想錯了？

8.1.5　發布結果

　　最後，到選單點選「File」→「Knit Document」或按下筆記本按鈕，RStudio 會將 R 語法檔（含語法、結果及結果說明）自動轉爲可供分享的 html 檔。

8.2　電訪調查資料讀入清理與存檔流程：ID2015

8.2.1　關於電訪資料

- 筆者的科技部計畫「隱藏黨派傾向選民之眞實意向調查與預測」。
- 調查性質：電話調查。
- 執行單位：台灣指標民調公司。
- 調查時間：2015 年 4 月 13 日至 4 月 17 日。
- 共計完成有效樣本 N = 1,100。

8.2.2　變數處理

第一步：讀入 SPSS 的資料

　　由於調查執行單位釋出時的資料編碼格式不是 UTF-8，而是 Big5（我們期待日後所有國內民調業者的資料都能使用 UTF-8 的通用格式！），因此若使用 sjlabelled::read_spss() 讀入時，變數及選項標籤會是亂碼。遇到這個情形時，我們使用 foreign::read.spss() 來讀入原始資料檔，並指名當初資料檔的編碼是 Big5。

```
> library(foreign)
> id15 <-read.spss("../Total.sav",
+                  reencode="big5",
+                  use.value.labels= F,
+                  to.data.frame = T
+                  )
  re-encoding from big5
> #str(id15)
```

第二步：使用 sjmisc::set_na() 指令清理無效值

```
> library(sjmisc)
> id15 <-set_na(id15, na=c(92:99, "NA"))
> #str(id15)
```

第三步：用 sjPlot::view_df() 指令製作次數分配報表

```
> library(sjPlot)
> view_df(id15,
+         file="id15_frqTtab.html"), #結果直接另存新檔
+         show. na = T, #顯示未重新編碼前的無效值個數
+         show.frq = T, #顯示次數
+         show.prc = T, #顯示百分比
+         )
```

透過 sjmisc::descr() 可以很快看出資料檔中哪些變數有較高遺漏值（詳見 4.3 節）。

```
> library(sjmisc)
> sjt.df(id15, out="browser")
```

第四步：使用 sjmisc::rec() 指令為變數編碼
- sjmisc::rec() 比 car::recode() 更好用。
- sjmisc::recode_to() 可以將由小到大排列的數值透過設定最小值而重新編碼（例如 110 編為 09）。

```
> library(sjmisc)
> # 給定每個受訪者一個 id
> # names(id15)
> # id15$id <- 1:nrow(id15)

> #1. 性別：【訪員判斷後勾選】
> #(01) 男      (02) 女
> id15$V1r <-rec(id15$V1, rec ="1=1; 2=0", as.num = F)

> #2. 請問，您平常晚上收看電視新聞，都比較習慣看哪一台？
> #(01) 台視   (02) 中視   (03) 華視   (04) 公視   (05) 客家台   (06) 原民台   (07)
    八大   (08) 壹電視   (09) 年代   (10) 東森   (11) 中天   (12) 民視   (13) 三立
    (14)TVBS (15) 非凡 (16) 大愛   (17) 寰宇   (18) 人間衛視   (96) 其他【紀錄內容
    及電話】(97) 不看電視新聞   (98) 不知道／未回答

> #3. 請問，以政府推動的兩岸經濟貿易交流來講，您認為政府和對岸應該更積極交流、
    或減少交流？
> #(01) 政府和對岸應更積極經貿交流      (02) 政府和對岸應減少經貿交流
> #(03) 維持現況【不提示給受訪者】(98) 不知道／無意見／未回答

> #4. 在我們的社會裡，大部分的人對政治都有自己的看法。請問，一般來講，您覺得在
    目前的政黨當中，哪一個黨的主張，比較接近您自己的看法
> #(01) 國民黨      (02) 親民黨      (03) 傾泛藍      (04) 民進黨      (05) 台聯
    (06) 傾泛綠 (07) 中立／不一定／看人不看黨   (98) 不知道／未回答

> #5. 那目前有沒有哪一個政黨，是您絕對不會支持的？
> #(01) 沒有   (02) 國民黨   (03) 親民黨   (04) 新黨   (05) 民進黨   (06) 台聯
    (07) 泛藍   (08) 泛綠      (97) 其他【紀錄內容及電話】   (98) 不知道／未回答

> # 以下幾項是社會上有些人的看法，我也很快請教您的意見。【註：第 6 題至 14 題，題
    序隨機】
```

> *#6. 有人說「兩岸之間最重要的事情就是不要有戰爭，其他的都可以討論」。您同不同*
> *意這項看法？*
> *#(01) 同意　　(02) 不同意　　(98) 不知道／無意見／未回答*
> id15$V6r <- rec(id15$V6, rec = "1=1; 2=0", as.num = F)

> *#7. 有人說「大陸民眾是我們的同胞」。您同不同意這項看法？*
> *#(01) 同意　　(02) 不同意　　(98) 不知道／無意見／未回答*
> id15$V7r <- rec(id15$V7, rec = "1=1; 2=0", as.num = F)

> *#8. 有人說「兩岸民眾有相同的血緣和文化」。您同不同意這項看法？*
> *#(01) 同意　　(02) 不同意　　(98) 不知道／無意見／未回答*
> id15$V8r <- rec(id15$V8, rec = "1=1; 2=0", as.num = F)

> *#9. 有人說「只有中華民國才真正能夠代表中國」。您同不同意這項看法？*
> *#(01) 同意　　(02) 不同意　　(98) 不知道／無意見／未回答*
> id15$V9r <- rec(id15$V9, rec = "1=1; 2=0", as.num = F)

> *#10. 請問，您認為「去上海」算不算是出國？*
> *#(01) 算　　(02) 不算　　(98) 不知道／無意見／未回答*
> id15$V10r <- rec(id15$V10, rec = "1=1; 2=0", as.num = F)

> *#11. 請問，以台灣的現況來講，您認為算不算是已經獨立？*
> *#(01) 算　　(02) 不算　　(98) 不知道／無意見／未回答*
> id15$V11r <- rec(id15$V11, rec = "1=1; 2=0", as.num = F)

> *#12. 有人說「我們國家的正式名稱應該叫做『台灣』」。您同不同意這項看法？*
> *#(01) 同意　(02) 不同意　(98) 不知道／無意見／未回答*
> id15$V12r <- rec(id15$V12, rec = "1=1; 2=0", as.num = F)

> *#13. 請問，您覺得台灣人算不算是已經有自己的國家？*
> *#(01) 算　　(02) 不算　　(98) 不知道／無意見／未回答*
> id15$V13r <- rec(id15$V13, rec = "1=1; 2=0", as.num = F)

> #14. 請問，您認為台灣是一個地名，或者是地名也是國名？
> #(01) 是地名　　(02) 是地名也是國名　　(98) 不知道／無意見／未回答

> #【第 15 題至 26 題，題序隨機，其中 15~16 題、23~24 題為題組】
> #15. 請問，您比較傾向以下哪一種說法？【提示選項 01~03】
> #(01) 兩岸是一個中國　　(02) 兩岸是兩個中國（中華民國、中華人民共和國）(03)
> 兩岸是一中一台（中華人民共和國、台灣）　　(98) 不知道／無意見／未回答
> #【上題回答 (02) 不問本題】

> #16. 您認為「一個中國」是指中華民國、或中華人民共和國？
> #(01) 中華民國　　(02) 中華人民共和國　　(98) 不知道／無意見／未回答

> #17. 請問，您希不希望我們國家永遠都叫做「中華民國」？
> #(01) 希望　　(02) 不希望　　(98) 不知道／無意見／未回答
> id15$V17r <- rec(id15$V17, rec = "1=1; 2=0", as.num = F)

> #18. 請問，您希不希望我們國家的正式名稱就叫做「台灣」？
> #(01) 希望　　(02) 不希望　　(98) 不知道／無意見／未回答
> id15$V18r <- rec(id15$V18, rec = "1=1; 2=0", as.num = F)

> #19. 請問，您希不希望兩岸未來可以成為一個國家？
> #(01) 希望　　(02) 不希望　　(98) 不知道／無意見／未回答
> id15$V19r <- rec(id15$V19, rec = "1=1; 2=0", as.num = F)

> #20. 請問，您希不希望中共政府能夠承認中華民國？
> #(01) 希望　　(02) 不希望　　(98) 不知道／無意見／未回答
> id15$V20r <- rec(id15$V20, rec = "1=1; 2=0", as.num = F)

> #21. 請問，您相不相信我們的民主可以對中國大陸產生正面的影響？
> #(01) 相信　　(02) 不相信　　(98) 不知道／無意見／未回答
> id15$V21r <- rec(id15$V21, rec = "1=1; 2=0", as.num = F)

> #22. 請問，您希不希望中國大陸未來能夠全面實行民主制度？

> #(01) 希望　　(02) 不希望　　(98) 不知道 / 無意見 / 未回答

> id15$V22r <- rec(id15$V22, rec = "1=1; 2=0", as.num = F)

> #23. 請問，您希不希望「中華民國」有一天改名叫作「台灣」？

> #(01) 希望　　(02) 不希望　　(98) 不知道 / 無意見 / 未回答

> id15$V23r <- rec(id15$V23, rec = "1=1; 2=0", as.num = F)

> #【上題回答 (01) 才問本題】

> #24. 那您同不同意制定新的憲法，取代目前的中華民國憲法？

> #(01) 同意　　(02) 不同意　　(98) 不知道 / 無意見 / 未回答

> id15$V24r <- rec(id15$V24, rec = "1=1; 2=0", as.num = F)

> #sjt.frq(id15$V24)

> #sjt.frq(id15$V24, valueLabels = c(" 不同意 "," 同意 "))

> #25. 請問，如果要對大陸的執政黨打一個分數？0 分表示印象極差，10 分表示印象極好，那您會給幾分？

> #_____ 分。　(98) 不知道 / 無意見 / 未回答

> #26. 請問，您擔不擔心美國有一天會放棄台灣？【先問態度，再問強度】

> #(01) 很擔心　　(02) 有點擔心　　(03) 不怎麼擔心　　(04) 完全不擔心　　(98) 不知道 / 無意見 / 未回答

> id15$V26 <-rec(id15$V26, rec ="4=0; 3=1; 2=2; 1=3", as.num = F)

> #27. 請問，以台灣和大陸的關係來講，您比較贊成統一、獨立，或是維持現狀？

> #【若答維持現狀，則追問選項 (02)~(05)】

> #(01) 獨立　　(02) 維持現狀，以後獨立　　(03) 維持現狀，看情形再說　　(04) 永遠維持現狀 (05) 維持現狀，以後統一　　(06) 統一　　(98) 不知道 / 無意見 / 未回答

> #28. 請問，最近幾年您有沒有想過要移民到其他國家、長期離開台灣？
> #【若「有」，追問「那您有沒有進一步去準備過？找資料或問親朋好友等等都算」】
> #(01) 有想過　　(02) 想過，且有進一步準備過　　(03) 沒有想過　　(98) 無意見／未
> 回答

> #29. 我們國家需要好的領導人。請問，您最希望下一任總統是哪一黨的？
> #【若未答特定政黨，追問「那您希望明年是由泛藍、或泛綠陣營做總統」】
> #(01) 無黨籍　　(02) 國民黨　　(03) 親民黨　　(04) 新黨　　(05) 民進黨　　(06) 台聯
> (07) 泛藍　　　(08) 泛綠　　　(98) 不知道／無意見／未回答

> #30. 那如果明天就要投票選總統，您覺得蔡英文會不會當選？
> #(01) 會　　(02) 不會　　(98) 不知道／無意見／未回答
> id15$V30r <- rec(id15$V30, rec = "2=0; 1=1; 98=NA", as.num = F)

> #31. 請問，2012年總統大選的時候，您有沒有投票權？那您當時是投給哪一組候選人？
> #(01) 當時沒有投票權　　(02) 蔡英文、蘇嘉全　　(03) 馬英九、吳敦義　　(04) 宋楚
> 瑜、林瑞雄 (05) 投廢票 (06) 有投票權但沒投票　　(98) 不記得／未回答

> #32. 請問，我們社會上有人說自己是「台灣人」，也有人說自己是「中國人」，也有人
> 說都是。您認為自己是「台灣人」、「中國人」，或者兩種都是？
> #(01) 台灣人　　(02) 中國人　　(03) 是台灣人也是中國人　　(98) 不知道／無意見／
> 未回答

> #33. 請問，您的戶口是在哪一個縣市？
> #(01) 台北市 (02) 新北市 (03) 基隆市 (04) 桃園市 (05) 新竹市 (06) 新竹縣 (07)
> 苗栗縣 (08) 台中市 (09) 彰化縣 (10) 南投縣 (11) 雲林縣 (12) 嘉義市 (13) 嘉義
> 縣 (14) 台南市 (15) 高雄市 (16) 屏東縣 (17) 台東縣 (18) 花蓮縣 (19) 宜蘭縣 (20)
> 澎湖縣 (21) 金門縣 (22) 連江縣 (98) 未回答

```
> #34. 請問，您是民國哪一年出生的？
> #【若不知或未答，追問「那您今年是幾歲」，以（104－歲數＝民國年次）換算後輸入】
> # 民國＿＿＿＿年　　(98) 未回答


> # 出生的民國年是 k34_0，實際年齡是 q34


> #sjt.frq(id15$Q34)
> #table(id15$Q34, exclude=NULL)
> # 將年齡重新編碼爲六個政治世代


> id15$generation <-NA
> id15$generation[id15$Q34>=(2015-1931)] <-1
> id15$generation[id15$Q34<=(2015-1932) &id15$Q34>=(2015-1953)] <-2
> id15$generation[id15$Q34<=(2015-1954) &id15$Q34>=(2015-1968)] <-3
> id15$generation[id15$Q34<=(2015-1969) &id15$Q34>=(2015-1978)] <-4
> id15$generation[id15$Q34<=(2015-1979) &id15$Q34>=(2015-1988)] <-5
> id15$generation[id15$Q34<=(2015-1989)] <-6#less than 26


> id15$gen.1<-ifelse(id15$generation==1,1,0)
> id15$gen.2<-ifelse(id15$generation==2,1,0)
> id15$gen.3<-ifelse(id15$generation==3,1,0)
> id15$gen.4<-ifelse(id15$generation==4,1,0)
> id15$gen.5<-ifelse(id15$generation==5,1,0)
> id15$gen.6<-ifelse(id15$generation==6,1,0)


> #35. 請問，最近 3 年您有沒有去過中國大陸？香港、澳門不算。
> #【若答「沒有」，續問「那您有沒有曾經在大陸求學、或工作的家人？」】
> #(01) 自己去過　　(02) 自己沒去過，但家人曾在大陸求學或工作　　(03) 都沒有
   (98) 未回答
```

> #36. 請問，您最高的學歷是什麼？(台：您讀到什麼學校)

> #(01) 不識字　　　　(02) 識字但未入學　(03) 小學 / 肄　(04) 小學 / 畢　　(05) 國初中 / 肄 (06) 國初中 / 畢　　　　(07) 高中職 / 肄　(08) 高中職 / 畢　　(09) 專科 / 肄　　(10) 專科 / 畢　(11) 大學 / 肄 (含在學)　(12) 大學 / 畢　　　　(13) 研究所 (含在學、肄、畢)　　　　(98) 未回答

　　以上你已經一次看到並處理整份問卷的題幹、選項，以及編碼。這個做法能讓你未來不必去找原始問卷檔及編碼簿，只要打開 R 檔就能一目瞭然。

第五步：判斷並移除不必要的欄位（非必要步驟）

　　移除不需要變數（例如不可公開或傳遞的生日或手機欄位）的三個方法：

方法一：直接刪除

　　欄位連同標籤一個一個消除這方法可以直接指定變數名稱且保留標籤，但較不適合多個變數要刪除的情況。

```
> id15$V37_1<-NULL
> id15$V37_2<-NULL
> id15$K37_0<-NULL
> id15$K37_1<-NULL
```

方法二：設定第幾欄刪除（較不建議）

　　這方法會造成部分標籤遺失，且需使用 index 的方式挑變數較不直觀。

```
> names(id15)
> id15c<-id15[c(-6,-7)] #此為 VA4, VA5
```

方法三：使用 subset 指令及 select 參數來依指定欄位名稱刪除變數（較不建議）

注意：這方法也很直觀，但將無法保留標籤[1]。

```
> id15 <-subset(id15, select=-c(PID1,PID2, VB4, VB5))
```

第六步：將包含標籤資訊的資料檔另存為 rda 檔或 sav 檔

```
> save(id15, file ="../id15.rda") #存為 rda
> sjlabelled::write_spss(id15, "../id15.sav") #存為 sav
```

補充盒子 8.1   原始資料與變數標籤

使用 sjmisc 套件中的 get_label() 與 get_labels() 可以分別取得 sav 資料檔中的變數及選項的標籤；若資料檔沒有任何標籤，就可以使用 set_label() 與 set_labels() 將兩類標籤加入資料檔中。

```
> ## 以傳統方法讀取不帶標籤的資料檔
> library(foreign)
> id15raw <-read.spss(file ="../Total.sav",
+                    use.value.labels =FALSE,
+                    reencode ="big5", use.missings=F)
> id15raw <-as.data.frame(id15raw, stringsAsFactors=FALSE)
```

---

[1] 參考：How to drop columns by name in a data frame: http://stackoverflow.com/questions/5234117/how-to-drop-columns-by-name-in-a-data-frame。

```
> ## 以新方法讀入帶標籤的資料檔
> library(sjlabelled)
> id15 <-read_spss("../Total.sav",
+                 option="foreign",
+                 enc ="big5",
+                 attach.var.labels = T)
> var.label<-get_label(id15) #取得資料檔中全部變數名稱標籤

> ## 將標籤載入無標籤的檔案中
> id15new <-set_label(id15raw, var.label)
> save(id15new, file="../id15new.rda")
```

8.3　電訪資料分析實作：ID2015 假設檢證

8.3.1　研究問題

　　我們接續使用 8.2 節的資料檔來試答這些研究問題：1. 維持現狀的「中間」民眾基本圖像爲何？ 2. 選擇「維持現狀」的原因是自身政黨認同的弱化、對國家與民族認同的混亂、對於中國大陸彼長我消的徬徨，還是有其他因素？ 3. 維持現狀偏好是跨越藍綠的現象，還是有世代差異？

8.3.2　研究目的

1. 解讀「維持現狀」民眾的圖像。
2. 檢視國號認同如何受政黨認同及民族認同影響。

第一步：讀入資料

```
> load("../id15.rda")
```

第二步：檢視結構

```
> names(id15)  # 包含了上一節所新創的變數
 [1] "V1"    "V2"    "V3"    "V4"    "V5"
 [6] "VA4"   "VA5"   "V6"    "V7"    "V8"
[11] "V9"    "V10"   "V11"   "V12"   "V13"
[16] "V14"   "V15"   "V16"   "V17"   "V18"
[21] "V19"   "V20"   "V21"   "V22"   "V23"
[26] "V24"   "V25"   "V26"   "V27"   "V28"
[31] "V29"   "V30"   "V31"   "V32"   "VB4"
```

```
[36] "VB5"        "V33"         "V34"        "V35"        "V36"
[41] "S1"         "REC_NO"      "KA5_0"      "KB5_0"      "K34_0"
[46] "Q33"        "Q34"         "AGE1"       "AGE2"       "EDU"
[51] "PID1"       "PID2"        "Q35"        "WEIGHT"     "V1r"
[56] "V6r"        "V7r"         "V8r"        "V9r"        "V10r"
[61] "V11r"       "V12r"        "V13r"       "V17r"       "V18r"
[66] "V19r"       "V20r"        "V21r"       "V22r"       "V23r"
[71] "V24r"       "V26r"        "V30r"       "generation" "gen.1"
[76] "gen.2"      "gen.3"       "gen.4"      "gen.5"      "gen.6"
[81] "stq"        "changeROC"   "idROC"      "idROCTW"    "idTW"
[86] "twnese"     "cnese"       "bothtwcn"   "camps"      "indpt"
[91] "blue"       "green"
> str(id15, list.len=5)  # 列出前五個變數 Classes 'tbl_df', 'tbl' and
'data.frame':   1100 obs. of  92 variables:
 $ V1        : atomic  2 2 2 2 2 1 2 2 2 1 ...
  ..- attr(*, "value.labels")= Named chr   "2" "1"
  .. ..- attr(*, "names")= chr  " 女 " " 男 "
 $ V2        : atomic  1 1 1 1 1 1 1 2 2 2 ...
  ..- attr(*, "value.labels")= Named chr  "98" "97" "96" "18" ...
  .. ..- attr(*, "names")= chr   " 不知道 / 未回答 " " 不看電視新聞 " " 其他【紀
錄內容及電話】" " 人間衛視 " ...
 $ V3        : atomic  NA 1 2 3 NA NA NA NA 1 1 ...
  ..- attr(*, "value.labels")= Named chr   "98" "3" "2" "1"
  .. ..- attr(*, "names")= chr   " 不知道 / 無意見 / 未回答 " " 維持現況【不提示
給受訪者】" " 政府和對岸應減少經貿交流 " " 政府和對岸應更積極經貿交流 "
 $ V4        : atomic  1 4 4 7 7 7 7 1 1 1 ...
  ..- attr(*, "value.labels")= Named chr   "98" "7" "6" "5" ...
  .. ..- attr(*, "names")= chr   " 不知道 / 未回答 " " 中立 / 不一定 / 看人不看黨
" " 傾泛綠 " " 台聯 " ...
 $ V5        : atomic  4 2 2 NA 1 1 1 1 1 6 ...
```

```
..- attr(*, "value.labels")= Named chr  "98" "97" "8" "7" ...
.. ..- attr(*, "names")= chr   "不知道/未回答" "其他" "泛綠" "泛藍" ...
[list output truncated]
 - attr(*, "variable.labels")= Named chr   "性別" "請問,您平常晚上收看電
視新聞,都比較習慣看哪一台?" "請問,以政府推動的兩岸經濟貿易交流來講,您認為
政府和對岸應該更積極交流、或減少交流?" "在我們的社會裡,大部份的人對政治都有
自己的看法。請問,一般來講,您覺得在目前的政黨當中,哪一個黨的主張,比較接近您
自己的看法?" ...
 ..- attr(*, "names")= chr  "V1" "V2" "V3" "V4" ...
```

第三步：新增變數與編碼

　　在重新編碼時同時指明變數的類型是否為類別變數（factor）以及為
新變數加上變數名稱標籤。

　　(1) 維持現狀（V27）

```
> #27. 請問,以台灣和大陸的關係來講,您比較贊成統一、獨立,或是維持現狀?
> #【若答維持現狀,則追問選項 (02)~(05)】
> #(01) 獨立    (02) 維持現狀,以後獨立    (03) 維持現狀,看情形再說    (04) 永遠
    維持現狀 (05) 維持現狀,以後統一    (06) 統一    (98) 不知道/無意見/未回答
> library(sjPlot)
> library(sjmisc)
> frq(id15$V27, weight.by = id15$WEIGHT)
```

```
# x <numeric>
# Total N=1030 valid N=1030 mean=2.78 sd=1.40


val              label frq raw.prc valid.prc cum.prc
  1               獨立 281   27.28     27.28  100.00
  2    維持現狀,以後獨立 102    9.90      9.90   72.72
```

3	維持現狀，看情形再說	365	35.44	35.44	62.82
4	永遠維持現狀	175	16.99	16.99	27.38
5	維持現狀，以後統一	61	5.92	5.92	10.39
6	統一	46	4.47	4.47	4.47
98	不知道 / 無意見 / 未回答	0	0.00	0.00	0.00
NA	NA	0	0.00	NA	NA

```
> table(id15$V27, exclude = NULL)
```

```
      1    2    3    4    5    6
    248  106  367  186   71   47
id15$stq <-rec(id15$V27, rec ="1,2,5,6=0; 3,4=1",
+            as.num = F,
+            > val.labels =c(" 否 ", " 是 "),
+            > var.label =" 維持現狀 ")
> id15$stq <-as.factor(id15$stq)
> frq(id15$stq)
```

```
# 維持現狀 <categorical>
# Total N=1100 (valid N=1025)


  val label frq raw.prc valid.prc cum.prc
    0    否 472   42.91     46.05   46.05
    1    是 553   50.27     53.95  100.00
   NA   NA  75    6.82        NA      NA
```

(2) 改變國號（V23）

```
> #23. 請問，您希不希望「中華民國」有一天改名叫作「台灣」？
> #(01) 希望    (02) 不希望    (98) 不知道／無意見／未回答
> library(sjmisc)
> library(sjlabelled)
> frq(id15$V23)
```

```
# x <numeric>
# Total N=1100 valid N=929 mean=1.36 sd=0.48


val                    label frq raw.prc valid.prc cum.prc
  1                     希望 598   54.36     64.37  100.00
  2                   不希望 331   30.09     35.63   35.63
 98 不知道／無意見／未回答   0    0.00      0.00    0.00
 NA                       NA 171   15.55        NA      NA
```

```
> id15$changeROC <- set_label(as.factor(id15$V23), " 改變國號 ")
> id15$changeROC <- rec(id15$changeROC, rec="1=1; 2=0; 98=NA",
+                       val.labels = c(" 不希望 "," 希望 "),
+                       as.num = F)
> frq(id15$changeROC)
# 改變國號 (x) <categorical>
# total N=1100  valid N=929  mean=0.64  sd=0.48
  val  label frq raw.prc valid.prc cum.prc
    0 不希望 331   30.09     35.63   35.63
    1   希望 598   54.36     64.37  100.00
   NA     NA 171   15.55        NA      NA
```

(3) 國名認同（V17 & V18）

```
> library(sjlabelled)
> library(sjmisc)
> library(sjlabelled)
> library(sjmisc)
> # 17. 請問，您希不希望我們國家永遠都叫做「中華民國」？
> # (01) 希望    (00) 不希望
> ## 原始資料（加權後）：
> table(id15$V17r, exclude=NULL)
   0    1 <NA>
 269  687  144
> frq(id15$V17r, weight.by = id15$WEIGHT)
```

```
  # x (categorical)
  # Total N=964 valid N=964 mean=0.69 sd=0.46

    val frq  label raw.prc valid.prc cum.prc
      0 296 <none>   30.71     30.71   30.71
      1 668 <none>   69.29     69.29  100.00
   <NA>   0     NA    0.00        NA      NA
```

```
> id15$idROC <-rec(id15$V17, rec ="1=1; 0=0", as.num = F,
+               val.labels =c("不希望","希望"))
> id15$idROC <-set label(id15$idROC, "國民中華民國")
> frq(id15$idROC)

# 國名中華民國 (x) <categorical>
# total N=1100  valid N=956  mean=0.72  sd=0.45
```

```
val  label frq raw.prc valid.prc cum.prc
  0 不希望 269   24.45     28.14   28.14
  1   希望 687   62.45     71.86  100.00
 NA     NA 144   13.09       NA      NA
```

> #18. 請問，您希不希望我們國家的正式名稱就叫做「台灣」？

> #(01) 希望　　(02) 不希望　　(98) 不知道 / 無意見 / 未回答

> ## 原始資料（加權後）：

> frq(id15$V18 , weight.by = id15$WEIGHT)

```
# x <categorical>
# Total N=991 valid N=991 mean=0.78 sd=0.41


  val frq  label raw.prc valid.prc cum.prc
    0 214 <none>   21.59     21.59   21.59
    1 777 <none>   78.41     78.41  100.00
 <NA>   0     NA    0.00        NA      NA
```
> id15$idTW <- rec(id15$V18r, rec = "1=1; 0=0",
+   as.num = F, val.labels = c(" 不希望 "," 希望 "))
> id15$idTW <- set_label(id15$idTW, " 國名台灣 ")
> frq(id15$idTW)
```
# 國名台灣 (x) <categorical>
# total N=1100  valid N=977  mean=0.76  sd=0.43
  val  label frq raw.prc valid.prc cum.prc
    0 不希望 237   21.55     24.26   24.26
    1   希望 740   67.27     75.74  100.00
   NA     NA 123   11.18       NA      NA
```
> # 雙重國名認同者
> id15$idROCTW <-as.factor(ifelse(id15$idROC==1&id15$idTW==1, 1, 0))

```
> id15$idROCTW <-set_label(id15$idROCTW, "雙重國名認同者")
> id15$idROCTW <-set_labels(as.factor(id15$idROCTW),
+                          labels=c("否","是"))
> frq(id15$idROCTW)


# 雙重國名認同 <categorical>
# Total N=1100 valid N=902 mean=0.45 sd=0.50

  val label frq raw.prc valid.prc cum.prc
    0    否 493   44.82     54.66   54.66
    1    是 409   37.18     45.34  100.00
   NA    NA 198   18.00        NA      NA
```

(4) 民族／族群認同（V32）

```
> #32. 請問，我們社會上有人說自己是「台灣人」，也有人說自己是「中國人」，也有人
  說都是。您認為自己是「台灣人」、「中國人」，或者兩種都是？
> #(01) 台灣人    (02) 中國人    (03) 是台灣人也是中國人 (98) 不知道／無意見／未
  回答
> id15$twnese <-rec(id15$V32, rec ="1=1; else=0",
+                   as.num = F, var.label ="台灣人認同者")
> frq(id15$twnese)


# 台灣人認同者 (x)<categorical>
# Total N=1100 valid N=1059 mean=0.60 sd=0.49

  val frq raw.prc valid.prc cum.prc
    0 426   38.73     40.23   40.23
    1 633   57.55     59.77  100.00
 <NA>  41    3.73        NA      NA
```

```
> id15$cnese <-rec(id15$V32, rec ="2=1; else=0",
+                  as.num = F, var.label =" 中國人認同者 ")
> frq(id15$cnese)
```

```
# 中國人認同者 (x)<categorical>
# Total N=1100 valid N=1059 mean=0.02 sd=0.15

 val  frq raw.prc valid.prc cum.prc
   0 1034   94.00     97.64   97.64
   1   25    2.27      2.36  100.00
<NA>   41    3.73        NA      NA
```

```
> id15$bothtwcn <-rec(id15$V32, rec ="3=1; else=0",
+                  as.num = F, var.label =" 雙重民族認同者 ")
> frq(id15$bothtwcn)
```

```
# 雙重民族認同者 (x)<categorical>
# Total N=1100 valid N=1059 mean=0.38 sd=0.49

 val  frq raw.prc valid.prc cum.prc
   0  658   59.82     62.13   62.13
   1  401   36.45     37.87  100.00
<NA>   41    3.73        NA      NA
```

(5) 政黨認同（V15）

```
> library(sjmisc)
> library(sjPlot)
```

> #4. 在我們的社會裡，大部分的人對政治都有自己的看法。請問，一般來講，您覺得在
目前的政黨當中，哪一個黨的主張，比較接近您自己的看法
> #(01) 國民黨　　(02) 親民黨　　(03) 傾泛藍　　(04) 民進黨　　(05) 台聯
(06) 傾泛綠 (07) 中立 / 不一定 / 看人不看黨
> frq(id15$V4)

```
# x <numeric>
# Total N=1100 valid N=1002 mean=4.93 sd=2.27

 val            label frq raw.prc valid.prc cum.prc
   1           國民黨 169   15.36     16.87  100.00
   2           親民黨  10    0.91      1.00   83.13
   3           傾泛藍  34    3.09      3.39   82.14
   4           民進黨 277   25.18     27.64   78.74
   5             台聯   5    0.45      0.50   51.10
   6           傾泛綠  30    2.73      2.99   50.60
   7 中立 / 不一定 / 看人不看黨 477  43.36  47.60   47.60
  98       不知道 / 未回答   0    0.00      0.00    0.00
  NA                    NA  98    8.91        NA      NA
```

> id15$camps <-rec(id15$V4, rec ="1:3=1; 4:6=2; else=0",
+   as.num = F, var.label =" 藍 (1) 綠 (2) 陣營 ")
> frq(id15$camps)

```
# 藍 (1) 綠 (2) 陣營 (x)<categorical>
# Total N=1100 valid N=1002 mean=0.84 sd=0.87
```

```
  val  frq raw.prc valid.prc cum.prc
    0  477   43.36     47.60   47.60
    1  213   19.36     21.26   68.86
    2  312   28.36     31.14  100.00
 <NA>   98    8.91        NA      NA
```

```
> id15$indpt <-rec(id15$V4, rec ="7=1; else=0",
+                  as.num = F, var.label ="自稱無政黨認同者",
+                  val.labels =c("否","是"))
> frq(id15$indpt)
```

```
# 自稱無政黨認同者 (x)<categorical>
# Total N=1100 valid N=1002 mean=0.48 sd=0.50

  val label frq raw.prc valid.prc cum.prc
    0    否 525   47.73      52.4    52.4
    1    是 477   43.36      47.6   100.0
   NA    NA  98    8.91        NA      NA
```

```
> id15$blue <-rec(id15$V4, rec ="1:3=1; else=0",
+                 as.num = F,
+                 var.label ="泛藍認同者", val.labels =c("否","是"))
> frq(id15$blue)
```

```
# 泛藍認同者 (x)<categorical>
# Total N=1100 valid N=1002 mean=0.21 sd=0.41
```

```
val label frq raw.prc valid.prc cum.prc
  0    否 789   71.73     78.74   78.74
  1    是 213   19.36     21.26  100.00
 NA    NA  98    8.91        NA      NA
```

```
> id15$green <-rec(id15$V4, rec ="4:6=1; else=0",
+               as.num = F,
+               var.label =" 泛綠認同者 ",
+               val.labels =c(" 否 "," 是 "))
> frq(id15$green)
```

```
# 泛綠認同者 (x)<categorical>
# Total N=1100 valid N=1002 mean=0.31 sd=0.46

val label frq raw.prc valid.prc cum.prc
  0    否 690   62.73     68.86   68.86
  1    是 312   28.36     31.14  100.00
 NA    NA  98    8.91        NA      NA
```

第四步：資料存檔

```
> save(id15, file="../id15.rda")
```

第五步：視覺化核心變數之間的關係

1. 用 sjplot 套件製類別變數關係圖

　　sjPlot::sjt.xtab() 的交叉表，呈現了「政黨傾向」與「維持現狀」兩個變數之間的高度相關性（見下表）。依語法參數來看，每個細格給出三個資訊，依序是次數、列百分比（row percentage）及欄百分比（column percentage）。表格下方則給出了顯著性檢定所需要的統計量。由結果來看，自稱無特定政黨傾向者較易傾向「維持現狀」。

```
> library(sjPlot)
> sjt.xtab(id15$indpt, id15$stq,
+          show.obs = T,
+          show.row.prc = T,
+          show.col.prc = T,
+          remove.spaces = T)
```

自稱無政黨認同者	維持現狀		Total
	否	是	
否	283	222	505
	56%	44%	100%
	65.2%	43.8%	53.7%
是	151	285	436
	34.6%	66.4%	100%
	34.8%	56.2%	46.3%
Total	434	507	941
	46.1%	53.9%	100%
	100%	100%	100%

$$x^2 = 42.291, df = 1, \phi = 0.214, p = 0.000$$

2. 用 VCD 套件製類別變數關聯圖

　　我們可以使用 VCD::cotabplot() 來繪製變數之間的關聯圖。這個指令最多可以產生三維（三個變數）的分析。例如「改國名」（change ROC）、「（唯）台灣人認同」（twnese）、「中間選民」（indpt）三者之間具相關性（見下圖）。

```
> library(vcd)
> cotabplot(~ id15$changeROC + id15$twnese + id15$indpt, shade=TRUE)
```

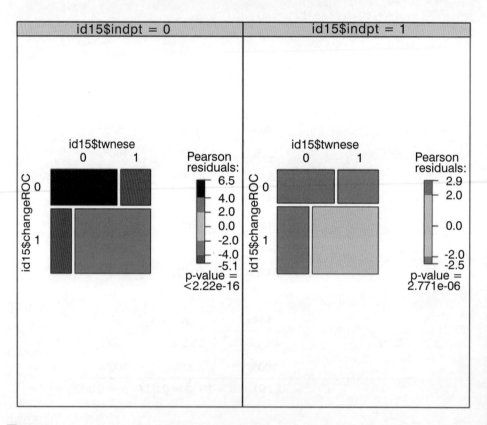

圖 8.3.2-1

再舉一例，我們也可以直接看出「維持現狀」與「台灣人認同」之間有高度相關性（見下圖）。

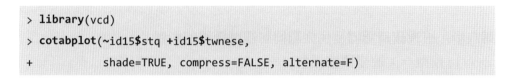

```
> library(vcd)
> cotabplot(~id15$stq +id15$twnese,
+            shade=TRUE, compress=FALSE, alternate=F)
```

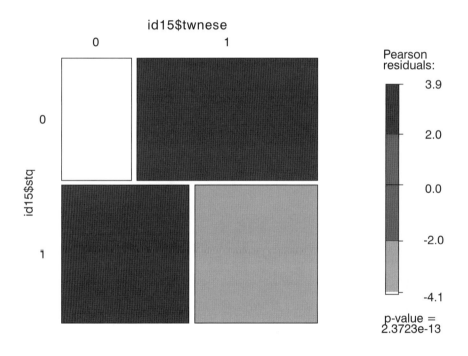

方塊的大小表示細格中的人數。愈深的灰色表示愈高度的正相關；白色表示愈高度的負相關。淺灰色則表示相關性不顯著。從維持現狀的偏好來看，對於有政黨傾向的人來說（indpt＝0），（唯）台灣人認同與維持現狀的態度高度相關。認為自己是台灣人（而非既是台灣人也是中國人者）較不偏好兩岸關係（只是）維持現狀；認為自己是台灣人也是中國人（含只認為自己是中國人者）則偏好維持兩岸關係現狀。對於自認沒有政黨傾向的人來說（indpt＝1），（唯）台灣人認同與改變現狀的期待高度相關：（唯）台灣人認同者對維持現狀的態度與具政黨傾向者的態度十分一致。有趣的是，（唯）台灣人認同與「維持現狀」相關性不強；是帶有中國人認同者傾向偏好維持現狀。

第六步：檢視政黨認同及民族認同對國號認同的影響

(1) 模型一：改變國號模型

- 假設一：無政黨傾向且認同中華民國國號者將不希望改變國號現狀。
- 假設二：無政黨傾向且希望國號爲台灣者希望改變國號現狀。
- 假設三：無政黨傾向且自認爲台灣人者希望改變國號現狀。

```
> mod.1<-glm(changeROC~idROC+idTW +indpt +green +
+              twnese +indpt:idROC +indpt:idTW +indpt:twnese,
+           data = id15, family =binomial())
> summary(mod.1)
```

```
Call:
glm(formula = changeROC ~ idROC + idTW + indpt + green + twnese +
    indpt:idROC + indpt:idTW + indpt:twnese, family = binomial(),
    data = id15)


Deviance Residuals:
    Min      1Q   Median       3Q      Max
-2.4261  -0.3233   0.3793   0.5681   2.4402


Coefficients:
            Estimate Std. Error z value Pr(>|z|)
(Intercept)  -1.98710    0.48826  -4.070 4.71e-05 ***
idROC1       -0.93788    0.34765  -2.698  0.00698 **
idTW1         2.93078    0.39903   7.345 2.06e-13 ***
indpt1       -0.04735    0.82150  -0.058  0.95404
```

```
green1            1.38167     0.31054    4.449 8.62e-06 ***
twnese1           0.56348     0.32078    1.757  0.07899 .
idROC1:indpt1     0.08446     0.56817    0.149  0.88182
idTW1:indpt1      1.27677     0.64349    1.984  0.04724 *
indpt1:twnese1   -0.14094     0.48280   -0.292  0.77035
---
Signif. codes:  0 '***' 0.001 '**' 0.01 '*' 0.05 '.' 0.1 ' ' 1


(Dispersion parameter for binomial family taken to be 1)


    Null deviance: 960.52  on 751  degrees of freedom
Residual deviance: 531.85  on 743  degrees of freedom
  (348 observations deleted due to missingness)
AIC: 549.85


Number of Fisher Scoring iterations: 5
```

```
> library(car)
> vif(mod.1)
```

```
       idROC         idTW        indpt        green       twnese
    1.671511     1.714330    12.867411     1.667648     1.971175
 idROC:indpt   idTW:indpt indpt:twnese
    5.600636     7.437782     3.169071
```

```
> library(sjPlot)
> plot_model(mod.1, type = "est", auto.label = F, colors = "gs")
```

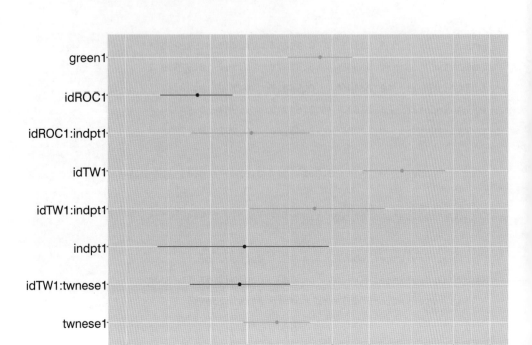

結果顯示 green 與 idTW 對於改變國號有正向顯著的影響，而 idROC 則是顯著的負向影響。至於 idTW 與 indpt 交叉的調節效果則只能勉強說有影響，勉強支持了假設三（見上圖）。

(2) 模型二：維持現狀模型

- 假設四：無政黨傾向且認同中華民國國號者將希望兩岸維持現狀。
- 假設五：無政黨傾向且希望國號為台灣者不希望兩岸維持現狀。
- 假設六：無政黨傾向且自認為台灣人者不希望兩岸維持現狀。

```
> library(sjPlot)
> mod.2<-glm(stq~idROC +idTW +indpt +green
+            +twnese +indpt:idROC +indpt:idTW +indpt:twnese,
+            data = id15, family = binomial)
> summary(mod.2)
```

```
Call:
glm(formula = stq ~ idROC + idTW + indpt + green + twnese +
    indpt:idROC + indpt:idTW + indpt:twnese, family = binomial, data =
    id15)


Deviance Residuals:
    Min      1Q   Median      3Q      Max
-1.8249  -1.0676   0.6476   1.0291   2.0101


Coefficients:
                 Estimate Std. Error z value Pr(>|z|)
(Intercept)       -0.6625     0.3108  -2.132 0.033034 *
idROC1             0.9810     0.2378   4.125 3.71e-05 ***
idTW1              0.6334     0.3030   2.091 0.036566 *
indpt1             1.3709     0.4970   2.758 0.005810 **
green1            -0.3268     0.2619  -1.248 0.212143
twnese1           -0.8888     0.2552  -3.483 0.000496 ***
idROC1:indpt1     -0.2339     0.3572  -0.655 0.512526
idTW1:indpt1      -0.9602     0.4290  -2.238 0.025198 *
indpt1:twnese1     0.1197     0.3606   0.332 0.739926
---
Signif. codes:  0 '***' 0.001 '**' 0.01 '*' 0.05 '.' 0.1 ' ' 1


(Dispersion parameter for binomial family taken to be 1)


    Null deviance: 1080.80  on 779  degrees of freedom
Residual deviance:  974.41  on 771  degrees of freedom
  (320 observations deleted due to missingness)
AIC: 992.41


Number of Fisher Scoring iterations: 4
```

第七步：為迴歸分析結果製表

```
> ivlabels.mod.2<-c("希望國號中華民國","希望國號爲台灣","無政黨傾向","
        泛綠陣營","台灣人（非中國人亦非「都是」）",
        "無政黨傾向＊國號中華民國","無政黨傾向＊國號台灣",
        "無政黨傾向＊台灣人")


> sjt.glm(mod.1, mod.2,
+       show.aic=TRUE,
+       show.loglik=TRUE,
+       show.ci=FALSE,
+       show.se=TRUE,
+       show.r2=TRUE,
+       show.col.header=TRUE,
+       digits.p=3,
+       digits.se=3,
+       digits.est=3,
+       CSS=list(css.topborder="border-top:1px solid black;"),
+       use.viewer=TRUE,
+       exp.coef=FALSE,
+       string.est="勝算",
+       string.se="標準誤",
+       string.dv =c("改變國號","維持現狀"),
+       pred.labels = ivlabels.mod.2,
+       file="mod.1_and_mod.2.html")
```

	改變國號			維持現狀		
	勝算	標準誤	p	勝算	標準誤	p
(Intercept)	-1.987	0.488	<.001	-0.662	0.311	.033
希望國號中華民國	-0.938	0.348	.007	0.981	0.238	<.001
希望國號為台灣	2.931	0.399	<.001	0.633	0.303	.037
無政黨傾向	-0.047	0.821	.954	1.371	0.497	.006
泛綠陣營	1.382	0.311	<.001	-0.327	0.262	.212
台灣人（非中國人亦非「都是」）	0.563	0.321	.079	-0.889	0.255	<.001
無政黨傾向 * 國號中華民國	0.084	0.568	.882	-0.234	0.357	.513
無政黨傾向 * 國號台灣	1.277	0.643	.047	-0.960	0.429	.025
無政黨傾向 * 台灣人	-0.141	0.483	.770	0.120	0.361	.740
Observations	752			780		
Pseudo-R^2	$R^2_{CS} = .594$ $R^2_N = .743$ $D = .533$			$R^2_{CS} = .431$ $R^2_N = .515$ $D = .130$		
AIC	549.847			992.413		
-2 Log-Likelihood	531.847			974.413		

8.4　電訪資料分析實作：TNSS2015

8.4.1　研究動機

2016年4月，蘇起先生表示，依數據顯示，中共不會打、美國不會救的狀況（現狀）下，台獨的支持比例是近六成，若是中共不打、美國會來救，台獨支持比例將提高到七成八。而且「中共會攻打」的因素加進來後，台獨的支持比例立刻腰斬，即便美國會出手救援，台獨的支持比例將會跌破四成。他認爲台灣人有條件的支持台獨，中共攻台的因素比美國援台更重要。由於他使用的資料是公開的調查資料，我們來試著使用同樣一筆資料重製他的發現，並檢證他的說法是否與資料蘊藏的意義一致[2]。

8.4.2　研究問題

1. 中共攻台與美國援台對於支持台獨傾向是否有影響？
2. 對民眾來說這兩個因素之間是否相互牽制？

8.4.3　研究假設

- 假設1：若民眾認知到中共會攻打台灣，會降低支持台獨的可能。
- 假設2：若民眾認知到美國會救台灣，會增加支持台獨的可能。
- 假設3：中共攻台的認知具有調節美國援台對支持台獨影響的作用（反之亦然）。

8.4.4　資料描述

我們使用「台灣國家安全調查」（http://sites.duke.edu/pass/data/）

2　新聞來源：2016年4月7日「台灣人支持台獨是有條件的」（https://newtalk.tw/news/view/2016-04-07/71900）。

的資料來做這一次的實作練習。這個資料爲美國杜克大學（Duke University）與政大選舉研究中心合作的研究案資料，受訪對象爲台灣地區（不含金門、馬祖）年滿 20 歲以上的成年人。抽樣是以「中華電信住宅部 103 至 104 年版電話號碼簿」爲母體清冊，依據各縣市電話簿所刊電話數占台灣地區所刊電話總數比例，決定各縣市抽出之電話個數。先以等距抽樣法抽出各縣市電話樣本後，爲求完整的涵蓋性，再隨機修正最後二碼及四碼，以求接觸到未登錄電話的住宅戶。電話接通後再由電訪員按照戶中抽樣的原則，抽出應受訪的對象進行訪問。調查期間爲 2015 年 10 月 27 日至 10 月 30 日，以及 11 月 2 日和 3 日，由政治大學選舉研究中心執行。最後完成的有效問卷 1,071 份。若以 95% 之信賴度估計，最大可能抽樣誤差爲：±2.99%[3]。

8.4.5 資料分析

第一步：讀入資料

```
> load("../TNSS2015.rda")
```

第二步：依變數編碼及描述

```
> library(sjmisc)
  Install package "strengejacke" from GitHub (`devtools::install_
  github("strengejacke/strengejacke")`) to load all sj-packages at once!
> #依變數：獨立傾向
```

---

3 本書提供了原始資料檔、問卷檔及報表檔，皆以 TNSS 作爲檔名的開頭。

```
> #12. 關於台灣和大陸的關係，有下面幾種不同的看法：
> #1: 儘快（台：卡緊）統一：  2: 儘快（台：卡緊）宣布獨立；
> #3: 維持現狀，以後走向統一：4: 維持現狀，以後走向獨立；
> #5: 維持現狀，看情形再決定獨立或統一：6: 永遠維持現狀。
> # 請問您比較偏向哪一種？
> TNSS2015$Q12n <-rec(TNSS2015$Q12, rec ="2,4,=1;else=0", as.num = F)
> library(sjPlot)
  Warning in checkMatrixPackageVersion(): Package version inconsistency
  detected.
  TMB was built with Matrix version 1.2.12
  Current Matrix version is 1.2.13
  Please re-install 'TMB' from source using install.packages('TMB', type
  = 'source') or ask CRAN for a binary version of 'TMB' matching CRAN's
  'Matrix' package
> frq(TNSS2015$Q12n, weight.by = TNSS2015$w)    #22.7% 傾向獨立，與蘇起先生
  說的七成並不一致
  #  關於台灣和大陸的關係，有下面幾種不同的看法，請問您比較偏向哪一種？
  (x)<categorical>
  # Total N=1013 valid N=1013 mean=0.23 sd=0.42

   valfrq  label raw.prcvalid.prccum.prc
     0 783 <none>    77.3     77.3    77.3
     1 230 <none>    22.7     22.7   100.0
  <NA>   0     NA     0.0       NA      NA
> frq(rec(TNSS2015$Q12, rec ="2,4,5=1;else=0", as.num = F), weight.by =
  TNSS2015$w)    #若硬是把「日後再決定」的受訪者都看作是傾向獨立（或準確的說是
  拒統），則傾向獨立比例會成為61.4%
```

```
# 關於台灣和大陸的關係，有下面幾種不同的看法，請問您比較偏向哪一種？
(x)<categorical>
# Total N=1012 valid N=1012 mean=0.61 sd=0.49

  val frq  label raw.prc valid.prc cum.prc
   0 391 <none>   38.64    38.64   38.64
   1 621 <none>   61.36    61.36  100.00
<NA>  0     NA    0.00       NA      NA
```

> ## 條件獨立1：武力犯台
> #13. 如果台灣宣布獨立會引起大陸攻打（台：打）台灣，請問您贊不贊成（台：咁有贊
    成）台灣獨立？【訪員請追問強弱程度】｜01. 非常不贊成｜｜02. 不贊成｜｜03. 贊
    成｜｜04. 非常贊成｜｜96. 看情形｜｜97. 無意見｜｜98. 不知道｜｜95. 拒答｜
> TNSS2015$Q13n <-**rec**(TNSS2015$Q13, rec ="1,2=0;3,4=1; else=NA", as.num = F)
> **frq**(TNSS2015$Q13n, weight.by = TNSS2015$w) # 37.3%

```
# 如果台灣宣布獨立會引起大陸攻打台灣，請問您贊不贊成台灣獨立？(x)<categorical>
# Total N=912 valid N=912 mean=0.37 sd=0.48

  val frq  label raw.prc valid.prc cum.prc
   0 572 <none>   62.72    62.72   62.72
   1 340 <none>   37.28    37.28  100.00
<NA>  0     NA    0.00       NA      NA
```

> ## 條件獨立2：不會犯台
> #14. 那如果台灣宣布獨立，而大陸不會攻打（台：打）台灣，請問您贊不贊成（台：咁
    有贊成）台灣獨立？【訪員請追問強弱程度】｜01. 非常不贊成｜｜02. 不贊成｜｜03.
    贊成｜｜04. 非常贊成｜｜96. 看情形｜｜97. 無意見｜｜98. 不知道｜｜95. 拒答｜

```
> TNSS2015$Q14n <-rec(TNSS2015$Q14, rec ="1,2=0;3,4=1; else=NA", as.num = F)
> frq(TNSS2015$Q14n, weight.by = TNSS2015$w) #78.95%
```

```
#  那如果台灣宣布獨立，而大陸不會攻打台灣，請問您贊不贊成台灣獨立？
(x)<categorical>
# Total N=931 valid N=931 mean=0.79 sd=0.41

  valfrq    label  raw.prcvalid.prccum.prc
    0 196  <none>    21.05    21.05   21.05
    1 735  <none>    78.95    78.95  100.00
 <NA>   0      NA     0.00       NA      NA
```

第三步：資料描述與解讀

　　資料顯示，在未加入條件句前，支持台獨的比例為 22.7%，而非「約七成」。除非硬是將「維持現狀，看情形再決定獨立或統一」的人都算為台獨支持者，比例才會高到 61.4%。顯見蘇起先生已經誇大了台獨支持者的比例。

　　蘇起先生所說的，看似是將條件句下的問題「那如果台灣宣布獨立，而大陸不會攻打台灣，請問您贊不贊成台灣獨立？」這題回答肯定的受訪者 79% 當作是台獨支持者，而未注意到，這題是接在另一個條件問題「如果台灣宣布獨立會引起大陸攻打台灣，請問您贊不贊成台灣獨立？」之後，這一題肯定的比例為 37.3%。

　　依原問卷設計的邏輯，先問會攻打，再問不會攻打，受訪者回答肯定的比例上升是可預期的，也就是同意「若沒有戰爭，獨立的狀態也沒有什麼不好」。不過，蘇起先生將題序倒過來解讀，這就可能不是受訪者當時在受訪答題時會有的心理預期了。

　　蘇起先生的解讀方式可能犯了所有問卷調查所應極力避免的引導效果錯誤。也就是說，以問卷引導受訪者先建立了「會打」的認知，再問不會打的條件，這必然會在台灣意識高漲的氛圍中拉高了受訪者「同意獨立」的傾向。解讀者對此需有警覺。蘇起先生將這兩題的結果對調解讀，便很可能會創造出「會打」所帶來的震攝效果。因此，79% 與 37.3% 的落差確實是調查資料所承載的事實，但這落差這很可能肇因於題目設計，且經過重新詮釋後所產生的超過資料範圍之外的意義。

第四步：自變數編碼

```
> #自變數 1：對大陸攻台的認知
> #27. 如果台灣自行（台：單方面）宣布獨立，請問您認為大陸會不會攻打（台：咁會打）
   台灣？【訪員請追問強弱程度】│ 01. 一定不會 │ │ 02. 不會 │ │ 03. 會 │ │ 04. 一定
   會 │ │ 96. 看情形 │ │ 97. 無意見 │ │ 98. 不知道 │ │ 95. 拒答 │
> TNSS2015$Q27n <-rec(TNSS2015$Q27, rec ="1,2=0;3,4=1;else=NA", as.num = F)
> frq(TNSS2015$Q27n, weight.by = TNSS2015$w)    #60.9% 認知大陸會攻打
```

```
# 如果台灣自行宣布獨立，請問您認為大陸會不會攻打台灣？(x)<categorical>
# Total N=929 valid N=929 mean=0.61 sd=0.49

  val frq  label raw.prc valid.prc cum.prc
    0 363 <none>   39.07     39.07   39.07
    1 566 <none>   60.93     60.93  100.00
 <NA>   0     NA    0.00        NA      NA
```

```
> # 自變數 2：對美國援助的認知
> #30. 如果因為台灣宣布獨立，大陸攻打（台：打）台灣，請問您認為美國會不會（台：
  咁會）出兵幫助台灣？【訪員請追問強弱程度】│ 01. 一定不會││ 02. 不會││ 03.
  會││ 04. 一定會││ 96. 看情形││ 97. 無意見││ 98. 不知道││ 95. 拒答│
> TNSS2015$Q30n <-rec(TNSS2015$Q30, rec ="1,2=0;3,4=1; else=NA", as.num = F)
> frq(TNSS2015$Q30n, weight.by = TNSS2015$w)    #70.2% 認知美國會救
```

```
# 如果因為台灣宣布獨立，大陸攻打台灣，請問您認為美國會不會出兵幫助台灣？
(x)<categorical>
# Total N=900 valid N=900 mean=0.70 sd=0.46

  valfrq  label raw.prcvalid.prccum.prc

    0 268 <none>   29.78    29.78   29.78

    1 632 <none>   70.22    70.22  100.00

 <NA>  0     NA    0.00      NA      NA
```

　　六成受訪者清楚認知單方面宣布獨立之後戰爭的可能；七成則相信美國的出兵支援意志。

第五步：自變數與依變數之間的相關性檢證

　　初步的自變數／依變數之間的卡方檢定初步確定了三個假設的有效性。

```
> library(gmodels)
> #獨立立場 vs. 美國因素
> CrossTable(TNSS2015$Q12n,TNSS2015$Q30n,prop.r=TRUE,prop.t=FALSE,prop.
  c=TRUE,prop.chisq=FALSE,chisq=TRUE)
```

```
   Cell Contents
|-----------------------|
|                     N |
|         N / Row Total |
|         N / Col Total |
|-----------------------|


Total Observations in Table:   901


            | TNSS2015$Q30n
TNSS2015$Q12n |        0 |        1 | Row Total |
--------------|----------|----------|-----------|
           0 |      248 |      439 |      687 |
             |    0.361 |    0.639 |    0.762 |
             |    0.858 |    0.717 |          |
--------------|----------|----------|-----------|
           1 |       41 |      173 |      214 |
             |    0.192 |    0.808 |    0.238 |
             |    0.142 |    0.283 |          |
--------------|----------|----------|-----------|
 Column Total |      289 |      612 |      901 |
             |    0.321 |    0.679 |          |
--------------|----------|----------|-----------|


Statistics for All Table Factors


Pearson's Chi-squared test
-------------------------------------------------------------
Chi^2 = 21.49206     d.f. = 1    p = 3.552962e-06
```

```
Pearson's Chi-squared test with Yates' continuity correction
-----------------------------------------------------------------
Chi^2 =  20.72157     d.f. = 1     p = 5.31144e-06
```

> #獨立立場 vs. 中共因素
> **CrossTable**(TNSS2015$Q12n,TNSS2015$Q27n,prop.r=TRUE,prop.t=FALSE,prop.
  c=TRUE,prop.chisq=FALSE,chisq=TRUE)

```
  Cell Contents
|-------------------------|
|                       N |
|           N / Row Total |
|           N / Col Total |
|-------------------------|


Total Observations in Table:  924


             | TNSS2015$Q27n
TNSS2015$Q12n |         0 |         1 | Row Total |
--------------|-----------|-----------|-----------|
           0 |       228 |       480 |       708 |
             |     0.322 |     0.678 |     0.766 |
             |     0.699 |     0.803 |           |
--------------|-----------|-----------|-----------|
           1 |        98 |       118 |       216 |
             |     0.454 |     0.546 |     0.234 |
             |     0.301 |     0.197 |           |
--------------|-----------|-----------|-----------|
 Column Total |       326 |       598 |       924 |
             |     0.353 |     0.647 |           |
--------------|-----------|-----------|-----------|
```

```
Statistics for All Table Factors


Pearson's Chi-squared test
--------------------------------------------------------------
Chi^2 =  12.56645     d.f. =  1     p =  0.0003927341


Pearson's Chi-squared test with Yates' continuity correction
--------------------------------------------------------------
Chi^2 =  11.99642     d.f. =  1     p =  0.0005330296
```

> # 美國因素 vs. 中共因素
> **CrossTable**(TNSS2015$Q30n,TNSS2015$Q27n,prop.r=TRUE,prop.t=FALSE,prop.
>   c=TRUE,prop.chisq=FALSE,chisq=TRUE)

```
   Cell Contents
|-------------------------|
|                       N |
|           N / Row Total |
|           N / Col Total |
|-------------------------|


Total Observations in Table:  842


              | TNSS2015$Q27n
TNSS2015$Q30n |         0 |         1 | Row Total |
--------------|-----------|-----------|-----------|
            0 |        72 |       200 |       272 |
              |     0.265 |     0.735 |     0.323 |
              |     0.240 |     0.369 |           |
--------------|-----------|-----------|-----------|
```

```
        1 |      228 |      342 |      570 |
          |    0.400 |    0.600 |    0.677 |
          |    0.760 |    0.631 |          |
--------------|----------|----------|----------|
 Column Total |      300 |      542 |      842 |
          |    0.356 |    0.644 |          |
--------------|----------|----------|----------|


Statistics for All Table Factors

Pearson's Chi-squared test
------------------------------------------------------------
Chi^2 =  14.6958    d.f. =  1     p =  0.0001263278


Pearson's Chi-squared test with Yates' continuity correction
------------------------------------------------------------
Chi^2 =  14.11181    d.f. =  1     p =  0.0001722588
```

第六步：假設檢證

```
> mod.1<-glm(Q12n ~Q27n +Q30n, data=TNSS2015 , family ="binomial")
> summary(mod.1)
```

```
Call:
glm(formula = Q12n ~ Q27n + Q30n, family = "binomial", data = TNSS2015)
```

```
Deviance Residuals:
    Min       1Q    Median       3Q       Max
-0.9120  -0.7514  -0.6661  -0.5401   1.9985


Coefficients:
            Estimate Std. Error z value Pr(>|z|)
(Intercept)  -1.3929     0.2042  -6.821 9.07e-12 ***
Q27n1        -0.4582     0.1680  -2.728 0.006372 **
Q30n1         0.7308     0.1955   3.739 0.000185 ***
---
Signif. codes:  0 '***' 0.001 '**' 0.01 '*' 0.05 '.' 0.1 ' ' 1


(Dispersion parameter for binomial family taken to be 1)


    Null deviance: 916.63  on 829   degrees of freedom
Residual deviance: 891.18  on 827   degrees of freedom
  (241 observations deleted due to missingness)
AIC: 897.18


Number of Fisher Scoring iterations: 4
> mod.2<-update(mod.1, .~. +Q27n:Q30n)
> summary(mod.2)


Call:
glm(formula = Q12n ~ Q27n + Q30n + Q27n:Q30n, family = "binomial",
    data = TNSS2015)


Deviance Residuals:
    Min       1Q    Median       3Q       Max
-0.9204  -0.7455  -0.6360  -0.5522   1.9779
```

```
Coefficients:
            Estimate Std. Error z value Pr(>|z|)
(Intercept)  -1.4955     0.3069  -4.874 1.1e-06 ***
Q27n1        -0.3081     0.3685  -0.836  0.4030
Q30n1         0.8557     0.3376   2.534  0.0113 *
Q27n1:Q30n1  -0.1906     0.4144  -0.460  0.6456
---
Signif. codes:  0 '***' 0.001 '**' 0.01 '*' 0.05 '.' 0.1 ' ' 1


(Dispersion parameter for binomial family taken to be 1)

    Null deviance: 916.63  on 829   degrees of freedom
Residual deviance: 890.96  on 826   degrees of freedom
  (241 observations deleted due to missingness)
AIC: 898.96

Number of Fisher Scoring iterations: 4
```

```
> library(car)
> vif(mod.1)
```

```
    Q27n      Q30n
1.010118 1.010118
```

```
> vif(mod.2)
```

```
    Q27n      Q30n Q27n:Q30n
4.849851  3.020771  6.163798
```

　　我們先將中共與美國兩個變數同時分析，在模型一中發現一如預期（假設一與二），兩個變數同時對支持獨立的可能性具有顯著影響。由於對於美國援台的態度與對於中共攻台的態度兩者之間高度相關，因此在分析時應該將這個調節作用納入考慮。加入這個交叉變數之後的模型二的結果顯示，假設一與三並未得到支持，也就是受訪者在想到中共攻台時，並不見得會同時想到美國援台。把這個交叉變數納入模型之後，中共攻台反對於支持台獨而不具顯著的影響，倒是美國援台與否扮演了更關鍵的角色。這個結果與蘇起先生的解讀「台灣人的有條件支持台獨，中共攻台的因素比美國援台更重要」相左。

```
> exp(coef(mod.1))      #印出每個變數的勝算


  (Intercept)      Q27n1        Q30n1
   0.2483443    0.6323929    2.0766383
```

```
> exp(confint(mod.1))   #印出每個變數的 95% 信賴區間


  Waiting for profiling to be done...
                 2.5 %      97.5 %
  (Intercept) 0.1645313  0.3669449
  Q27n1       0.4551881  0.8798802
  Q30n1       1.4272992  3.0760587
```

　　事實上，若真的要從迴歸係數來比較哪個變數比較重要，那麼模型一中的美國援台因素的勝算比（2.08）顯示出的正向影響程度，還要高於中共攻台因素的勝算比（0.63）所顯示的負向影響程度。換言之，用美國因素來判斷受訪者是不是會支持台獨，判斷正確的機率會比單用中共因素來得高。

第七步：進一步探索

上述的模型分析中，依變數是二元的，也就是只討論了「獨」與「非獨」。我們進一步將依變數納入「維持現狀」民衆作爲對照組之後（從上一節的兩類成爲三類），探索中美因素對於統與獨兩群民衆的作用 [4]。

在這裡我們仍維持上述的假設：

- 假設 1a：相對於維持現狀的民衆來說，若受訪者認知到中共會攻打台灣，會降低支持台獨的可能。
- 假設 2a：相對於維持現狀的民衆來說，若受訪者認知到美國會救台灣，會增加支持台獨的可能。
- 假設 3a：相對於維持現狀的民衆來說，中共攻台的認知具有調節美國援台對支持台獨影響的作用（反之亦然）。

```
> #12. 關於台灣和大陸的關係 , 有下面幾種不同的看法 :
> #1: 儘快（台：卡緊）統一：  2: 儘快（台：卡緊）宣布獨立;
> #3: 維持現狀，以後走向統一: 4: 維持現狀，以後走向獨立;
> #5: 維持現狀，看情形再決定獨立或統一: 6: 永遠維持現狀。
> #請問您比較偏向哪一種?
> library(sjPlot)
> TNSS2015$Q12m <-rec(TNSS2015$Q12, rec ="1,3=2; 2,4,=1; 5,6=0; else=NA",
+                     as.num = F)
> contrasts(TNSS2015$Q12m)
```

---

4 進階參考資料：1. Multinomial Logistic Regression Models(https://onlinecourses.science. psu.edu/stat504/book/export/html/171)；2.What are pseudo R-squareds?(https://stats.idre. ucla.edu/other/mult-pkg/faq/general/faq-what-are-pseudo-r-squareds/)；3. 如何評估模型的預測能力，可參考：How to perform a Logistic Regression in R 一文中 Assessing the predictive ability of the model 這一節的做法（http://www.r-bloggers.com/how-to-perform-a-logistic-regression-in-r/）。

```
    1 2
  0 0 0
  1 1 0
  2 0 1
```

```
> library(VGAM)
> mod.3<-vglm(Q12m ~Q27n +Q30n, data=TNSS2015, family = multinomial)
> summary(mod.3)
```

```
Call:
vglm(formula = Q12m ~ Q27n + Q30n, family = multinomial, data =
TNSS2015)

Pearson residuals:
                    Min     1Q Median     3Q    Max
log(mu[,1]/mu[,3]) -3.054 -0.7336  0.6144  0.6203 0.6965
log(mu[,2]/mu[,3]) -2.733 -0.4125 -0.3095  0.1802 2.3408

Coefficients:
             Estimate Std. Error z value Pr(>|z|)
(Intercept):1   1.7409     0.2761   6.306 2.87e-10 ***
(Intercept):2   0.5207     0.3153   1.651  0.09868 .
Q27n1:1        -0.2201     0.2737  -0.804  0.42128
Q27n1:2        -0.6531     0.2970  -2.199  0.02787 *
Q30n1:1         0.6339     0.2454   2.583  0.00978 **
Q30n1:2         1.2783     0.2887   4.428 9.52e-06 ***
---
Signif. codes:  0 '***' 0.001 '**' 0.01 '*' 0.05 '.' 0.1 ' ' 1
Number of linear predictors:  2
```

```
Names of linear predictors: log(mu[,1]/mu[,3]), log(mu[,2]/mu[,3])
Residual deviance: 1354.544 on 1652 degrees of freedom
Log-likelihood: -677.2722 on 1652 degrees of freedom
Number of iterations: 5


Reference group is level  3  of the response
```

```
> mod.4<-update(mod.3, .~. +Q27n:Q30n)
> summary(mod.4)
```

```
Call:
vglm(formula = Q12m ~ Q27n + Q30n + Q27n:Q30n, family = multinomial,
    data = TNSS2015)
Pearson residuals:
                       Min     1Q  Median      3Q     Max
log(mu[,1]/mu[,3]) -3.116 -0.7302  0.6183  0.6187 0.6986
log(mu[,2]/mu[,3]) -2.805 -0.4196 -0.3053 -0.1871 2.2743


Coefficients:
              Estimate Std. Error z value Pr(>|z|)
(Intercept):1   1.6946     0.3627   4.673 2.97e-06 ***
(Intercept):2   0.3677     0.4336   0.848  0.39643
Q27n1:1        -0.1613     0.4148  -0.389  0.69733
Q27n1:2        -0.4367     0.5070  -0.861  0.38906
Q30n1:1         0.7183     0.4715   1.524  0.12762
Q30n1:2         1.4912     0.5332   2.796  0.00517 **
Q27n1:Q30n1:1  -0.1137     0.5516  -0.206  0.83664
Q27n1:Q30n1:2  -0.3113     0.6345  -0.491  0.62371
---
```

```
Signif. codes:  0 '***' 0.001 '**' 0.01 '*' 0.05 '.' 0.1 ' ' 1
Number of linear predictors:  2
Names of linear predictors: log(mu[,1]/mu[,3]), log(mu[,2]/mu[,3])
Residual deviance: 1354.238 on 1650 degrees of freedom
Log-likelihood: -677.1188 on 1650 degrees of freedom
Number of iterations: 5
Reference group is level  3  of the response
```

　　模型三是模型一的延伸，並提供了更深刻的資訊。結果顯示：支持獨立這一群與維持現狀這一群有統計上顯著的差異，但支持統一的這一群與維持現狀的這一群沒有統計上顯著的差異。民眾對於中共武嚇的認知，會降低支持統一（相對於維持現狀而言）的可能，但是武嚇對於民眾降低支持台獨的可能性卻無統計上顯著的影響。對於美國會援台的認知則是不但會提高支持台獨（相對於維持現狀而言）的可能，也會提高支持統一（相對於維持現狀而言）的可能。就後者的情況來說，美國援台很可能因爲被解讀爲美國挺台獨的「分裂」行爲，而轉爲更支持統一。依此發現推論，可以看見「美國援台」是個加深台灣統、獨支持者之間更加對立的重要因素。

　　模型四是模型二的延伸。大致上模型四的發現與模型二相似，調節變數並無預期的作用。但是民眾對於美國援台的認知則與模型三的發現一致，也就是對於美援的認知會提高支持統一（相對於維持現狀而言）的可能。

補充盒子 8-2　　用 contrasts( ) 直接從虛擬變數中調整對照組

```
> contrasts(TNSS2015$Q12m) <-contr.treatment(levels(TNSS2015$Q12m),ba
se=2)
```

8.5　網路調查資料分析實作：BBQ

8.5.1　實作目標

我們使用由 smilepoll.tw 提供的開放資料 BBQ.csv（在資料區可看到 BBQ 問卷檔及報表），學習如何整合本書之前的重點，進行變數描述、存檔、進行 MCA 探索式分析，以及二元勝算對數（確認式）分析實作。

8.5.2　研究動機、模型與假設

10 月的某個下午，十多位研究生熱烈討論著明年中秋節民眾還會不會繼續瘋烤肉。對於影響民眾是否烤肉的原因，大家彙整出了七個各自相信爲眞的假設。大家一同委託微笑小熊調查小棧（smilepoll.tw）在 11 月到 12 月初進行了一次網路調查，完成了 650 人的訪問，隨著資料檔的公開釋出，對理論發展有興趣的同學則躍躍欲試，想用 R 來驗證自己所提出的假設是否得到經驗證據的支持。由於大家共同的關懷一開始聚焦在「明年民眾會不會繼續烤肉」，所以「明年會不會烤肉」就是最重要的依變數。兩位對市場及行銷有興趣的同學好奇表示，這些題目之間，會不會有假設之外值得注意的潛在關聯？另外十位同學則各自提出了影響「民眾明年可不可能烤肉」的可能解釋，包括了「新鮮感還在不在」（假設一）、「覺得烤肉對健康有沒有影響」（假設二）、「是否感受到金錢負擔」（假設三）、「是否承受心力負擔」（假設四）、「覺得烤肉對環境有沒有影響」（假設五）、「覺得見面聯絡感情是不是必要的（必要性）」（假設六），以及「烤肉是否爲聯絡感情的首選（重要性）」（假設七）。這些假設背後的虛無假設都是這些解釋變數對依變數沒有任何顯著的影響。開牌之後，誰的推理得到經驗證據的支持？

- 假設一：對烤肉的新鮮感不再便會降低明年烤肉的意願。
- 假設二：覺得烤肉影響健康便會降低明年烤肉的意願。

- 假設三：覺得烤肉花費造成負擔便會降低明年烤肉的意願。
- 假設四：覺得烤肉麻煩便會降低明年烤肉的意願。
- 假設五：覺得烤肉影響環境便會降低明年烤肉的意願。
- 假設六：覺得不必要見面就能聯絡感情會降低明年烤肉的意願。
- 假設七：認爲烤肉不是聯絡感情的首選便會降低明年烤肉的意願。

8.5.3　初步處理資料檔

```
> # 讀入資料檔
> library(reader)
> bbq <- read_cav("../BBQ.csv")
> # nrow(bbq) # 共 650 列
> # ncol(bbq) # 共 58 欄
>
> # 取出變數名稱當作變數標籤
> varlabels <- colnames(bbq)
>
> # 拿掉標籤之後的變數名稱重新命名爲 v1, v2, ...
> colnames(bbq)[1:58] <- paste ("v", 1:58, sep="")
>
> # 爲變數名稱裝上標籤
> sjlabelled::set_label(bbq) <- varlabels
>
> # 批次清理無效值
> bbq <- sjmisc::set_na(bbq, na = "NA")
```

一、變數編碼與描述

以下我們從這個調查中選 13 道題出來重新編碼。

> varlabels# *列出每個變數的標籤*

[1] "Response_ID"

[2] "今年的中秋節您有與家人團聚嗎..延後到國慶連假也算."

[3] "今年中秋節.含國慶連假.團圓時您有烤肉嗎."

[4] "肉片.請問在烤肉時.您最喜歡的食材是哪些..可複選."

[5] "香腸.請問在烤肉時.您最喜歡的食材是哪些..可複選."

[6] "黑輪.請問在烤肉時.您最喜歡的食材是哪些..可複選."

[7] "玉米.請問在烤肉時.您最喜歡的食材是哪些..可複選."

[8] "貢丸.請問在烤肉時.您最喜歡的食材是哪些..可複選."

[9] "米血.請問在烤肉時.您最喜歡的食材是哪些..可複選."

[10] "蔬菜.請問在烤肉時.您最喜歡的食材是哪些..可複選."

[11] "海鮮.請問在烤肉時.您最喜歡的食材是哪些..可複選."

[12] "雞翅.雞腿.請問在烤肉時.您最喜歡的食材是哪些..可複選."

[13] "豆干.豆腐.請問在烤肉時.您最喜歡的食材是哪些..可複選."

[14] "我喜歡的是...請問在烤肉時.您最喜歡的食材是哪些..可複選."

[15] "對於這種.到府烤肉.服務.您的感受是."

[16] "喜歡.因為..對於這種.到府烤肉.服務.您的感受是."

[17] "不喜歡.因為..對於這種.到府烤肉.服務.您的感受是."

[18] "如果大家都烤肉.您會覺得.不好玩.嗎."

[19] "如果大家都烤肉.您會覺得.不好玩.嗎...Comments"

[20] "無論您喜不喜歡烤肉.現在我們來談談對它的印象吧..您覺得户外的烤肉對您的健康有多大影響."

[21] "對您來說.烤肉費用的支出是不是一種負擔."

[22] "對您來說.烤肉費用的支出是不是一種負擔...Comments"

[23] "準備烤肉食材對您來說會不會很麻煩."

[24] "在烤肉活動中.請問下列哪一項是您最無法忍受的."

[25] "我最受不了的是...在烤肉活動中.請問下列哪一項是您最無法忍受的."

[26] "在烤肉活動中.請問下列哪一項是您最無法忍受的...Comments"

[27] "您在不在意您烤肉時造成的汙染嗎."

[28] "您在不在意您烤肉時造成的汙染嗎...Comments"

[29] "請問這樣的活動對您來說有趣嗎."

[30] "請問您是否參與過這類的大型烤肉活動."

[31] "我覺得．封街烤肉.."

[32] "我覺得..我覺得．封街烤肉.."

[33] "請問您比較喜歡．封街大家一起烤肉..還是．自己家烤自己的.."

[34] "集體烤肉．因為..請問您比較喜歡．封街大家一起烤肉..還是．自己家烤自己的.."

[35] "自己烤．因為..請問您比較喜歡．封街大家一起烤肉..還是．自己家烤自己的.."

[36] "請問您比較喜歡．封街大家一起烤肉..還是．自己家烤自己的....Comments"

[37] "最後．我們來談談節慶與團聚..請問您覺得一天之內自己可以自由支配的時間．用來做自己想做的事．大約有多少."

[38] "春節．請問您今年挑了什麼時間與全家團聚．可複選.."

[39] "端午．請問您今年挑了什麼時間與全家團聚．可複選.."

[40] "中秋．請問您今年挑了什麼時間與全家團聚．可複選.."

[41] "長假連假．請問您今年挑了什麼時間與全家團聚．可複選.."

[42] "平時週休或排假時．請問您今年挑了什麼時間與全家團聚．可複選.."

[43] "以上都沒有．請問您今年挑了什麼時間與全家團聚．可複選.."

[44] "說回到烤肉．請問您明年會不會想全家人一起烤肉."

[45] "平時用社群媒體．Line..Facebook 等．與家人聯繫感情．您覺得夠不夠."

[46] "我有其他想法..平時用社群媒體．Line..Facebook 等．與家人聯繫感情．您覺得夠不夠."

[47] "平時用社群媒體．Line..Facebook 等．與家人聯繫感情．您覺得夠不夠...Comments"

[48] "大家圍著烤肉比其他活動要較為容易聯絡感情."

[49] "X.請問您多常使用手機上的社群媒體．Line..FB 等．APP 與家人聯絡.."

[50] "請問您使用手機與家人聯絡時．比較喜歡使用文字簡訊．例如 Line 留言..還是使用講話．含視訊.."

[51] "關於性別．您會以生理性別或社會性別來描述自己."

[52] "Gender"

[53] "Social_gender"

[54] "Bornyear"

[55] "Edu"

```
[56] "Residence"
[57] "Job"
[58] "Other_Job"
```

```
> library(sjmisc)
> library(sjPlot)
> names(bbq)
```

```
 [1] "V1"  "V2"  "V3"  "V4"  "V5"  "V6"  "V7"  "V8"  "V9"  "V10" "V11"
[12] "V12" "V13" "V14" "V15" "V16" "V17" "V18" "V19" "V20" "V21" "V22"
[23] "V23" "V24" "V25" "V26" "V27" "V28" "V29" "V30" "V31" "V32" "V33"
[34] "V34" "V35" "V36" "V37" "V38" "V39" "V40" "V41" "V42" "V43" "V44"
[45] "V45" "V46" "V47" "V48" "V49" "V50" "V51" "V52" "V53" "V54" "V55"
[56] "V56" "V57" "V58"
```

```
> ## 依變數:「明年會不會烤肉」
> #(V44) 說回到烤肉,請問您明年會不會想全家人一起烤肉?(0~10)
> #table(bbq$V44)
> bbq$V44r <-rec(bbq$V44, rec="0:5=0[ 不會 ]; 6:10=1[ 會 ]", as.num=F)
> frq(bbq$V44r)
```

　　注意:在 windows 下,這裡的標記符號做法可能會造成此指令無法執行,若有這個狀況,請刪除中文標籤([不會] 及 [會])之後再執行此行。以下比照。

```
# 說回到烤肉 . 請問您明年會不會想全家人一起烤肉?(x) <categorical>
# Total N=650 valid N=650 mean=0.53 sd=0.50

 val label frq raw.prc valid.prc cum.prc
  0  不會 306    47.1      47.1     47.1
```

```
   1    會 344    52.9       52.9  100.00
  NA   NA   0    0.0        NA     NA
> #sjp.frq(bbq$V44r)


> ## 自變數
> #假設一：「新鮮感」
> #（V18）如果大家都烤肉，您會覺得「不好玩」嗎？*
> #跟別人做類似的活動，不好玩   1
> #跟別人做類似的活動也很 ok 啊   2
> #table(bbq$V44)
> bbq$V18r <-rec(bbq$V18, rec="1=1[ 不新鮮 ]; 2=0[ 沒有差 ]", as.num=F)
> frq(bbq$V18r)
```

```
# 如果大家都烤肉 . 您會覺得 . 不好玩 . 嗎 . <categorical>
# Total N = 650 (valid N = 650)

  val  label frq raw.prc valid.prc cum.prc
    0 沒有差 540   83.08     83.08   83.08
    1 不新鮮 110   16.92     16.92  100.00
   NA    NA   0    0.00       NA      NA
```

```
> #假設二：「對健康影響的認知」
> #（V20）您覺得戶外的烤肉對您的健康有多大影響？*
> #影響很大   1
> #影響不大   2
> #完全沒影響   3
> #table(bbq$V20)
> bbq$V20r <-rec(bbq$V20, rec=1=1[ 很有影響 ]; 2:3=0[ 影響不大或沒影響 ]",
+                as.num=F)
> frq(bbq$V20r)
```

無論您喜不喜歡烤肉 . 現在我們來談談對它的印象吧 .. 您覺得户外的烤肉對您的健
康有多大影響 .(x)<categorical>
Total N=650 valid N=602 mean=0.36 sd=0.48

val	label	frq	raw.prc	valid.prc	cum.prc
0	影響不大或沒影響	414	63.69	63.69	63.69
1	有很影響	236	36.31	36.1	100.0
NA	NA	0	0.00	NA	NA

```
> #假設三：「金錢負擔」
> #(V21) 對您來説，烤肉費用的支出是不是一種負擔？*
> #是，的確是種負擔   1
> #還好   2
> #不會   3
> #table(bbq$V21)
> bbq$V21r <-rec(bbq$V21, rec="1=1[ 是負擔 ]; 2:3=0[ 還好或不算負擔 ]",
+              as.num=F)
> frq(bbq$V21r)
```

對您來説 . 烤肉費用的支出是不是一種負擔 .(x)<categorical>
Total N=650 valid N=650 mean=0.34 sd=0.47

val	label	frd	raw.prc	valid.prc	cum.prc
0	還好或不算負擔	430	66.15	66.15	66.15
1	是負擔	220	33.85	33.85	100.00
NA	NA	0	0.00	NA	NA

```
> # 假設四：「心力負擔」
> # (V23) 準備烤肉食材對您來說會不會很麻煩？*
> # 會麻煩   1
> # 不會麻煩   2
> #table(bbq$V23)
> bbq$V23r <-rec(bbq$V23, rec="1=1[ 會麻煩 ]; 2=0[ 不會麻煩 ]", as.num=F)
> frq(bbq$V23r)
```

```
# 準備烤肉食材對您來說會不會很麻煩 .(x)<categorical>
# Total N=650 valid N=650 mean=0.74 sd=0.44

  val     label frq raw.prc valid.prc cum.prc
    0  不會麻煩 167   25.69     25.69   25.69
    1    會麻煩 483   74.31     74.31  100.00
   NA       NA   0    0.00        NA      NA
```

```
> # 假設五：「對環境影響的認知」
> # (V27) 您在不在意您烤肉時造成的汙染嗎？*
> # 會在意，覺得多少影響了環境   1
> # 還好   2
> # 不會在意   3
> #table(bbq$V27)
> bbq$V27r <-rec(bbq$V27, rec="1=1[ 會在意 ]; 2:3=0[ 還好 / 不會在意 ]",
+                as.num=F)
> frq(bbq$V27r)
```

```
# 您在不在意您烤肉時造成的汙染 .(x)<categorical>
# Total N=650 valid N=650 mean=0.63 sd=0.48


 val       label frq raw.prc valid.prc cum.prc
   0 還好 / 不會在意 240   36.92     36.92   36.92
   1      會在意 410   63.08     63.08  100.00
  NA         NA   0    0.00        NA      NA
```

```
> # 假設六：「見面聯絡感情是必要的（必要性）」
> #（V45）平時用社群媒體（Line, Facebook 等）與家人聯繫感情。您覺得夠不夠？*
> # 很夠了。科技讓我與家人緊緊連在一起，年節不見面也不要緊。  1
> # 還算夠。有了科技，家人不必一定要聚在一起。  2
> # 不夠！見面較能聯絡感情，所以仍然要經常找時間團聚。  3
> # 絕對不夠！我不太相信用社群媒體可以聯繫感情，一定要見到面才行。  4
> # 我有其他想法：  *  90
> #table(bbq$V45)
> bbq$V45r <-rec(bbq$V45, rec="1:2=0[ 不常見面不要緊 ]; 3,4=1[ 見面是必要的 ] ",
+              as.num=F)
> frq(bbq$V45r)
```

```
 #  平時用社群媒體 .Line..Facebook 等 . 與家人聯繫感情 . 您覺得夠不夠 .
(x)<categorical>
# Total N=650 valid N=645 mean=0.64 sd=0.48


 val      label frq raw.prc valid.prc cum.prc
   0 不常見面不要緊 234   36.00     36.28   36.28
   1    見面是必要的 411   63.23     63.72  100.00
  NA        NA   5    0.77        NA      NA
```

```
> #假設七：「為聯絡感情烤肉是首選（重要性）」
> #(V48) 大家圍著烤肉比其他活動要較為容易聯絡感情。*
> #同意。   1
> #不會／不見得。   2
> #table(bbq$V48)
> bbq$V48r <-rec(bbq$V48, rec="1=1[ 同意 ]; 2=0[ 不見得 ] ", as.num=F)
> frq(bbq$V48r)
```

```
# 大家圍著烤肉比其他活動要較為容易聯絡感情 .(x)<categorical>
# Total N=650 valid N=650 mean=0.47 sd=0.50

  val  label frq  raw.prc  valid.prc cum.prc
    0  不見得 343  52.77       52.77   52.77
    1   同意  307  47.23       47.23  100.00
   NA    NA    0   0.00         NA      NA
```

```
> ## 控制變數
> #「今年中秋有與家人團聚」
> #(V2) 今年的中秋節您有與家人團聚嗎？（延後到國慶連假也算） *
> #有   1
> #沒有   2
> #table(bbq$V2)
> bbq$V2r <-rec(bbq$V2, rec="1=1[ 有 ]; 2=0[ 沒有 ] ", as.num=F)
> frq(bbq$V2r)
```

```
# 今年的中秋節您有與家人團聚嗎 .. 延後到國慶連假也算 .(x)<categorical>
# Total N=650 valid N=650 mean=0.83 sd=0.37

 val label frq raw.prc valid.prc cum.prc
   0  沒有 109   16.77     16.77    16.77
   1   有 541   83.23     83.23   100.00
  NA   NA   0    0.00        NA       NA
```

```
> #「今年有參加家庭烤肉活動」
> #(V3) 今年中秋節（含國慶連假）團圓時您有烤肉嗎？*
> # 有  1
> # 沒有  2
> #table(bbq$V3)
> bbq$V3r <-rec(bbq$V3, rec="1=1[ 有 ]; 2=0[ 沒有（含沒有團聚）] ",
+               as.num=F)
> frq(bbq$V3r)
```

```
# 今年中秋節 . 含國慶連假 . 團圓時您有烤肉嗎 .(x)<categorical>
# Total N=650 valid N=650 mean=0.50 sd=0.50

 val          label frq raw.prc valid.prc cum.prc
   0 沒有（含沒有團聚） 328   50.46     50.46    50.46
   1              有 322   49.54     49.54   100.00
  NA             NA   0    0.00        NA       NA
```

```
> #「在意對環境的危害」
> #(V24) 在烤肉活動中，請問下列哪一項是您最無法忍受的？*
> # 空氣汙染    1
> # 垃圾    2
> # 噪音    3
> # 隨處亂滴的醬汁    4
> # 我覺得還好，沒那麼嚴重    5
> # 我最受不了的是：    *    90
> bbq$V24r <-rec(bbq$V24,
+                    rec="1,2,3,4=1[ 有環境顧慮 ]; 5=0[ 都還好 ]=; 90=NA",
+                    as.num=F)
> frq(bbq$V24r)
```

```
# 在烤肉活動中 . 請問下列哪一項是您最無法忍受的 .(x)<categorical>
# Total N=650 valid N=634 mean=0.83 sd=0.38

 val      label frq raw.prc valid.prc cum.prc
   0      都還好 108   16.62     17.03   17.03
   1  有環境顧慮 526   80.92     82.97  100.00
  NA         NA  16    2.46        NA      NA
```

```
> #「常用手機與網路聯絡感情」
> #(V49)「請問您多常使用手機上的社群媒體（Line, FB 等）APP 與家人聯絡？」*
> # 幾乎天天使用    1
> # 偶爾使用    2
> # 從來沒用（我用手機只打電話）    3
> # 我不常使用手機    4
> bbq$V49r <-rec(bbq$V49, rec="1=1[ 很常用 ]; 2:4=0[ 偶爾 / 不常用 ]",
+                    as.num=F)
> frq(bbq$V49r)
```

```
# X. 請問您多常使用手機上的社群媒體 .Line..FB 等 .APP 與家人聯絡 ..
(x)<categorical>
# Total N=650 valid N=650 mean=0.50 sd=0.50


val       label  frq raw.prc valid.prc cum.prc
  0 偶爾 / 不常用  325      50        50      50
  1      很常用  325      50        50     100
 NA         NA    0       0        NA      NA
```

```
> #「聯絡家人時偏好語音 (還是文字)」。
> # (V50) 請問您使用手機與家人聯絡時，比較喜歡使用文字簡訊 (例如 Line 留言)，
    還是使用講話 (含視訊)？*
> # 整體來說比較常用文字簡訊    1
> # 整體來說比較常用語音講話 (含視訊)    2
> bbq$V50r <-rec(bbq$V50, rec="1=0[ 偏好文字簡訊 ]; 2=1[ 偏好語音視訊 ]",
+              as.num=F)
> frq(bbq$V50r)
```

```
# 請問您使用手機與家人聯絡時 . 比較喜歡使用文字簡訊 . 例如 Line 留言 .. 還是使用
講話 . 含視訊 .. (x)<categorical>
# Total N=650 valid N=650 mean=0.33 sd=0.47


val       label frq raw.prc  valid.prc cum.prc
  0 偏好文字簡訊 438   67.38      67.38    67.38
  1 偏好語音視訊 212   32.62      32.62   100.00
 NA         NA   0    0.00        NA      NA
```

```
> #「時間負擔」
> #（V37）請問您覺得一天之內自己可以自由支配的時間（用來做自己想做的事）大約有
  多少？*
> #很多　1
> #還好　2
> #有點少　3
> #完全沒有　4
> bbq$V37r <-rec(bbq$V37, rec="1,2=0[ 足夠 ]; 3,4=1[ 不夠 ]", as.num=F)
> frq(bbq$V37r)
```

```
  # 最後 . 我們來談談節慶與團聚 .. 請問您覺得一天之內自己可以自由支配的時間 . 用
來做自己想做的事 . 大約有多少 .(x)<categorical>
# Total N=650 valid N=650 mean=0.32 sd=0.47

val label frq raw.prc valid.prc cum.prc
   0 足夠 445   68.46     68.46   68.46
   1 不夠 205   31.54     31.54  100.00
  NA   NA   0    0.00        NA      NA
```

8.5.4　儲存檔案

將帶有標籤的資料用 save() 存檔為 rda 格式。

```
> names(bbq) # 確認包含了上面新增的 14 個變數
> save(bbq, file="../BBQ.rda")
> rm(list=ls())
```

8.5.5　確認式分析：二元勝算對數模型

　　上述的分析方式適用於開拓理論或未知的領域。以下我們來確認這一班研究生的假設，哪些會得到這筆經驗資料的支持。

> # 假設一：對烤肉的新鮮感不再便會降低明年烤肉的意願
> # 假設二：覺得烤肉影響健康便會降低明年烤肉的意願
> # 假設三：覺得烤肉花費造成負擔便會降低明年烤肉的意願
> #* 假設四：覺得烤肉麻煩便會降低明年烤肉的意願
> # 假設五：覺得烤肉影響環境便會降低明年烤肉的意願
> #* 假設六：覺得不必要見面就能聯絡感情會降低明年烤肉的意願
> #* 假設七：認為烤肉不是聯絡感情的首選便會降低明年烤肉的意願

```
> library(car)

> ## 模型一：包含所有解釋變數的原始模型
> mod.1<-glm(V44r~V18r+V20r+V21r+V23r+V27r+V45r+V48r,
+            data=bbq, family=binomial)
> summary(mod.1) # 假設一、四、六、七得到支持
```

```
Call:
glm(formula = V44r ~ V18r + V20r + V21r + V23r + V27r + V45r +
    V48r, family = binomial, data = bbq)


Deviance Residuals:
    Min1Q   Median3Q       Max
-2.1791  -0.9089    0.4510    0.8077    1.9888


Coefficients:
  Estimate Std. Error z value Pr(>|z|)
```

```
(Intercept)   0.00916     0.27928     0.03    0.9738
V18r1        -0.84709     0.28101    -3.01    0.0026 **
V20r1        -0.32682     0.20977    -1.56    0.1192
V21r1        -0.15641     0.21339    -0.73    0.4636
V23r1        -0.79405     0.24953    -3.18    0.0015 **
V27r1        -0.07961     0.21632    -0.37    0.7129
V45r1         0.44637     0.19989     2.23    0.0255 *
V48r1         1.86018     0.19557     9.51    <2e-16 ***
---
Signif. codes:  0 '***' 0.001 '**' 0.01 '*' 0.05 '.' 0.1 ' ' 1


(Dispersion parameter for binomial family taken to be 1)


    Null deviance: 825.32  on 596  degrees of freedom
Residual deviance: 655.03  on 589  degrees of freedom
  (53 observations deleted due to missingness)
AIC: 671


Number of Fisher Scoring iterations: 4
```

```
> vif(mod.1)
```

```
     V18r    V20r    V21r    V23r    V27r    V45r    V48r
     1.04    1.15    1.12    1.09    1.16    1.02    1.01
```

```
> ## 模型二：加入其他控制變數的完整模型
> mod.2<-update(mod.1, .~. +V2r+V3r+V24r+V49r+V50r+V37r)
> summary(mod.2) #假設四、六、七仍得到支持；假設一為虛假關係；控制變數中 V3r
  與 V49r 為有效的控制變數
```

```
Call:
glm(formula = V44r ~ V18r + V20r + V21r + V23r + V27r + V45r +
    V48r + V2r + V3r + V24r + V49r + V50r + V37r, family = binomial,
    data = bbq)


Deviance Residuals:
   Min      1Q  Median      3Q     Max
-2.438  -0.701   0.289   0.735   2.687


Coefficients:
            Estimate Std. Error z value Pr(>|z|)
(Intercept)  -1.3300     0.4655   -2.86   0.0043 **
V18r1        -0.6335     0.3169   -2.00   0.0456 *
V20r1        -0.5242     0.2329   -2.25   0.0244 *
V21r1        -0.0799     0.2386   -0.33   0.7377
V23r1        -0.7780     0.2830   -2.75   0.0060 **
V27r1         0.1083     0.2547    0.43   0.6707
V45r1         0.6754     0.2293    2.94   0.0032 **
V48r1         1.6012     0.2150    7.45  9.6e-14 ***
V2r1          0.5703     0.3061    1.86   0.0625 .
V3r1          1.6369     0.2189    7.48  7.5e-14 ***
V24r1        -0.2406     0.3088   -0.78   0.4359
V49r1         0.4413     0.2192    2.01   0.0441 *
V50r1        -0.1043     0.2393   -0.44   0.6630
V37r1        -0.2019     0.2293   -0.88   0.3786
---
Signif. codes:  0 '***' 0.001 '**' 0.01 '*' 0.05 '.' 0.1 ' ' 1


(Dispersion parameter for binomial family taken to be 1)
```

```
    Null deviance: 803.33  on 580  degrees of freedom
Residual deviance: 553.97  on 567  degrees of freedom
 (69 observations deleted due to missingness)
AIC: 582


Number of Fisher Scoring iterations: 5
```

```
> vif(mod.2)
```

```
      V18r     V20r     V21r     V23r     V27r     V45r     V48r      V2r
      1.05     1.16     1.16     1.12     1.32     1.09     1.02     1.05
       V3r     V24r     V49r     V50r     V37r
      1.08     1.17     1.08     1.10     1.04
```

```
> ## 模型三：留下有效的控制變數的最終模型
> mod.3<-update(mod.1, .~.+V3r+V49r)
> summary(mod.3) #結果與上同
```

```
Call:
glm(formula = V44r ~ V18r + V20r + V21r + V23r + V27r + V45r +
    V48r + V3r + V49r, family = binomial, data = bbq)


Deviance Residuals:
    Min1Q   Median3Q      Max
-2.3676  -0.7292   0.3537   0.8190   2.3823


Coefficients:
  Estimate Std. Error z value Pr(>|z|)
```

```
Call:
glm(formula = V44r ~ V18r + V20r + V21r + V23r + V27r + V45r +
    V48r + V3r + V49r, family = binomial, data = bbq)


Deviance Residuals:
   Min      1Q  Median      3Q     Max
-2.395  -0.716   0.335   0.794   2.517


Coefficients:
            Estimate Std. Error z value Pr(>|z|)
(Intercept)  -1.1835     0.3402   -3.48   0.0005 ***
V18r1        -0.6407     0.3077   -2.08   0.0373 *
V20r1        -0.5031     0.2276   -2.21   0.0270 *
V21r1        -0.1337     0.2321   -0.58   0.5645
V23r1        -0.7061     0.2719   -2.60   0.0094 **
V27r1         0.0422     0.2349    0.18   0.8573
V45r1         0.6492     0.2208    2.94   0.0033 **
V48r1         1.6681     0.2100    7.94  2.0e-15 ***
V3r1          1.6754     0.2113    7.93  2.2e-15 ***
V49r1         0.4716     0.2102    2.24   0.0249 *
---
Signif. codes:  0 '***' 0.001 '**' 0.01 '*' 0.05 '.' 0.1 ' ' 1


(Dispersion parameter for binomial family taken to be 1)


    Null deviance: 825.32  on 596  degrees of freedom
Residual deviance: 578.18  on 587  degrees of freedom
  (53 observations deleted due to missingness)
AIC: 598.2


Number of Fisher Scoring iterations: 4
```

```
> vif(mod.3)
```

```
    V18r      V20r      V21r      V23r      V27r      V45r      V48r      V3r
    1.04      1.16      1.14      1.10      1.19      1.06      1.01      1.05
    V49r
    1.04
```

經過以上假設檢證，以下三個假設得到這筆資料的支持：

1. 「覺得烤肉麻煩便會降低明年烤肉的意願」（假設四）；
2. 「覺得不必要見面就能聯絡感情會降低明年烤肉的意願」（假設六）；
3. 「認為烤肉不是聯絡感情的首選便會降低明年烤肉的意願」（假設七）。

8.5.6　探索式分析：MCA

班上對市場及行銷有興趣的同學，邀請班上其他同學一起就編碼的變數進行探索，看看會不會有什麼「驚喜」從這筆網路調查資料檔中浮現出來。依照第六章介紹的作法與流程，我們先看陡坡圖，再看變數類別關聯圖。

```
> load("../BBQ.rda")

> library(dplyr)
> library(FactoMineR)
> library(factoextra)
```

```
> bbqMCA <-select(bbq, V44r, V18r, V20r, V21r, V23r, V27r, V45r, V48r,
+               V2r, V3r, V24r, V49r, V50r, V37r)
> bbqMCA.nona <-na.omit(bbqMCA)
> nrow(bbqMCA.nona) #581
```

```
[1] 581
```

```
> names(bbqMCA.nona)
```

```
 [1] "V44r" "V18r" "V20r" "V21r" "V23r" "V27r" "V45r" "V48r" "V2r"
     "V3r"
[11] "V24r" "V49r" "V50r" "V37r"
```

```
> res<-MCA(bbqMCA.nona, ncp=5, graph= F)
> fviz_screeplot(res, ncp=10)
```

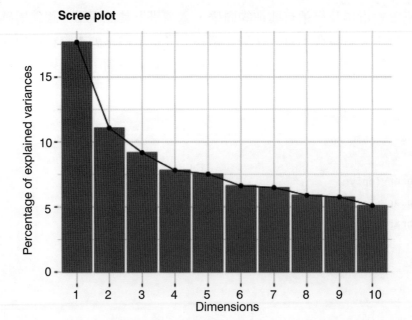

```
# 變數類別關係圖
> plot(res, axes=c(1, 2), new.plot=TRUE,
+     col.var="red", col.ind="black", col.ind.sup="black",
+     col.quali.sup="darkgreen", col.quanti.sup="blue",
+     label=c("var"), cex=0.8,
+     selectMod ="cos2",
+     invisible=c("ind", "quali.sup"),
+     autoLab ="yes",
+     title="")
```

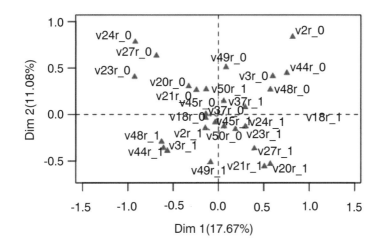

　　我們可以看見一些可能具有潛在關聯的變數類別群組。例如第三象
限中可以看到三個臨近的類別選項指的是：今年有與家人烤肉的受訪者
（V3r_1）會認為大家圍著烤肉比其他活動要較為容易聯絡感情（V48r_1）
並且明年還會想這麼做（V44r_1）。另外，認為網路手機無法取代見
面團聚的受訪者（V45r_1）很可能會是自認為個人可支配較充裕的人
（V37r_0）。這是在調查研究之處未想過的潛在關聯。我們可以使用卡
方檢定確認這個可能的關係（p<0.05），值得繼續探究（是否有潛在的理

論待揭露，或是否只是虛假關聯）。

8.5.7　用卡方檢定確認具潛在關聯變數之間的相關性

```
> # 做法一
接下來，我們使用卡方檢定來進一步確認變數可能的關聯。第一個做法是使用
gmodels::Cross Table()，第二個做法是使用sjPlot::sjt.xtab()。
> library(gmodels)
> CrossTable(bbq$V37r, bbq$V45r,
+            chisq = T,        # 顯示卡方檢定結果
+            prop.chisq = F,   # 不必顯示每個細格的卡方值貢獻程度
+            prop.t= F         # 不必顯示每個細格次數所占全體百分比
+            )


   Cell Contents
|-------------------------|
|                       N |
|           N / Row Total |
|           N / Col Total |
|-------------------------|



Total Observations in Table:   645
```

```
             | bbq$V45r
   bbq$V37r |         0 |         1 | Row Total |
-------------|-----------|-----------|-----------|
          0 |       173 |       269 |       442 |
             |     0.391 |     0.609 |     0.685 |
             |     0.739 |     0.655 |           |
-------------|-----------|-----------|-----------|
          1 |        61 |       142 |       203 |
             |     0.300 |     0.700 |     0.315 |
             |     0.261 |     0.345 |           |
-------------|-----------|-----------|-----------|
Column Total |       234 |       411 |       645 |
             |     0.363 |     0.637 |           |
-------------|-----------|-----------|-----------|
```

Statistics for All Table Factors

Pearson's Chi-squared test

Chi^2 = 4.9733   d.f. = 1   p = 0.02574149

Pearson's Chi-squared test with Yates' continuity correction

Chi^2 = 4.587819   d.f. = 1   p = 0.03219996

```
> # 做法二
> library(sjPlot)
> sjt.xtab(bbq$V37r, bbq$V45r,
+         show.row.prc = TRUE, # 顯示列百分比
+         show.col.prc = TRUE  # 顯示欄百分比
+         )
```

最後，我們來談談節慶與團聚 .. 請問您覺得一天之內自己可以自由支配的時間 . 用來做自己想做的事 . 大約有多少 .	平時用社群媒體 Line、Facebook 等與家人聯繫感情 . 你覺得夠不夠 .		Total
	不常見面不要緊	見面是必要的	
	173	269	442
足夠	39.1	60.9%	100%
	73.9%	65.5%	68.5%
	61	142	203
不夠	30%	70%	100%
	26.1%	34.5%	31.5%
Total	234	411	645
	36.3%	63.7%	100%
	100%	100%	100%

$\chi^2 = 4.588$，$df = 1$，$\phi = 0.088$，$p = 0.032$

8.5.8　與資料喝杯咖啡：檢視自己對變數關係的判斷

　　透過探索的方式，我們發現了未曾想過的，可能存在關聯的兩個變數。依這兩個變數的性質，我們可以做出下列的假設：

```
> ## 模型四：見面團聚勝過手機聯絡的情感，會受到個人可支配時間感的影響
> # 覺得自己時間愈少的人 (V37r=1)，愈可能傾向見面團聚取代使用手機 (V45r=1)；
相反的，自覺一天內時間充裕的人，反而傾向覺得用手機可以取代見面團聚。
> mod.4 <- glm(V45r~V37r, data = bbq, family = binomial)
> summary(mod.4)
Call:
glm(formula = V45r ~ V37r, family = binomial, data = bbq)


Deviance Residuals:
    Min      1Q   Median      3Q      Max
-1.5507  -1.3697   0.8454   0.9966   0.9966


Coefficients:
            Estimate Std. Error z value Pr(>|z|)
(Intercept)  0.44142    0.09746   4.529 5.92e-06 ***
V37r1        0.40353    0.18148   2.224   0.0262 *
---
Signif. codes:  0 '***' 0.001 '**' 0.01 '*' 0.05 '.' 0.1 ' ' 1


(Dispersion parameter for binomial family taken to be 1)


    Null deviance: 844.96  on 644  degrees of freedom
Residual deviance: 839.90  on 643  degrees of freedom
  (5 observations deleted due to missingness)
AIC: 843.9


Number of Fisher Scoring iterations: 4
```

　　如果你接受上面的假設，那麼確認的結果會出乎你的意料之外：它們的關係是與預期相反的。覺得時間愈不夠的受訪者愈會覺得用社群網路來

聯繫情感是不夠的，也就是愈覺得需要見面團聚。這個發現是不是很有趣、發人深省呢？這個由探索性資料分析所找出來的相關樣貌，究竟是經不起更多控制變數挑戰的虛假關聯，還是說這個看似矛盾的現象背後有我們還不知道的、有待開發和說清楚的人性（及理論）？這將是新一代資料科學家的任務。隨著探索式資料分析的開展，你有可能成爲理論家，甚至與實證主義驗證式資料分析的傳統結合；開發理論，也同步取用資料來驗證理論。

附錄一

R 與 RStudio 的安裝

A.1　R 的下載與安裝

一、下載 R

對整個 R 系統（R + RStudio）來說，R 是「引擎」、RStudio 是一種「車體」。空有車體不足以讓車前進，所以我們第一步先安裝 R，再安裝 RStudio。以下我們以 2018 年 3 月釋出的 3.4.4 版本示範操作。

首先找到 R 的官網（http://www.r-project.org/）。

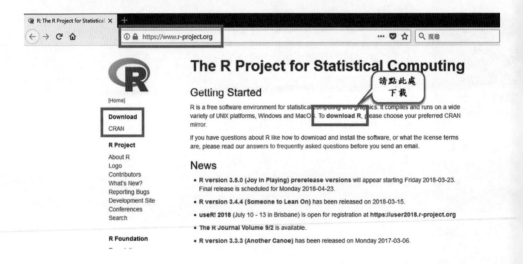

點選「Download-CRAN」後，會進入這個頁面。選擇一個下載點（國內提供下載的主機位於元智大學和台灣大學）。

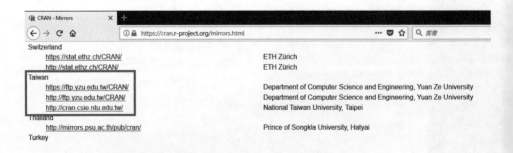

不同電腦有不同的下載安裝方式。R 提供了 Linux、Mac 以及 Windows 的三種電腦適用版本。

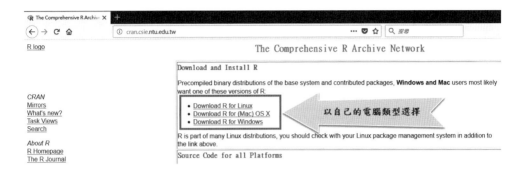

（一）Windows 版本的下載

第一步：點選下載連結

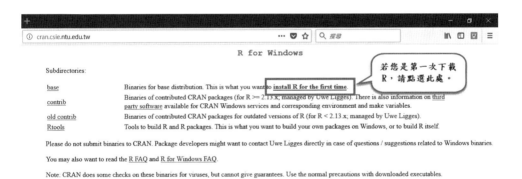

第二步：確認版本並下載

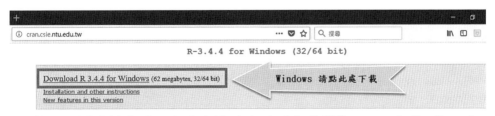

（二）Mac 版本的下載

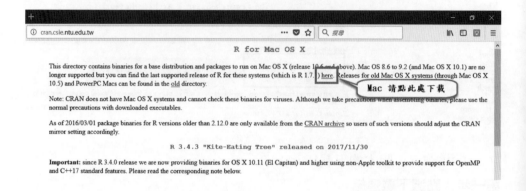

二、安裝 R

（一）Windows 版本的安裝

第一步：自選安裝預設語言

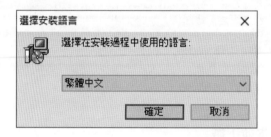

第二步：閱讀安裝說明

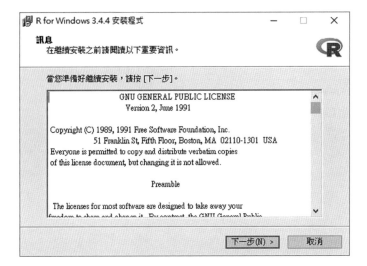

第三步：系統會預設裝在 C 槽的 Program Files 資料夾

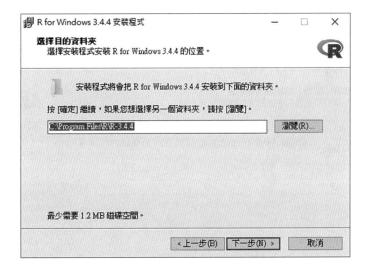

第四步：接受預設的啟動設定

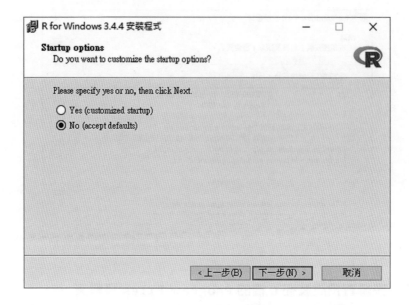

第五步：選擇是否在「開始」功能表建立資料夾

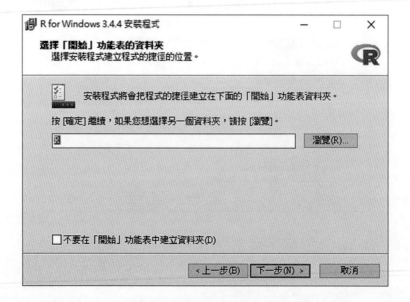

第六步：開始安裝 R

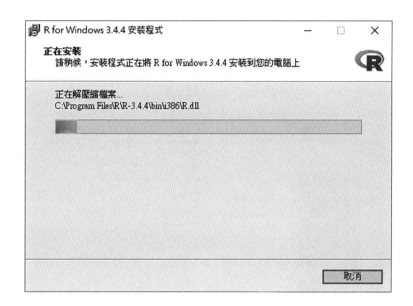

第七步：安裝完成

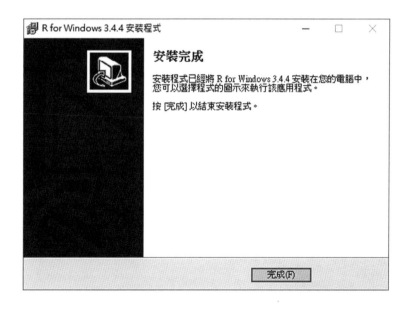

（二）Mac 版本的安裝

　　R 的安裝程式預設的語言與你的電腦的預設語言一致。以下以英文 Mac 電腦爲例，安裝程式就會是英文版。

第一步：啟動安裝

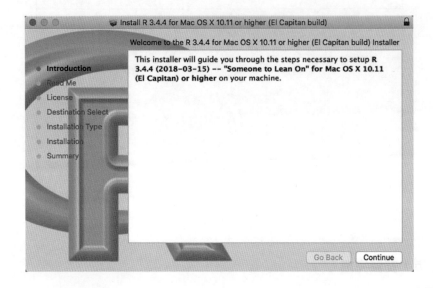

第二步：同意使用條款

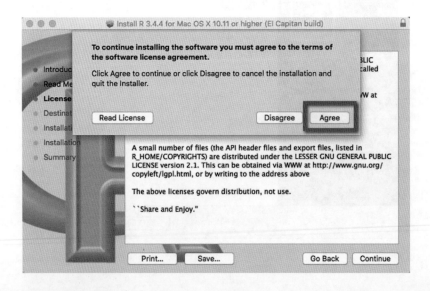

第三步：確認安裝位置

　　一般來說只需要點選「install」。若需要改變安裝路徑才需要點選「Change Install Location」；若是需要改變安裝的內容才需要點選「Customize」。

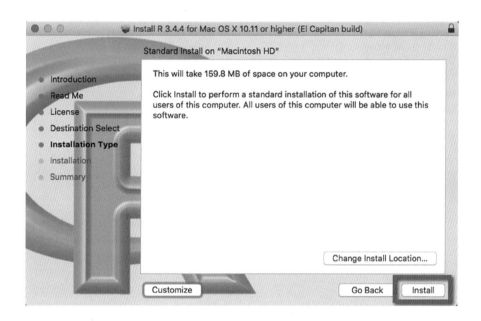

第四步：自動安裝

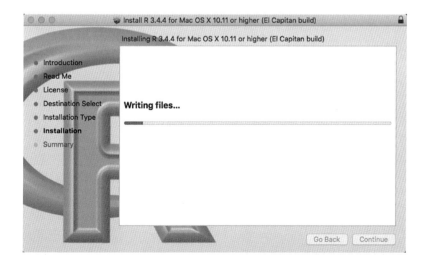

第五步：安裝完成

A.2　R 的使用者介面

一、使用者介面

（一）Windows 版本的介面

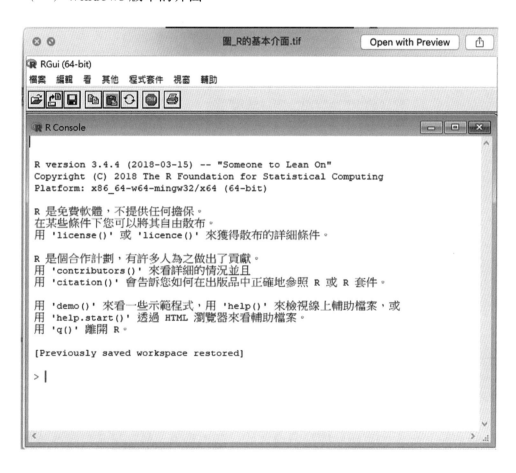

（二）Mac 版本的介面

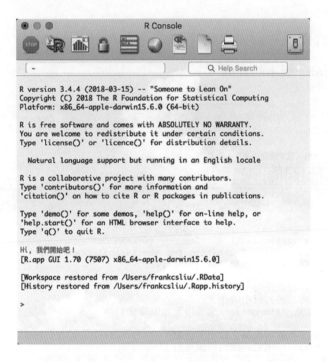

　　想知道如何一開啓 R 就讓它與你打招呼嗎？不妨看看 3.1 節的補充盒子 3.7。

二、與 R 的首次互動

1. 查看版本

　　由於 R 更新相當頻繁，甚至有些套件要較新的版本才能使用，因此隨時掌握 R 版本的更新狀態是很重要的。請啓動 R，並在提示符號 > 下，輸入並執行 version，你會看到自己電腦中安裝的 R 的版本。以下顯示的是作者在寫作時使用的 R 的版本。與你互動的視窗環境叫作 R Console。

```
> version
                    _
    platform        x86_64-apple-darwin15.6.0
    arch            x86_64
```

```
os              darwin15.6.0
system          x86_64, darwin15.6.0
status
major           3
minor           4.4
year            2018
month           03
day             15
svn rev         74408
language        R
version.string  R version 3.4.4 (2018-03-15)
nickname        Someone to Lean on
```

2. 簡易計算

R 本身就是統計工具，因此可以當作是一個互動式「計算機」。試試看，在提示符號後方鍵入，按下確認，就會得到「2」。

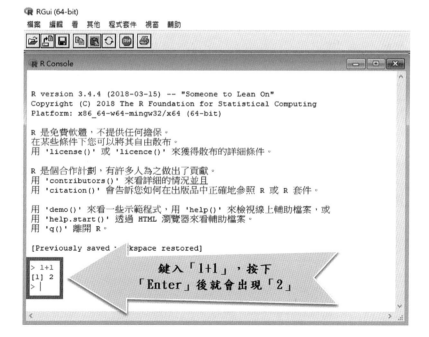

3. 讀取檔案

點選左上角的「開啓舊檔」，在本書資料夾找到任何一個附檔名爲 .r 或 .R 的檔案，開啓後的語法檔就會在新視窗出現。

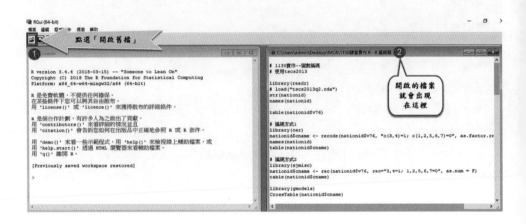

4. 執行語法檔

將游標在右邊視窗點選，再按下「執行程式列或選擇項」，R Console 就會執行游標所在或是所選範圍的語法，並輸出結果。

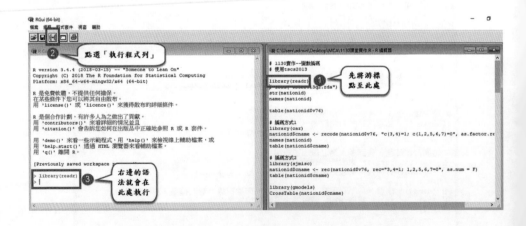

A.3　RStudio 的下載與安裝

一、RStudio 的特色

　　雖然使用 R Console 就能做資料分析，但由 RStudio 這家公司所推出來的免費軟體，內建許多成熟的套件與舒適的操作介面，可以說是比 R 原生的 RConsole 更容易上手、管理專案以及寫作的「車體」。對於初學者上手、新手上路而言是較好的選擇[1]。

二、下載 RStudio

第一步：進入 RStudio 的官網（`http://www.RStudio.com/`）下載
　　　　　RStudio

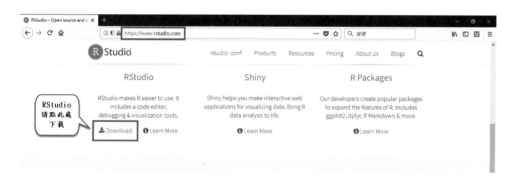

第二步：點選「`Download`」之後，進入以下頁面，選擇使用免費版本

---

[1] RStudio 還有很多功能，例如 Addin 擴充功能、以網頁呈現互動式資料分析 Shiny、程式開發版本管理等，可以進一步參考官網 https://www.RStudio.com/ 以及 Hillebrand, J., & Nierhoff, M. H. (2015). Mastering RStudio: Develop, Communicate, and Collaborate with R. Packt Publishing. 和 Verzani, J. (2011). Getting Started with RStudio. O'Reilly Media。

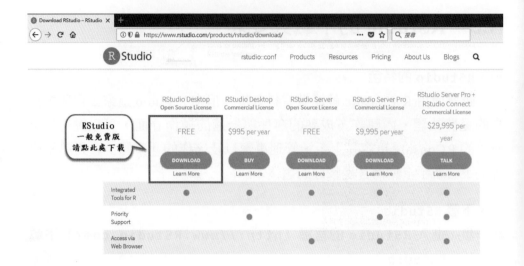

第三步：RStudio 也分為 Windows 與 Mac 的版本

　　RStudio 不定期且經常更新版本，所以請時常注意 RStudio 版本更新的資訊。

三、安裝 RStudio
第一步：點開下載後的安裝檔

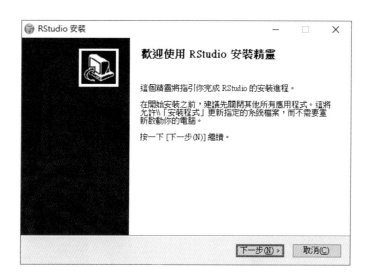

第二步：安裝於預設的 C 槽的「ProgramFiles」資料夾

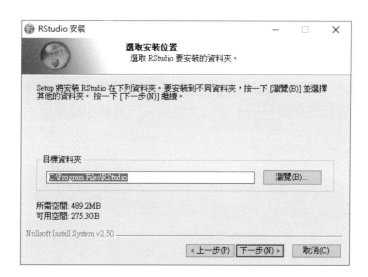

第三步：安裝完成後，RStudio 圖示會顯示於「開始」功能表
若沒有見到圖示，請到「Program File」→「RStudio」→「bin」尋找

A.4　RStudio 的使用者介面

一、RStudio 的介面

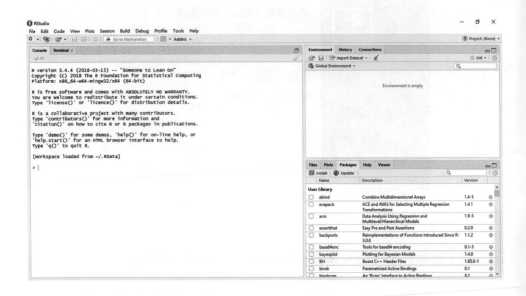

二、首次在 RStudio 中與 R 互動

　　RStudio 啟動之後，它的 RConsole 與 R 原生的 R Console 是同一個。因此操作它的方式同樣可以直接在上頭輸入、看輸出結果。

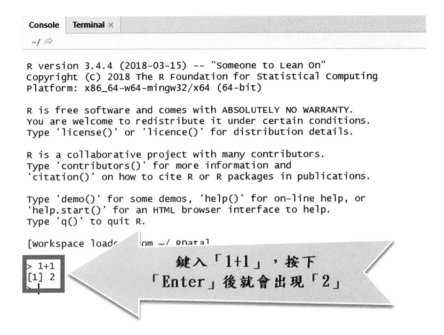

三、建立新的專案

RStudio 的重要特點之一是能以專案的方式管理不同的資料分析工作，並能快速在專案之間切換而不遺失資料。

第一步：開啟新的「專案」：「File」→「New Project」

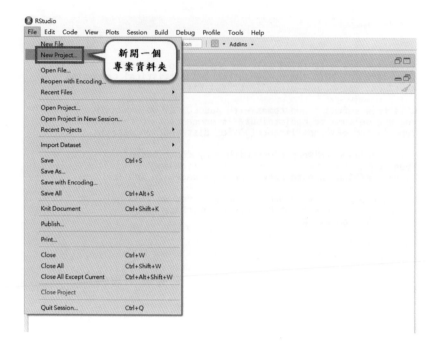

第二步：點選「New Directory」

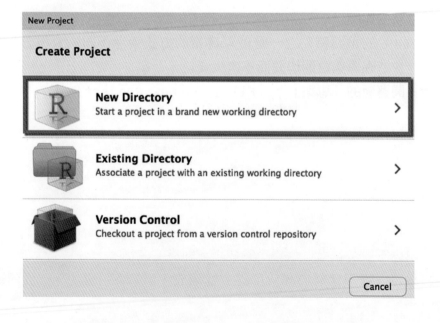

第三步：命名專案資料夾及選定路徑

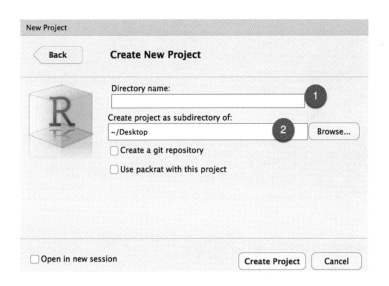

1. 為專案取名：這個名稱也將成為資料夾的名稱。
2. 為專案選擇適當的存放位置：建議放入雲端資料夾中，以便隨時

備份與同步。按下「Crate Project」之後，你會在 RStudio 右下方的視窗中，看見以這個專案名稱為檔名的 .Rproj 檔案。之後只要點擊這個檔案，就能開啟整個專案。

請重複這個建立專案的步驟，建立並開啟另一個專案。並在「File」→「Recent Projects」看到這兩個專案，試著在兩個專案間切換看看。

四、新建 R Script 語法檔

點選「New File」後，再點選「R Script」。

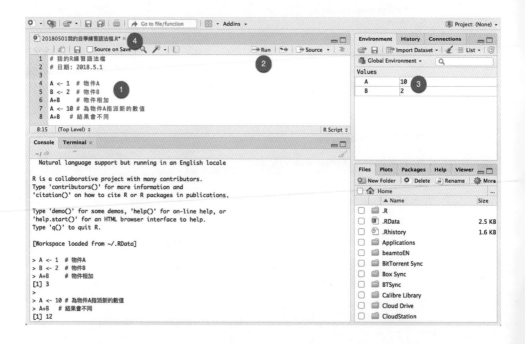

1. 試著在空白的語法檔上打上語法。
2. 再按下語法檔右上角的「Run」（或是快捷鍵組合 Ctrl/Command + Enter），便會看到在 R Console 中出現輸出的結果。若是一般文字，就要在該行前面加上 # 註記符號，因為 R 只能處理語法檔中的語法，無法辨識語法之外的文字與符號。

3. 你會看到物件出現在右上角的「Environment」區域中。

4. 經編修過的檔案檔名會呈現紅字加星號，請隨時記得存檔或按下 Ctrl/Command + s。

五、RStudio 的功能設定

RStudio 有幾個重要的地方可以優先設定，讓自己用起來更順手。首先，在「Tools」的功能列表點選「Global Options」。

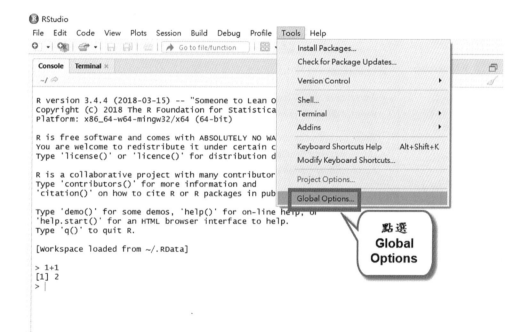

點開之後，會出現功能設定介面。

Options

	R version:
General	[Default] [64-bit] C:\Program Files\R\R-3.4.4　　Change...
Code	Default working directory (when not in a project):
Appearance	~　　Browse...
Pane Layout	☑ Re-use idle sessions for project links
Packages	☑ Restore most recently opened project at startup
R Markdown	☑ Restore previously open source documents at startup
Sweave	☑ Restore .RData into workspace at startup
Spelling	Save workspace to .RData on exit: Ask ▼
Git/SVN	☑ Always save history (even when not saving .RData)
Publishing	☐ Remove duplicate entries in history
Terminal	☐ Show .Last.value in environment listing

☐ Show .Last.value in environment listing
☑ Use debug error handler only when my code contains errors
☐ Automatically expand tracebacks in error inspector

☐ Wrap around when navigating to previous/next tab

☑ Automatically notify me of updates to RStudio

OK　　Cancel　　Apply

接下來到「Appearance」的功能頁中設定想要的外觀顯示，包括：

1. 修改視窗外框的樣式。

2. 修改介面的縮放比例。

3. 修改字體。

4. 修改字體大小。

5. 調整操作介面顯示的方式。

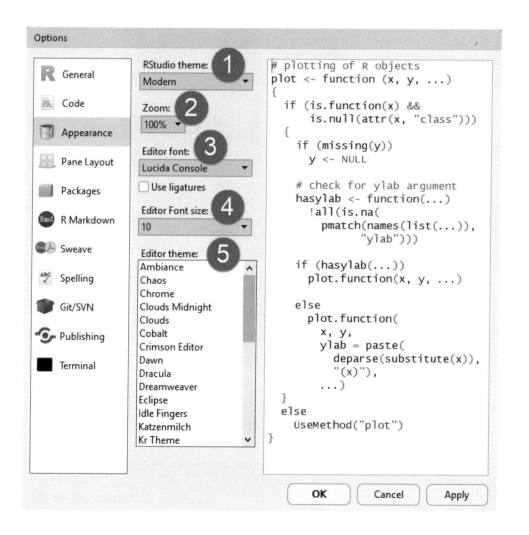

你可以選擇自己喜愛的操作介面顯示的方式。

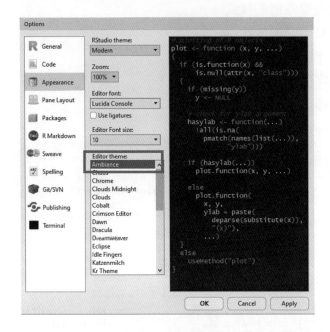

最後在「Pane Layout」調整 RStudio 介面四格視窗的內容。

這些視窗位置也是可動可調的。

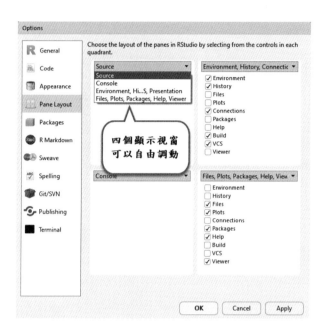

比較需要注意的有兩個角落。一是右上方窗格的「Environment」。
裡頭存放了專案執行期間所用到的物件。二是右下方窗格中的「File」、
「Packages」，以及「Help」，它們分別是 RStudio 中的「檔案總管」、
「套件總管」以及「說明書總管」。

附錄二

TNSS2015 電訪結果報表

ID	Name	Label	missings	Values	Value Labels	Freq.	%
1	ID	樣本編號	0 (0.00%)	range: 110012-242893			
2	NAME	受訪者姓名	0 (0.00%)		唯一合格男	318	29.69
					唯一合格女	357	33.33
					最年輕的男	136	12.70
					最年輕的女	157	14.66
					最年長的男	51	4.76
					最年長的女	52	4.86
3	TEL_A	電話區碼	0 (0.00%)	range: 2-49			
4	TEL	電話號碼	0 (0.00%)	range: 2012532-9999909			
5	TEL_NAME	電話套數	0 (0.00%)		01	63	5.88
					02	60	5.60
					03	76	7.10
					04	75	7.00
					05	83	7.75
					06	73	6.82
					07	67	6.26
					08	58	5.42
					09	78	7.28
					10	61	5.70
					11	73	6.82
					12	76	7.10
					13	66	6.16
					14	61	5.70
					15	54	5.04
					<... truncated>	47	4.39
6	DATE	訪問日期	0 (0.00%)	range: 151027-151103			
7	BTIME	開始時間	0 (0.00%)	range: 180356-221716			
8	ETIME	結束時間	0 (0.00%)	range: 181423-223005			

ID	Name	Label	missings	Values	Value Labels	Freq.	%
9	RESULT	訪問結果	0 (0.00%)	202	因語言因素無法受訪（方言）	0	0.00
						0	0.00
				201	因語言因素無法受訪（客語）	0	0.00
						0	0.00
				190	因語言因素無法受訪（原住民語）	0	0.00
						0	0.00
				181	因語言因素無法受訪	0	0.00
						0	0.00
				180	接電話即拒訪或接電話者有事（我很忙）	0	0.00
						0	0.00
						0	0.00
				171	受訪者中途拒訪 [無法再訪者]	0	0.00
						0	0.00
				170	受訪者拒絕受訪 [無法再訪者]	0	0.00
						0	0.00
				160	受訪者因臨時有事而中途拒訪 [可當日約訪者]	0	0.00
						0	0.00
						0	0.00
				150	受訪者暫時不在或 不便接聽（可當日約訪者）	0	0.00
						0	0.00
						0	0.00
				141	其他原因導致不能確定是否有合格受訪者	0	0.00
						0	0.00
						0	0.00
				140	問不出該戶是否有合格受訪者	0	0.00
						0	0.00
				130	受訪者因臨時有事而中途拒訪（非當日約訪者）	0	0.00
						0	0.00
						0	0.00
				126	配額已滿	0	0.00
				125	群居單位（如宿舍）	0	0.00
				124	公司或政府機關或社團或機構	0	0.00
						0	0.00
				<...>	<... truncated>	0	0.00
						1071	100.00

ID	Name	Label	missings	Values	Value Labels	Freq.	%
10	CALLER	訪員編號	0 (0.00%)	*range: 100044-104509113*			
11	GENDER	訪員性別	12 (1.12%)	2 1	女 男	671 388	63.36 36.64
12	LEVEL	訪員級數	0 (0.00%)	3 2 1	第三級 第二級 第一級	443 117 511	41.36 10.92 47.71
13	HOURS	累計時數	15 (1.40%)	*range: 0-2387*			
14	VERSION	版本	0 (0.00%)	*range: 1-1*			
15	HOME_A	戶中全部合格人數	0 (0.00%)	*range: 1-10*			
16	HOME_M	戶中合格男性人數	0 (0.00%)	*range: 0-10*			
17	HOME_O	戶中排行	0 (0.00%)	*range: 1-10*			
18	SAMPLE	受訪樣本	0 (0.00%)	2 1	替代樣本 正取樣本	314 756 1	29.32 70.59 0.09
47	Q1	自從（民國七十六年）臺灣開放大陸探親以來，請問您去過大陸幾次？	11 (1.03%)	13 12 11	有去過，在三次以上，不超過 11 次 有去過，在三次以下 十一次以上（含長期在大陸）	117 132 91 3 2 1 4 6 5 23 41 108 527	11.04 12.45 8.58 0.28 0.19 0.09 0.38 0.57 0.47 2.17 3.87 10.1 49.7

ID	Name	Label	missings	Values	Value Labels	Freq.	%
48	Q2	請問您個人或是家人有沒有去或打算去大陸做生意或就業？	8(0.75%)	2 1	沒有 有	904 159	85.04 14.96
49	Q3	我們社會上有人主張應該加強與大陸的經貿關係，有些人主張應該降低，請問您比較同意哪一種看法？	282 (26.33%)	2 1	降低與大陸的經貿關係 加強與大陸的經貿關係	306 483	38.78 61.22
50	Q4	有人說：「如果臺灣在經濟上太依賴大陸，將來大陸會利用經濟來要求臺灣做政治上的讓步。」請問您同不同意這種說法？	73 (6.82%)	4 3 2 1	非常同意 同意 不同意 非常不同意	293 370 227 108	29.36 37.07 22.75 10.82
51	Q5	請問您覺得您家裡現在的經濟狀況與一年前相比，是比較好、比較不好，還是差不多？	14 (1.31%)	3 2 1	差不多 比較不好 比較好	676 320 61	63.95 30.27 5.77

ID	Name	Label	missings	Values	Value Labels	Freq.	%
52	Q6	請問您覺得您家裡在未來的一年經濟狀況會變好、變不好，還是差不多？	87 (8.12%)	3 2 1	差不多 變不好 變好	655 234 95	66.57 23.78 9.65
53	Q7	請問如果將來兩岸關係變得比較緊張，您覺得您家裡的經濟狀況會因此變得比較好、比較差、還是沒有影響？	91 (8.50%)	3 2 1	沒有影響 比較差 比較好	544 432 4	55.51 44.08 0.41
54	Q8	請問在 0 到 10 之間，您會給美國政府多少？	87 (8.12%)	10 0	非常喜歡 非常不喜歡	24 14 87 124 175 371 41 59 19 11 59	2.44 1.42 8.84 12.60 17.78 37.70 4.17 6.00 1.93 1.12 6.00
55	Q9	那您會給中國大陸政府多少？	66 (6.16%)	10 0	非常喜歡 非常不喜歡	4 5 33 67 96 302	0.40 0.50 3.28 6.67 9.55 30.05

ID	Name	Label	missings	Values	Value Labels	Freq.	%
						109	10.85
						152	15.12
						66	6.57
						40	3.98
						131	13.03
56	Q10	那您會給日本政府多少？	73 (6.82%)	10 0	非常喜歡 非常不喜歡	15	1.50
						33	3.31
						140	14.03
						137	13.73
						169	16.93
						261	26.15
						59	5.91
						78	7.82
						31	3.11
						16	1.60
						59	5.91
57	Q11	請問在明年（2016年）的總統選舉中，您會把票投給民進黨的蔡英文，國民黨的朱立倫，還是親民黨的宋楚瑜？	481 (44.91%)	3 2 1	宋楚瑜 朱立倫 蔡英文	72	12.20
						140	23.73
						378	64.07
58	Q12	關於臺灣和大陸的關係，有下面幾種不同的看法，請問您比較偏向哪一種？	39 (3.64%)	7 6 5 4	臺灣已經是一個獨立的國家 永遠維持現狀 維持現狀，看情形再決定獨立或統一 維持現狀，以後走向獨立	3	0.29
						298	28.88
						404	39.15
						201	19.48
						84	8.14
						35	3.39
						7	0.68

ID	Name	Label	missings	Values	Value Labels	Freq.	%
				3	維持現狀，以後走向統一		
				2	儘快宣布獨立		
				1	儘快統一		
59	Q13	如果臺灣宣布獨立會引起大陸攻打臺灣，請問您贊不贊成臺灣獨立？	143 (13.35%)	4 3 2 1	非常贊成 贊成 不贊成 非常不贊成	117 209 338 264	12.61 22.52 36.42 28.45
60	Q14	那如果臺灣宣布獨立，而大陸不會攻打臺灣，請問您贊不贊成臺灣獨立？	136 (12.70%)	4 3 2 1	非常贊成 贊成 不贊成 非常不贊成	414 308 117 96	44.28 32.94 12.51 10.27
61	Q15	如果臺灣和大陸在政治、經濟、社會各方面的條件差別很大時，請問您贊不贊成臺灣和大陸統一？	138 (12.89%)	4 3 2 1	非常贊成 贊成 不贊成 非常不贊成	37 126 384 386	3.97 13.50 41.16 41.37
62	Q16	那如果臺灣和大陸在政治、經濟、社會各方面的條件差不多時，請問您贊不贊成臺灣和大陸統一？	126 (11.76%)	4 3 2 1	非常贊成 贊成 不贊成 非常不贊成	65 207 357 316	6.88 21.90 37.78 33.44

ID	Name	Label	missings	Values	Value Labels	Freq.	%
63	Q17	對於臺灣和大陸之間未來的發展，有人認為兩岸會逐漸走向統一，也有人認為臺灣會逐漸走向獨立，請問您比較同意哪一種看法？	207 (19.33%)	3 2 1	會維持現狀 臺灣會逐漸走向獨立 兩岸會逐漸走向統一	23 391 450	2.66 45.25 52.08
64	Q18	我們想請您用0到10來表示將來兩岸統一的可能性。0表示非常不可能，10表示非常有可能，請問您覺得應該是多少？	65 (6.07%)	10 0	非常有可能 非常不可能	58 13 78 73 132 328 55 82 35 12 140	5.77 1.29 7.75 7.26 13.12 32.60 5.47 8.15 3.48 1.19 13.92
65	Q19	那您認為將來臺灣獨立成功的可能性應該是多少？	78 (7.28%)	10 0	非常有可能 非常不可能	29 5 35 42 44 308 82 126 71 32 219	2.92 0.50 3.52 4.23 4.43 31.02 8.26 12.69 7.15 3.22 22.05

ID	Name	Label	missings	Values	Value Labels	Freq.	%
66	Q20	面對大陸的軍事威脅，您認為臺灣應該加強軍事力量，還是採用比較溫和的政策，避免刺激大陸？	58 (5.42%)	4 3 2 1	都沒用 都需要 採用比較溫和的政策 加強軍事力量	10 30 711 262	0.99 2.96 70.19 25.86
67	Q21	如果大陸撤出東南沿海的飛彈，請問您贊不贊成臺灣減少對美國的軍事採購？	127 (11.86%)	4 3 2 1	非常贊成 贊成 不贊成 非常不贊成	233 300 272 139	24.68 31.78 28.81 14.72
68	Q22	如果大陸攻打過來的話，請問您覺得我們國軍有沒有足夠能力保衛臺灣？	71 (6.63%)	2 1	沒有 有	892 108	89.20 10.80
69	Q23	有些人主張臺灣和大陸應該在「一個中國、各自表述」的原則下進行交流，請問您支不支持這種主張？	134 (12.51%)	4 3 2 1	非常支持 支持 不支持 非常不支持	149 453 203 132	15.90 48.35 21.66 14.09
70	Q24	有些人主張兩岸的領袖應該開始進行政治對話，討論兩岸關係未來的發展，請問您支不支持這種主張？	111 (10.36%)	4 3 2 1	非常支持 支持 不支持 非常不支持	291 453 156 60	30.31 47.19 16.25 6.25

ID	Name	Label	missings	Values	Value Labels	Freq.	%
71	Q25	如果我們用０表示兩岸關係非常敵對，１０表示兩岸關係非常和平，請問在０到１０之間，您覺得目前兩岸的關係是多少？	37 (3.45%)	10 0	非常和平 非常敵對	35 8 66 117 195 464 66 39 16 2 26	3.38 0.77 6.38 11.32 18.86 44.87 6.38 3.77 1.55 0.19 2.51
72	Q26	如果臺灣與大陸雙方同意簽署一個和平協定，大陸保證不攻打臺灣，臺灣也願意暫停臺獨的訴求，請問您贊不贊成這樣的協定？	78 (7.28%)	4 3 2 1	非常贊成 贊成 不贊成 非常不贊成	358 411 117 107	36.05 41.39 11.78 10.78
73	Q27	如果臺灣自行宣布獨立，請問您認為大陸會不會攻打臺灣？	129 (12.04%)	4 3 2 1	一定會 會 不會 一定不會	307 300 241 94	32.59 31.85 25.58 9.98
74	Q28	如果因為臺灣宣布獨立，導致臺灣與大陸發生戰爭，請問您會採取什麼行動？	215 (20.07%)	11 10 9 8 7 6	跟中國協商 留在臺灣 參加抗議 抵抗 從軍 逃跑、出國	1 8 1 101 73 197	0.12 0.93 0.12 11.80 8.53 23.01

ID	Name	Label	missings	Values	Value Labels	Freq.	%
				5	投降	15	1.75
				4	支持政府決定	119	13.90
				3	躲起來	11	1.29
				2	請求美國或國際支援	5	0.58
				1	順其自然	325	37.97
75	Q29	如果因為臺灣宣布獨立，導致臺灣與大陸發生戰爭，請問您認為大多數臺灣人會不會抵抗？	102 (9.52%)	4	一定會	345	35.60
				3	會	296	30.55
				2	不會	241	24.87
				1	一定不會	87	8.98
76	Q30	如果因為臺灣宣布獨立，大陸攻打臺灣，請問您認為美國會不會出兵幫助臺灣？	155 (14.47%)	4	一定會	274	29.91
				3	會	350	38.21
				2	不會	192	20.96
				1	一定不會	100	10.92
77	Q31	有些人認為臺灣已經是一個主權獨立的國家，它現在的名稱叫中華民國，不需要再宣布獨立，請問您同不同意這種看法？	78 (7.28%)	4	非常同意	356	35.85
				3	同意	387	38.97
				2	不同意	158	15.91
				1	非常不同意	92	9.26

ID	Name	Label	missings	Values	Value Labels	Freq.	%
78	Q32	如果明年（2016年）民進黨蔡英文選上總統，你會不會擔心兩岸關係變得比現在更為緊張？	85 (7.94%)	4 3 2 1	一點也不擔心 不太擔心 有點擔心 非常擔心	342 355 173 116	34.69 36.00 17.55 11.76
79	Q33	在國內的政黨之中，請問您認為您比較支持哪一個政黨？	125 (11.67%)	29 28 24 23 22 21 20 19 18 8 7 6 5 4 3 <...>	國民黨＋民進黨 都不支持 都支持 臺聯 親民黨 新黨 信心希望聯盟 人民民主陣線 樹黨 社民黨 民國黨 時代力量 綠黨 民進黨 選人不選黨 <... truncated>	1 1 0 0 0 8 4 30 2 1 335 31 9 21 3 283 217	0.11 0.11 0.00 0.00 0.00 0.85 0.42 3.17 0.21 0.11 35.41 3.28 0.95 2.22 0.32 29.92 22.94
80	Q34	請問您支持（受訪者選擇的政黨）的程度是非常支持、還是普普通通？	524 (48.93%)	2 1	普普通通 非常支持	346 201	63.25 36.75

ID	Name	Label	missings	Values	Value Labels	Freq.	%
81	Q35	那請問您有沒有比較偏向哪一個政黨？	594 (55.46%)	27	都不偏	0	0.00
				26	偏臺聯	0	0.00
				25	偏親民黨	1	0.21
				24	偏新黨	2	0.42
				23	偏民進黨	0	0.00
				21	偏國民黨	15	3.14
				19	偏樹黨	2	0.42
				10	偏社民黨	1	0.21
				8	偏民國黨	371	77.78
				7	偏時代力量	1	0.21
				6	偏綠黨	6	1.26
				5	選人不選黨	1	0.21
				4	偏民進黨＋偏臺聯（泛綠）	47	9.85
				3	偏國民黨＋偏民進黨	30	6.29
82	Q36	我們社會上，有人說自己是「臺灣人」，也有人說自己是「中國人」，也有人說都是。請問您認為您自己是「臺灣人」、「中國人」，或者都是？	30 (2.80%)	3	中國人	52	5.00
				2	都是	404	38.81
				1	臺灣人	585	56.20
83	Q37	請問您是民國哪一年出生的？	13 (1.21%)	range: 14-84			

ID	Name	Label	missings	Values	Value Labels	Freq.	%
84	Q38	請問您的最高學歷是什麼（讀到什麼學校）？	1 (0.09%)	7	研究所及以上	106	9.91
				6	大學	303	28.32
				5	專科	170	15.89
				4	高中、職	318	29.72
				3	國、初中	92	8.60
				2	小學	65	6.07
				1	不識字及未入學	16	1.50
85	Q39	請問您的父親是本省客家人、本省閩南（河洛）人、大陸各省市人、原住民，還是新住民？	24 (2.24%)	7	外國新住民	1	0.10
				6	大陸新住民	4	0.38
				5	外國人士	1	0.10
				4	原住民	11	1.05
				3	大陸各省市人	137	13.09
				2	本省閩南人	772	73.73
				1	本省客家人	121	11.56
86	Q40	請問您的戶籍是設在哪一個縣市？	6 (0.56%)	68	雲林縣	93	8.73
				67	南投縣	91	8.54
				66	彰化縣	128	12.02
				65	桃園市	173	16.24
				64	臺南市	108	10.14
				63	臺中市	99	9.30
				30	新北市	0	0.00
				28	高雄市	3	0.28
				20	臺北市	23	2.16
				18	苗栗縣	14	1.31
				17	新竹縣	13	1.22
				16	連江縣	5	0.47
				15	金門縣	11	1.03
				14	嘉義市	9	0.85
				13	宜蘭縣	44	4.13
				<...>	<... truncated>	22	2.07
						45	4.23
						30	2.82
						76	7.14
						23	2.16
						26	2.44
						29	2.72

ID	Name	Label	missings	Values	Value Labels	Freq.	%
87	Q41	請問在宜蘭縣哪一個鄉鎮市？	1044 (97.48%)	12	五結鄉	0	0.00
				11	冬山鄉	0	0.00
				10	員山鄉	0	0.00
				9	壯圍鄉	0	0.00
				8	礁溪鄉	4	14.81
				7	頭城鎮	3	11.11
				6	蘇澳鎮	5	18.52
				5	羅東鎮	0	0.00
				4	南澳鄉	0	0.00
				3	大同鄉	2	7.41
				2	三星鄉	6	22.22
				1	宜蘭市	7	25.93
88	Q42	請問在新竹縣哪一個鄉鎮市？	1045 (97.57%)	13	北埔鄉	0	0.00
				12	橫山鄉	0	0.00
				11	芎林鄉	0	0.00
				10	新豐鄉	1	3.85
				9	湖口鄉	0	0.00
				8	關西鎮	0	0.00
				7	新埔鎮	0	0.00
				6	竹東鎮	3	11.54
				5	五峰鄉	5	19.23
				4	尖石鄉	1	3.85
				3	峨眉鄉	0	0.00
				2	寶山鄉	8	30.77
				1	竹北市	8	30.77
89	Q43	請問在苗栗縣哪一個鄉鎮市？	1048 (97.85%)	18	公館鄉	0	0.00
				17	大湖鄉	0	0.00
				16	卓蘭鎮	0	0.00
				15	後龍鎮	0	0.00
				14	頭份鎮	0	0.00
				13	竹南鎮	1	4.35
				12	通霄鎮	0	0.00
				11	苑裡鎮	0	0.00

ID	Name	Label	missings	Values	Value Labels	Freq.	%
				10	泰安鄉	1	4.35
				9	獅潭鄉	2	8.70
				8	三灣鄉	0	0.00
				7	造橋鄉	0	0.00
				6	西湖鄉	1	4.35
				5	三義鄉	3	13.04
				4	頭屋鄉	3	13.04
				<...>	<... truncated>	3	13.04
						2	8.70
						7	30.43
90	Q44	請問在彰化縣哪一個鄉鎮市？	996 (93.00%)	26	芬園鄉	1	1.33
				25	花壇鄉	0	0.00
				24	秀水鄉	2	2.67
				23	福興鄉	1	1.33
				22	伸港鄉	1	1.33
				21	線西鄉	1	1.33
				20	和美鎮	5	6.67
				19	溪州鄉	2	2.67
				18	竹塘鄉	2	2.67
				17	大城鄉	0	0.00
				16	芳苑鄉	0	0.00
				15	埤頭鄉	3	4.00
				14	田尾鄉	2	2.67
				13	二林鎮	3	4.00
				12	鹿港鎮	6	8.00
				<...>	<... truncated>	6	8.00
						8	10.67
						0	0.00
						2	2.67
						3	4.00
						1	1.33
						2	2.67
						2	2.67
						9	12.00
						6	8.00
						7	9.33

ID	Name	Label	missings	Values	Value Labels	Freq.	%
91	Q45	請問在南投縣哪一個鄉鎮市？	1041 (97.20%)	13	魚池鄉	0	0.00
				12	中寮鄉	0	0.00
				11	鹿谷鄉	1	3.33
				10	名間鄉	0	0.00
				9	集集鎮	1	3.33
				8	竹山鎮	0	0.00
				7	草屯鎮	0	0.00
				6	埔里鎮	0	0.00
				5	仁愛鄉	0	0.00
				4	信義鄉	6	20.00
				3	水里鄉	8	26.67
				2	國姓鄉	7	23.33
				1	南投市	7	23.33
92	Q46	請問在雲林縣哪一個鄉鎮市？	1029 (96.08%)	20	莿桐鄉	0	0.00
				19	大埤鄉	1	2.38
				18	古坑鄉	2	4.76
				17	北港鎮	0	0.00
				16	土庫鎮	0	0.00
				15	西螺鎮	0	0.00
				14	虎尾鎮	2	4.76
				13	水林鄉	2	4.76
				12	斗南鎮	2	4.76
				11	口湖鄉	1	2.38
				10	四湖鄉	1	2.38
				9	元長鄉	4	9.52
				8	台西鄉	1	2.38
				7	褒忠鄉	2	4.76
				6	東勢鄉	6	14.29
				<...>	<... truncated>	4	9.52
						3	7.14
						6	14.29
						1	2.38
						4	9.52

ID	Name	Label	missings	Values	Value Labels	Freq.	%
93	Q47	請問在嘉義縣哪一個鄉鎮市？	1050 (98.04%)	18	東石鄉	0	0.00
				17	六腳鄉	0	0.00
				16	新港鄉	2	9.52
				15	溪口鄉	1	4.76
				14	民雄鄉	1	4.76
				13	大林鎮	4	19.05
				12	布袋鎮	1	4.76
				11	朴子市	0	0.00
				10	阿里山鄉	0	0.00
				9	大埔鄉	1	4.76
				8	番路鄉	1	4.76
				7	梅山鄉	0	0.00
				6	竹崎鄉	2	9.52
				5	中埔鄉	3	14.29
				4	水上鄉	0	0.00
				<...>	<... truncated>	3	14.29
						2	9.52
						0	0.00
94	Q48	請問在屏東縣哪一個鄉鎮市？	1031 (96.27%)	33	里港鄉	0	0.00
				32	九如鄉	0	0.00
				31	麟洛鄉	0	0.00
				30	長治鄉	0	0.00
				29	萬丹鄉	0	0.00
				28	恆春鎮	0	0.00
				27	牡丹鄉	0	0.00
				26	獅子鄉	0	0.00
				25	春日鄉	0	0.00
				24	來義鄉	0	0.00
				23	東港鎮	0	0.00
				22	泰武鄉	1	2.50
				21	瑪家鄉	1	2.50
				20	霧台鄉	1	2.50

ID	Name	Label	missings	Values	Value Labels	Freq.	%
				19	三地門鄉	0	0.00
				<...>	<... truncated>	0	0.00
						2	5.00
						1	2.50
						1	2.50
						1	2.50
						2	5.00
						1	2.50
						1	2.50
						1	2.50
						2	5.00
						2	5.00
						0	0.00
						1	2.50
						0	0.00
						1	2.50
						1	2.50
						3	7.50
						17	42.50
95	Q49	請問在臺東縣哪一個鄉鎮市？	1062 (99.16%)	16	太麻里鄉	0	0.00
				15	長濱鄉	0	0.00
				14	東河鄉	0	0.00
				13	池上鄉	0	0.00
				12	鹿野鄉	0	0.00
				11	卑南鄉	0	0.00
				10	關山鎮	0	0.00
				9	成功鎮	0	0.00
				8	蘭嶼鄉	0	0.00
				7	達仁鄉	1	11.11
				6	金峰鄉	1	11.11
				5	延平鄉	1	11.11
				4	海端鄉	0	0.00
				3	綠島鄉	0	0.00
				2	大武鄉	0	0.00
				<...>	<... truncated>	6	66.67

ID	Name	Label	missings	Values	Value Labels	Freq.	%
96	Q50	請問在花蓮縣哪一個鄉鎮市？	1060 (98.97%)	13	瑞穗鄉	0	0.00
				12	豐濱鄉	0	0.00
				11	光復鄉	0	0.00
				10	壽豐鄉	0	0.00
				9	吉安鄉	0	0.00
				8	新城鄉	0	0.00
				7	玉里鎮	0	0.00
				6	鳳林鎮	0	0.00
				5	卓溪鄉	5	45.45
				4	萬榮鄉	0	0.00
				3	秀林鄉	1	9.09
				2	富里鄉	0	0.00
				1	花蓮市	5	45.45
97	Q51	請問在澎湖縣哪一個鄉鎮市？	1066 (99.53%)	6	七美鄉	0	0.00
				5	望安鄉	0	0.00
				4	西嶼鄉	0	0.00
				3	白沙鄉	0	0.00
				2	湖西鄉	0	0.00
				1	馬公市	5	100.00
98	Q52	請問在基隆市哪一個區？	1058 (98.79%)	7	信義區	3	23.08
				6	安樂區	4	30.77
				5	中山區	1	7.69
				4	仁愛區	0	0.00
				3	暖暖區	2	15.38
				2	七堵區	2	15.38
				1	中正區	1	7.69
99	Q53	請問在新竹市哪一個區？	1058 (98.79%)	3	香山區	4	30.77
				2	北區	8	61.54
				1	東區	1	7.69
100	Q54	請問在嘉義市哪一個區？	1050 (98.04%)	2	西區	11	52.38
				1	東區	10	47.62

ID	Name	Label	missings	Values	Value Labels	Freq.	%
101	Q55	請問在臺北市哪一個區？	975 (91.04%)	12	南港區	2	2.08
				11	文山區	13	13.54
				10	萬華區	7	7.29
				9	大同區	3	3.12
				8	中正區	7	7.29
				7	中山區	5	5.21
				6	大安區	15	15.62
				5	信義區	9	9.38
				4	北投區	11	11.46
				3	士林區	11	11.46
				2	內湖區	8	8.33
				1	松山區	5	5.21
102	Q56	請問在高雄市哪一個區？	966 (90.20%)	38	前鎮區	0	0.00
				37	苓雅區	0	0.00
				36	前金區	0	0.00
				35	新興區	0	0.00
				34	三民區	0	0.00
				33	楠梓區	0	0.00
				32	那瑪夏區	0	0.00
				31	桃源區	5	4.76
				30	茂林區	0	0.00
				29	內門區	1	0.95
				28	杉林區	1	0.95
				27	甲仙區	0	0.00
				26	六龜區	1	0.95
				25	美濃區	2	1.90
				24	旗山區	1	0.95
				<...>	<... truncated>	3	2.86
						0	0.00
						1	0.95
						2	1.90
						6	5.71
						1	0.95

ID	Name	Label	missings	Values	Value Labels	Freq.	%
						2	1.90
						0	0.00
						1	0.95
						2	1.90
						4	3.81
						11	10.48
						3	2.86
						0	0.00
						9	8.57
						5	4.76
						1	0.95
						0	0.00
						16	15.24
						9	8.57
						10	9.52
						7	6.67
						1	0.95
103	Q57	請問在新北市哪一區？	902 (84.22%)	29	三峽區	0	0.00
				28	鶯歌區	3	1.78
				27	樹林區	2	1.18
				26	新店區	0	0.00
				25	新莊區	0	0.00
				24	永和區	0	0.00
				23	中和區	2	1.18
				22	烏來區	0	0.00
				21	萬里區	1	0.59
				20	金山區	0	0.00
				19	貢寮區	0	0.00
				18	雙溪區	0	0.00
				17	平溪區	5	2.96
				16	八里區	3	1.78
				15	石門區	1	0.59
				<...>	<... truncated>	13	7.69

ID	Name	Label	missings	Values	Value Labels	Freq.	%
						6	3.55
						2	1.18
						9	5.33
						8	4.73
						5	2.96
						6	3.55
						6	3.55
						15	8.88
						19	11.24
						8	4.73
						16	9.47
						16	9.47
						23	13.61
104	Q58	請問在臺中市哪一個區？	947 (88.42%)	29	豐原區	0	0.00
				28	北屯區	6	4.84
				27	南屯區	3	2.42
				26	西屯區	5	4.03
				25	北區	6	4.84
				24	西區	6	4.84
				23	南區	6	4.84
				22	和平區	1	0.81
				21	大里區	0	0.00
				20	太平區	0	0.00
				19	霧峰區	1	0.81
				18	龍井區	11	8.87
				17	大肚區	4	3.23
				16	烏日區	1	0.81
				15	大安區	0	0.00
				<...>	<... truncated>	4	3.23
						7	5.65
						3	2.42
						8	6.45
						3	2.42
						8	6.45

ID	Name	Label	missings	Values	Value Labels	Freq.	%
						12	9.68
						2	1.61
						5	4.03
						7	5.65
						7	5.65
						4	3.23
						4	3.23
						0	0.00
105	Q59	請問在臺南市哪一個區？	985 (91.97%)	37	六甲區	3	3.49
				36	下營區	3	3.49
				35	麻豆區	7	8.14
				34	東山區	5	5.81
				33	後壁區	7	8.14
				32	柳營區	9	10.47
				31	中西區	5	5.81
				30	安平區	0	0.00
				29	安南區	2	2.33
				28	北區	2	2.33
				27	南區	4	4.65
				26	東區	1	1.16
				25	永康區	1	1.16
				24	龍崎區	0	0.00
				23	白河區	1	1.16
				<...>	<... truncated>	2	2.33
						1	1.16
						3	3.49
						3	3.49
						2	2.33
						0	0.00
						2	2.33
						3	3.49
						1	1.16
						0	0.00
						6	6.98

ID	Name	Label	missings	Values	Value Labels	Freq.	%
						0	0.00
						1	1.16
						0	0.00
						2	2.33
						3	3.49
						0	0.00
						2	2.33
						0	0.00
						1	1.16
						3	3.49
						1	1.16
106	Q60	請問在桃園市哪一個區？	980 (91.50%)	13	龍潭區	3	3.30
				12	八德區	7	7.69
				11	龜山區	9	9.89
				10	大園區	2	2.20
				9	蘆竹區	8	8.79
				8	楊梅區	9	9.89
				7	大溪區	8	8.79
				6	中壢區	15	16.48
				5	復興區	1	1.10
				4	觀音區	3	3.30
				3	新屋區	2	2.20
				2	平鎮區	6	6.59
				1	桃園區	18	19.78
107	Q61	假如你可以獲得一筆意外的收入，請問您比較喜歡下列哪一種？	156 (14.57%)	3	都不要	49	5.36
				2	半年後獲得 450 元	376	41.09
				1	立刻獲得 300 元	490	53.55
108	Q62	性別：	0 (0.00%)	2	女性	562	52.47
				1	男性	509	47.53

ID	Name	Label	missings	Values	Value Labels	Freq.	%
109	Q63	訪問時使用語言：	0 (0.00%)	5	國、客語	1	0.09
				4	國、臺語	62	5.79
				3	客語	0	0.00
				2	臺語	40	3.73
				1	國語	968	90.38
110	SEX	性別	0 (0.00%)	2	女性	562	52.47
				1	男性	509	47.53
111	AGE	年齡	0 (0.00%)	9	無反應	13	1.21
				5	60 歲及以上	206	19.23
				4	50 至 59 歲	256	23.90
				3	40 至 49 歲	270	25.21
				2	30 至 39 歲	199	18.58
				1	20 至 29 歲	127	11.86
112	EDU	教育程度	0 (0.00%)	9	無反應	1	0.09
				5	大學及以上	409	38.19
				4	專科	170	15.87
				3	高中、職	318	29.69
				2	國、初中	92	8.59
				1	小學及以下	81	7.56
113	TOWNID		0 (0.00%)	*range: 201-9999*			
114	AAA		0 (0.00%)	*range: 200-9800*			
115	AREAR	地理區域	0 (0.00%)	9	無反應	9	0.84
				7	宜花東	49	4.58
				6	高屏澎	157	14.66
				5	雲嘉南	181	16.90
				4	中彰投	234	21.85
				3	桃竹苗	156	14.57
				2	新北市基隆	89	8.31
				1	大臺北都會區	196	18.30

ID	Name	Label	missings	Values	Value Labels	Freq.	%
116	SENGI	父親省籍	0 (0.00%)	9	無反應	24	2.24
				7	外國新住民	1	0.09
				6	大陸新住民	4	0.37
				5	外國籍	1	0.09
				4	原住民	11	1.03
				3	大陸各省市人	137	12.79
				2	本省閩南人	772	72.08
				1	本省客家人	121	11.30
117	T_Cidentity	臺灣人 / 中國人認同	0 (0.00%)	9	無反應	30	2.80
				3	中國人	52	4.86
				2	都是	404	37.72
				1	臺灣人	585	54.62
118	partyid	政黨認同	0 (0.00%)	7	無反應及其他政黨	72	6.72
				6	中立及看情形	381	35.57
				5	臺灣團結聯盟	10	0.93
				4	親民黨	27	2.52
				3	新黨	4	0.37
				2	民進黨	330	30.81
				1	國民黨	247	23.06
119	PARTY	政黨支持	0 (0.00%)	16	偏新黨	1	0.09
				15	普通支持新黨	2	0.19
				14	非常支持新黨	1	0.09
				13	偏民進黨	47	4.39
				12	普通支持民進黨	164	15.31
				11	非常支持民進黨	119	11.11
				10	偏國民黨	30	2.80
				9	普通支持國民黨	153	14.29
				8	中立無反應	453	42.30
				7	偏臺聯	1	0.09
				6	普通支持臺聯	6	0.56
				5	非常支持臺聯	3	0.28
				4	偏親民黨	6	0.56
				3	普通支持親民黨	15	1.40
				2	非常支持親民黨	6	0.56
				<...>	<... truncated>	64	5.98

ID	Name	Label	missings	Values	Value Labels	Freq.	%
120	tondu	統獨立場	0 (0.00%)	9	無反應	42	3.92
				6	儘快獨立	35	3.27
				5	維持現狀，以後走向獨立	201	18.77
				4	永遠維持現狀	298	27.82
				3	維持現狀，看情形再決定獨立或統一	404	37.72
				2	維持現狀，以後走向統一	84	7.84
				1	儘快統一	7	0.65
121	tondu3	統獨三分類	0 (0.00%)	9	無反應	42	3.92
				3	偏向獨立	236	22.04
				2	偏向維持現狀	702	65.55
				1	偏向統一	91	8.50
122	w	權值	0 (0.00%)	*range: 0.3-3.8*			
123	nQ1	自從（民國七十六年）臺灣開放大陸探親以來，請問您去過大陸幾次？	11 (1.03%)	13	有去過，在三次以上，不超過 11 次	117	11.04
				12	有去過，在三次以下	132	12.45
				11	十一次以上（含長期在大陸）	91	8.58
						3	0.28
						2	0.19
						1	0.09
						4	0.38
						6	0.57
						5	0.47
						23	2.17
						41	3.87
						108	10.19
						527	49.72
124	nQ2	請問您個人或是家人有沒有去或打算去大陸做生意或就業？	0 (0.00%)	9	無反應	8	0.75
				2	沒有	904	84.41
				1	有	159	14.85

ID	Name	Label	missings	Values	Value Labels	Freq.	%
125	nQ3	我們社會上有人主張應該加強與大陸的經貿關係，有些人主張應該降低，請問您比較同意哪一種看法？	0 (0.00%)	9 2 1	無反應 降低與大陸的經貿關係 加強與大陸的經貿關係	282 306 483	26.33 28.57 45.10
126	nQ4	有人說：「如果臺灣在經濟上太依賴大陸，將來大陸會利用經濟來要求臺灣做政治上的讓步。」請問您同不同意這種說法？	0 (0.00%)	9 4 3 2 1	無反應 非常同意 同意 不同意 非常不同意	73 293 370 227 108	6.82 27.36 34.55 21.20 10.08
127	nQ5	請問您覺得您家裡現在的經濟狀況與一年前相比，是比較好、比較不好，還是差不多？	0 (0.00%)	9 3 2 1	無反應 差不多 比較不好 比較好	14 676 320 61	1.31 63.12 29.88 5.70
128	nQ6	請問您覺得您家裡在未來的一年經濟狀況會變好、變不好，還是差不多？	0 (0.00%)	9 3 2 1	無反應 差不多 變不好 變好	87 655 234 95	8.12 61.16 21.85 8.87

ID	Name	Label	missings	Values	Value Labels	Freq.	%
129	nQ7	請問如果將來兩岸關係變得比較緊張，您覺得您家裡的經濟狀況會因此變得比較好、比較差、還是沒有影響？	0 (0.00%)	9 3 2 1	無反應 沒有影響 比較差 比較好	91 544 432 4	8.50 50.79 40.34 0.37
130	nQ8	請問在 0 到 10 之間，您會給美國政府多少？	87 (8.12%)	10 0	非常喜歡 非常不喜歡	24 14 87 124 175 371 41 59 19 11 59	2.44 1.42 8.84 12.60 17.78 37.70 4.17 6.00 1.93 1.12 6.00
131	nQ9	那您會給中國大陸政府多少？	66 (6.16%)	10 0	非常喜歡 非常不喜歡	4 5 33 67 96 302 109 152 66 40 131	0.40 0.50 3.28 6.67 9.55 30.05 10.85 15.12 6.57 3.98 13.03

ID	Name	Label	missings	Values	Value Labels	Freq.	%
132	nQ10	那您會給日本政府多少？	73 (6.82%)	10 0	非常喜歡 非常不喜歡	15 33 140 137 169 261 59 78 31 16 59	1.50 3.31 14.03 13.73 16.93 26.15 5.91 7.82 3.11 1.60 5.91
133	nQ11	請問在明年（2016年）的總統選舉中，您會把票投給民進黨的蔡英文，國民黨的朱立倫，還是親民黨的宋楚瑜？	481 (44.91%)	3 2 1	宋楚瑜 朱立倫 蔡英文	72 140 378	12.20 23.73 64.07
134	nQ12	關於臺灣和大陸的關係，有下面幾種不同的看法，請問您比較偏向哪一種？	0 (0.00%)	9 7 6 5 4 3 2 1	無反應 臺灣已經是一個獨立的國家 永遠維持現狀 維持現狀，看情形再決定獨立或統一 維持現狀，以後走向獨立 維持現狀，以後走向統一 盡快宣布獨立 盡快統一	39 3 298 404 201 84 35 7	3.64 0.28 27.82 37.72 18.77 7.84 3.27 0.65

ID	Name	Label	missings	Values	Value Labels	Freq.	%
135	nQ13	如果臺灣宣布獨立會引起大陸攻打臺灣，請問您贊不贊成臺灣獨立？	0 (0.00%)	9 4 3 2 1	無反應 非常贊成 贊成 不贊成 非常不贊成	143 117 209 338 264	13.35 10.92 19.51 31.56 24.65
136	nQ14	那如果臺灣宣布獨立，而大陸不會攻打臺灣，請問您贊不贊成臺灣獨立？	0 (0.00%)	9 4 3 2 1	無反應 非常贊成 贊成 不贊成 非常不贊成	136 414 308 117 96	12.70 38.66 28.76 10.92 8.96
137	nQ15	如果臺灣和大陸在政治、經濟、社會各方面的條件差別很大時，請問您贊不贊成臺灣和大陸統一？	0 (0.00%)	9 4 3 2 1	無反應 非常贊成 贊成 不贊成 非常不贊成	138 37 126 384 386	12.89 3.45 11.76 35.85 36.04
138	nQ16	那如果臺灣和大陸在政治、經濟、社會各方面的條件差不多時，請問您贊不贊成臺灣和大陸統一？	0 (0.00%)	9 4 3 2 1	無反應 非常贊成 贊成 不贊成 非常不贊成	126 65 207 357 316	11.76 6.07 19.33 33.33 29.51

ID	Name	Label	missings	Values	Value Labels	Freq.	%
139	nQ17	對於臺灣和大陸之間未來的發展，有人認為兩岸會逐漸走向統一，也有人認為臺灣會逐漸走向獨立，請問您比較同意哪一種看法？	0 (0.00%)	9 3 2 1	無反應 會維持現狀 臺灣會逐漸走向獨立 兩岸會逐漸走向統一	207 23 391 450	19.33 2.15 36.51 42.02
140	nQ18	我們想請您用 0 到 1 0 來表示將來兩岸統一的可能性。 0 表示非常不可能，1 0 表示非常有可能，請問您覺得應該是多少？	65 (6.07%)	10 0	非常有可能 非常不可能	58 13 78 73 132 328 55 82 35 12 140	5.77 1.29 7.75 7.26 13.12 32.60 5.47 8.15 3.48 1.19 13.92
141	nQ19	那您認為將來臺灣獨立成功的可能性應該是多少？	78 (7.28%)	10 0	非常有可能 非常不可能	29 5 35 42 44 308 82 126 71 32 219	2.92 0.50 3.52 4.23 4.43 31.02 8.26 12.69 7.15 3.22 22.05

ID	Name	Label	missings	Values	Value Labels	Freq.	%
142	nQ20	面對大陸的軍事威脅，您認為臺灣應該加強軍事力量，還是採用比較溫和的政策，避免刺激大陸？	0 (0.00%)	9 4 3 2 1	無反應 都沒用 都需要 採用比較溫和的政策 加強軍事力量	58 10 30 711 262	5.42 0.93 2.80 66.39 24.46
143	nQ21	如果大陸撤出東南沿海的飛彈，請問您贊不贊成臺灣減少對美國的軍事採購？	0 (0.00%)	9 4 3 2 1	無反應 非常贊成 贊成 不贊成 非常不贊成	127 233 300 272 139	11.86 21.76 28.01 25.40 12.98
144	nQ22	如果大陸攻打過來的話，請問您覺得我們國軍有沒有足夠能力保衛臺灣？	0 (0.00%)	9 2 1	無反應 沒有 有	71 892 108	6.63 83.29 10.08
145	nQ23	有些人主張臺灣和大陸應該在「一個中國、各自表述」的原則下進行交流，請問您支不支持這種主張？	0 (0.00%)	9 4 3 2 1	無反應 非常支持 支持 不支持 非常不支持	134 149 453 203 132	12.51 13.91 42.30 18.95 12.32

ID	Name	Label	missings	Values	Value Labels	Freq.	%
146	nQ24	有些人主張兩岸的領袖應該開始進行政治對話，討論兩岸關係未來的發展，請問您支不支持這種主張？	0 (0.00%)	9 4 3 2 1	無反應 非常支持 支持 不支持 非常不支持	111 291 453 156 60	10.36 27.17 42.30 14.57 5.60
147	nQ25	如果我們用 0 表示兩岸關係非常敵對，10 表示兩岸關係非常和平，請問在 0 到 10 之間，您覺得目前兩岸的關係是多少？	37 (3.45%)	10 0	非常和平 非常敵對	35 8 66 117 195 464 66 39 16 2 26	3.38 0.77 6.38 11.32 18.86 44.87 6.38 3.77 1.55 0.19 2.51
148	nQ26	如果臺灣與大陸雙方同意簽署一個和平協定，大陸保證不攻打臺灣，臺灣也願意暫停臺獨的訴求，請問您贊不贊成這樣的協定？	0 (0.00%)	9 4 3 2 1	無反應 非常贊成 贊成 不贊成 非常不贊成	78 358 411 117 107	7.28 33.43 38.38 10.92 9.99

ID	Name	Label	missings	Values	Value Labels	Freq.	%
149	nQ27	如果臺灣自行宣布獨立，請問您認為大陸會不會攻打臺灣？	0 (0.00%)	9 4 3 2 1	無反應 一定會 會 不會 一定不會	129 307 300 241 94	12.04 28.66 28.01 22.50 8.78
150	nQ28	如果因為臺灣宣布獨立，導致臺灣與大陸發生戰爭，請問您會採取什麼行動？	215 (20.07%)	11 10 9 8 7 6 5 4 3 2 1	跟中國協商 留在臺灣 參加抗議 抵抗 從軍 逃跑、出國 投降 支持政府決定 躲起來 請求美國或國際支援 順其自然	1 8 1 101 73 197 15 119 11 5 325	0.12 0.93 0.12 11.80 8.53 23.01 1.75 13.90 1.29 0.58 37.97
151	nQ29	如果因為臺灣宣布獨立，導致臺灣與大陸發生戰爭，請問您認為大多數臺灣人會不會抵抗？	0 (0.00%)	9 4 3 2 1	無反應 一定會 會 不會 一定不會	102 345 296 241 87	9.52 32.21 27.64 22.50 8.12
152	nQ30	如果因為臺灣宣布獨立，大陸攻打臺灣，請問您認為美國會不會出兵幫助臺灣？	0 (0.00%)	9 4 3 2 1	無反應 一定會 會 不會 一定不會	155 274 350 192 100	14.47 25.58 32.68 17.93 9.34

ID	Name	Label	missings	Values	Value Labels	Freq.	%
153	nQ31	有些人認為臺灣已經是一個主權獨立的國家，它現在的名稱叫中華民國，不需要再宣布獨立，請問您同不同意這種看法？	0 (0.00%)	9 4 3 2 1	無反應 非常同意 同意 不同意 非常不同意	78 356 387 158 92	7.28 33.24 36.13 14.75 8.59
154	nQ32	如果明年（2016年）民進黨蔡英文選上總統，你會不會擔心兩岸關係變得比現在更為緊張？	0 (0.00%)	9 4 3 2 1	無反應 一點也不擔心 不太擔心 有點擔心 非常擔心	85 342 355 173 116	7.94 31.93 33.15 16.15 10.83
155	x	製作樣本分配表用	0 (0.00%)	range: 1-1			

國家圖書館出版品預行編目資料

民意調查資料分析的R實戰手冊／劉正山著.
－－初版.－－臺北市：五南，2018.08
　　面；　公分
　ISBN 978-957-11-9687-9（平裝）
　1.統計套裝軟體　2.統計分析
　512.4　　　　　　　　　　　107005223

1PZB

民意調查資料分析的
R實戰手冊

作　　　者 ― 劉正山

發 行 人 ― 楊榮川

總 經 理 ― 楊士清

副總編輯 ― 劉靜芬

責任編輯 ― 高丞嫻、呂伊真、吳肇恩

封面設計 ― 姚孝慈

出 版 者 ― 五南圖書出版股份有限公司

地　　　址：106台北市大安區和平東路二段339號4樓

電　　　話：(02)2705-5066　　傳　　　真：(02)2706-6100

網　　　址：http://www.wunan.com.tw

電子郵件：wunan@wunan.com.tw

劃撥帳號：01068953

戶　　　名：五南圖書出版股份有限公司

法律顧問　林勝安律師事務所　林勝安律師

出版日期　2018年8月初版一刷

定　　　價　新臺幣480元